WISSEN UND WERKE DER AHNEN

rechts: Die geheimnisvollen Ruinen von Stonehenge an einem Sommerabend kurz nach der Sonnenwende. Sie zeugen von den erstaunlichen astronomischen Kenntnissen und der Baukunst unserer Vorfahren.

BIBLIOTHEK ERSTAUNLICHER FAKTEN UND PHÄNOMENE

WISSEN UND WERKE DER AHNEN

NAUMANN & GÖBEL

INHALT

1
GELEHRSAMKEIT

In Vergessenheit geratenes, heute teilweise wiederentdecktes Wissen: Die schreckliche Zerstörung der Alexandrinischen Bibliothek . . . die Entstehung der Schrift, der Mathematik und der Astronomie . . . die Anfänge der Zivilisation

7

2
ERFINDER

Das Vermächtnis der Erfinder in der Antike: Elektrizität im Altertum? . . . frühe Luftfahrzeuge . . . Aluminium aus der Zeit der Römer . . . eine byzantinische Geheimwaffe

19

3
HEILKUNDIGE

Überliefertes medizinisches Wissen: Prähistorische Trepanationen . . . erste Nasenplastiken . . . geheimnisvolle Heilsalben aus Ägypten . . . lebende Nähte . . . Staroperationen

35

4
BAUMEISTER

Rätselhafte Bauwerke aus vergangenen Zeiten: Heiligtümer auf Berggipfeln . . . in Fels gemeißelte Tempel . . . Straßen, die ins Nichts führen . . . ein Manhattan aus der Bronzezeit

47

5
KÜNSTLER

Zauberhafte prähistorische Kunst: Höhlenmalerei in Europa . . . die düsteren Skulpturen der Osterinsel . . . Scharrbilder in der Wüste von Nazca, Erdbilder an Berghängen

71

6
ASTRONOMEN

Sternkarten im Altertum: Megalithische Observatorien... der unsichtbare Stern der Dogon... ein minoischer Sternkalender... Aufzeichnungen über eine Supernova

85

7
ANTIKE SPIELE

Sport und religiöse Zeremonien: Menschenjagd bei den Etruskern... Stierspringer in Kreta... tödliches Ballspiel der Mayas... grausame römische Spiele

97

8
ENTDECKER

Hinweise auf frühe Forschungsreisen: Phöniker, Chinesen, Römer und Wikinger im präkolumbischen Amerika... wer kann als Entdecker der Neuen Welt gelten?... Mais in Indien... orientalische Mudras bei Maya-Statuen... das Kaninchen im Mond – ein Motiv in China und Mesoamerika

107

9
PRÄHISTORISCHE KULTUREN

Spuren unbekannter Zivilisationen: Karten der alten Seekönige?... moderne Werkzeuge in Urgestein... auf der Suche nach Atlantis

125

Danksagung **134**

Bibliographie **134**

Quellennachweis der Abbildungen **138**

Register **140**

GELEHRSAMKEIT

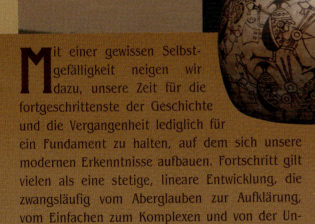

Mit einer gewissen Selbstgefälligkeit neigen wir dazu, unsere Zeit für die fortgeschrittenste der Geschichte und die Vergangenheit lediglich für ein Fundament zu halten, auf dem sich unsere modernen Erkenntnisse aufbauen. Fortschritt gilt vielen als eine stetige, lineare Entwicklung, die zwangsläufig vom Aberglauben zur Aufklärung, vom Einfachen zum Komplexen und von der Unwissenheit zum Wissen führt.

Archäologen, Historiker und andere Wissenschaftler weisen jedoch darauf hin, daß wir von diesem schönen Bild, dem Glauben an ein stetes Fortschreiten menschlichen Wissens, Abschied nehmen müssen. Offenbar hat es Sprünge vor und zurück gegeben, geniale Erkenntnisse, die ihrer Zeit voraus waren, und Wissen, das – zum Teil wohl unwiderruflich – in Vergessenheit geraten ist. Mit der Vernichtung der Alexandrinischen Bibliothek, dem unvergleichlichen Hort des Wissens der antiken Welt, gingen ungezählte und unschätzbare Werke der Wissenschaft und Literatur für immer verloren. Aber zum Glück vermitteln uns nicht nur Papyrusrollen einen Einblick in den Entwicklungsstand von sogenannten primitiven Kulturen. Funde, wie das oben abgebildete kleine Tongefäß, deuten darauf hin, daß die alten Andenvölker, entgegen landläufiger Meinung, eine Schrift entwickelt haben könnten *(S. 13)*. Heute wissen wir, daß die Sumerer schon im 3. vorchristlichen Jahrtausend erste demokratische Herrschaftsformen gekannt haben dürften. Und es liegen Beweise vor, daß das erste Zahlensystem – vielleicht sogar in Verbindung mit astronomischen oder auch arithmetischen Berechnungen – um 35 000 v. Chr. entstanden sein muß.

Wie hoch war nun der Wissensstand dieser frühen Kulturen? Bei der Suche nach den Antworten stehen wir erst am Anfang.

Die Tragödie von Alexandria

Die Alexandrinische Bibliothek war die Summe des Wissens der Alten Welt, ein unvergleichliches Denkmal, das dem menschlichen Geist errichtet werden sollte – und das letztlich das Opfer menschlicher Bigotterie und Ignoranz wurde. Sie beherbergte unzählige Meisterwerke der Wissenschaft und Literatur, oftmals die einzigen Exemplare von Werken, die für uns heute unwiederbringlich verloren sind.

Die Einrichtung wurde gegen Ende des 4. Jahrhunderts v. Chr. von Ptolemaios I. gegründet, dem großen makedonischen Feldherrn und auch Freund Alexanders des Großen, der Gerüchten zufolge der uneheliche Halbbruder Alexanders gewesen sein soll. Nach dem Tode Alexanders 323 v. Chr. wurde die Regierung über Ägypten Ptolemaios übertragen; zu seinem Herrschaftsgebiet gehörte auch die kosmopolitische Hafenstadt, der Alexander seinen Namen gegeben hatte. Als kluger und weitsichtiger König, dessen Dynastie Ägypten fast 300 Jahre lang regieren sollte, hatte Ptolemaios in seiner Jugend wahrscheinlich zusammen mit Alexander bei dem großen Philosophen Aristoteles studiert. Dadurch hatte er, wie auch die meisten seiner Nachfolger, eine große Hochachtung vor wissenschaftlicher Bildung. Er wollte sein Reich mit einem Zentrum des Wissens und der Forschung schmücken und damit die besten Philosophen, Wissenschaftler, Dichter und Gelehrten der zivilisierten Welt herbeilocken. Diesen bot er die Möglichkeit zu einem von finanziellen Sorgen befreiten Leben, so daß sie sich ausschließlich der Forschung und Lehre und dem Schreiben widmen konnten.

Die Bibliothek selbst war das Glanzstück dieses Projektes; geplant waren jedoch noch weitere Einrichtungen. Die Bibliothek war an eine Universität und an ein Forschungsinstitut angeschlossen, das nach den Musen, den neun griechischen Göttinnen der Kunst und der Wissenschaften, Museion genannt wurde. An diesem Museion studierten schätzungsweise 14 000 Studenten Physik, Ingenieurwissenschaften, Astronomie, Medizin, Mathematik, Geographie, Biologie, Philosophie und Literatur bei den besten Lehrern der Welt. Alles, was diese renommierten Pädagogen brauchten, wurde ihnen zur Verfügung gestellt: Komfortable Wohnungen, ein Speisesaal, ein chemisches Labor, ein Observatorium, ein großer Anatomiehörsaal, von dem aus chi-

rurgische Eingriffe und Sektionen beobachtet werden konnten, sowie ein zoologischer und botanischer Garten. Einzelheiten über die Anordnung der Bibliothek sind uns nicht überliefert, doch die Forscher wissen heute, daß sie in zwei Teile untergliedert war. Die wichtigste Einrichtung, die sogenannte Königliche Bibliothek, war offenbar ein Gebäude, das neben dem Museion lag. In einiger Entfernung, im alten ägyptischen Viertel der Stadt, befand sich eine zweite Bibliothek, die im Serapeion, dem heidnischen Tempel des Serapis, untergebracht war. In beiden Gebäuden wurden Schriften aufbewahrt, die auf Papyrusrollen geschrieben worden waren. Um eine Büchersammlung zusammenzutragen, die allen anderen überlegen war, scheuten die Ptolemäer und Bibliothekare keine Mühe. Legionen von Gelehrten und hochgebildeten Sklaven ordneten, klassifizierten und kopierten unablässig riesige Stapel von Rollen, deren Zahl immer größer zu werden schien. In ihrem Bestreben, die besten Exemplare der begehrten Werke in ihren Besitz zu bringen, griffen die Bibliothekare manchmal zu recht zweifelhaften Methoden. Während viele Rollen auf legale Weise von den Dienern der Bibliothek erworben wurden, mußten die Kapitäne der Schiffe, die in Alexandria anlegten, alle an Bord befindlichen Werke abliefern. Später erhielten dann die unglücklichen Besitzer meist nur billige Kopien zurück.

Da die Kopisten natürlich manchmal Fehler machten, standen Originale oder autorisierte Versionen der geschätzten Werke weit höher im Kurs. Ptolemaios III. soll von der Stadt Athen die offiziellen Schriftrollen „ausgeliehen" haben, die die Werke der führenden griechischen Tragödienschreiber Aischylos, Sophokles und Euripides enthielten. Er hinterlegte eine große Summe als Sicherheit. Anstatt jedoch die Schriftrollen zurückzugeben, verzichtete der König auf das hinterlegte Geld und schickte Kopien an die wütenden Athener zurück.

Solch ein Eifer zahlte sich aus. Als Julius Caesar Mitte des 1. Jahrhunderts v. Chr. Ägypten eroberte, umfaßte die Sammlung in der Königlichen Bibliothek zwischen 300 000 und 500 000 Schriften, etwa 50 000 weitere Schriften wurden im Serapeion aufbewahrt. Obwohl für ein ganzes Buch viele Schriftrollen benötigt wurden, hätte sich der Bestand der Alexandrinischen Bibliothek mit dem einer gut sortierten Universitätsbibliothek unserer Zeit messen können. Allerdings werden unsere Bücher heute in einer Auflage von mehreren Tausend gedruckt und von Maschinen katalogisiert. In einer Zeit, als Bücher von Hand geschrieben, kopiert und katalogisiert werden mußten, war eine halbe Million Bände eine überwältigend hohe Zahl. Im Vergleich dazu besaß ganz Europa im Jahre 1450, vor der Erfindung der beweglichen Lettern, nur ein Zehntel der Zahl an Büchern, wie sie damals in der Alexandrinischen Bibliothek vorhanden waren.

Niemand weiß genau, welche Schriften die Bibliothek beherbergte. Erklärtes Ziel der Ptolemäer war der Erwerb je eines Exemplares der von griechischen Autoren verfaßten Literatur. Darüber hinaus übertrugen die Übersetzer der Bibliothek wichtige Werke aus Indien, Persien und Afrika sowie die hebräischen Schriften in die griechische Sprache. Der Reichtum an literarischen Werken allein muß schon unvorstellbar gewesen sein, und der Bestand an wissenschaftlichen und philosophischen Arbeiten war ebenso umfangreich. So befanden sich dort nicht nur die 44 größten griechischen Dramen, die uns heute erhalten sind, sondern alle 123 Tragödien des Sophokles, die meisten oder alle 90 Tragödien des Aischylos, die 82 oder 88 Stücke des Euripides und die etwa 40 Komödien des Aristophanes. Außerdem wurde in Alexandria dank der Unterstützung der Ptolemäer der Forscherdrang jener Zeit gefördert, so daß umfangreiche wissenschaftliche Arbeiten und Schriften entstehen konnten. Selbst nachdem Ägypten im Jahre 30 v. Chr. dem Römischen Reich einverleibt worden war, blieb Alexandria mit seiner Bibliothek das geistige Zentrum der Wissenschaften.

Über die Zerstörung der Bibliothek ist wenig bekannt. Als Julius Caesar 48 v. Chr. in Alexandria einzog, fielen mehrere tausend Werke versehentlich einem Feuer zum Opfer, das Caesars Truppen im Hafen entfacht hatten. ◊

Die Alexandrinische Bibliothek wurde von Ptolemaios I. *(links außen)* **gegründet. In ihr wurden die Werke der größten Denker der griechischen Antike aufbewahrt, zu denen – von links nach rechts – die Tragödiendichter Sophokles, Aischylos und Euripides sowie der Philosoph Aristoteles zählten.**

Später ersetzte der berühmte Befehlshaber Mark Anton zumindest einen kleinen Teil des Verlustes, als er 200 000 Schriften aus der Bibliothek in Pergamon in Kleinasien beschlagnahmen ließ. Im Jahre 391 wurde fast der gesamte Bestand der Bibliothek vernichtet, als der christliche Kaiser Theodosius I. auf Drängen des fanatischen alexandrinischen Bischofs Theophilus die Zerstörung des Serapistempels anordnete. Vermutlich steckten die Christen auch die größere Königliche Bibliothek in Brand. Die restlichen Bestände der Alexandrinischen Bibliothek wurden 642 n. Chr. bei der Eroberung Alexandrias durch die Araber zerstört. So dienten die Schriftrollen als Brennstoff, um die 4000 öffentlichen Bäder Alexandrias zu heizen. Die letzten Schätze der Antike brannten lichterloh und fielen somit der endgültigen Vernichtung anheim. Aufgeklärte arabische Gelehrte retteten später anderenorts einige wichtige Werke der griechischen Wissenschaften und Philosophie, wie zum Beispiel die Schriften des Aristoteles und des Archimedes. Es dauerte jedoch Jahrhunderte, bis die Menschheit mit der Rekonstruierung des Wissens beginnen konnte, das in Alexandria verlorengegangen war. □

Gelehrte in Alexandria

Große Denker, die die 600jährige Geschichte der Alexandrinischen Bibliothek maßgeblich prägten:

- Euklid (3./4. Jahrhundert v. Chr.) war ein griechischer Mathematiker, dessen grundlegendes Werk *Die Elemente der Geometrie* eines der wichtigsten Bücher des westlichen Gedanken- und Bildungsgutes ist.

- Apollonios von Perge (3. Jahrhundert v. Chr.) war ein Mathematiker, der erstmals Ellipsen, Parabeln und Hyperbeln darstellte. Der große deutsche Astronom des 16. Jahrhunderts, Johannes Kepler, der als erster die elliptischen Umlaufbahnen der Planeten beschrieb, verdankte seine Entdeckung dem Apollonios.

- Archimedes von Syrakus (3. Jahrhundert v. Chr.) war Mathematiker und Physiker, dem unter anderem die Erfindung der archimedischen Schraube zugeschrieben wird. Seine wohl wichtigste Arbeit betrifft die Entdeckung des Ersten Prinzips (des spezifischen Gewichts), wonach ein fester Körper, der in Wasser getaucht wird, von einer Kraft aufgetrieben wird, die gleich dem Gewicht der verdrängten Flüssigkeit ist – eine Entdeckung, die Archimedes zu Hause beim Baden gemacht haben soll.

- Aristarchos von Samos (3. Jahrhundert v. Chr.) war ein Astronom, der 1700 Jahre vor Kopernikus entdeckte, daß sich die Erde um die Sonne bewegt. Er meinte, daß Tag und Nacht durch die Rotation der Erde um die eigene Achse entstehe.

- Herophilos von Thrakien (um 300 v. Chr.) gilt als Vater der „wissenschaftlichen Anatomie". Er wies als erster Wissenschaftler nach, daß sich das Denken im Gehirn vollzieht.

- Eratosthenes (3. Jahrhundert v. Chr.), Inbegriff griechischer Gelehrsamkeit, war nicht nur Leiter der Bibliothek, Mathematiker, Astronom, Geograph und Philosoph, sondern auch Poet und Literaturkritiker. Auf Grund theoretischer Überlegungen berechnete er exakt den Umfang der Erde, der Sonne und des Mondes.

- Hipparchos von Nizäa (2. Jahrhundert v. Chr.), Astronom, legte den ersten Fixsternkatalog an und berechnete die Helligkeit der Sterne.

- Heron von Alexandria (1. Jahrhundert n. Chr.) war Mathematiker und Erfinder. Er beschrieb in seinen Schriften eine Dampfmaschine, die vermutlich deswegen nicht gebaut wurde, weil die Arbeitskraft der Sklaven zur Verfügung stand. □

Eine Schrift aus Knoten

Als die spanischen Eroberer im 15. Jahrhundert zufällig auf das weite Reich der Inkas stießen, fanden sie Menschen, die in vielerlei Hinsicht mindestens ebenso fortschrittlich waren wie sie selbst – mit einem bemerkenswerten Unterschied, daß die Inkas keine herkömmliche Form der Schrift kannten. Der Inka-Herrscher und seine Untertanen benutzten statt dessen den *quipu*, ein Bündel von kompliziert verknoteten Schnüren, mit denen sie jeden wichtigen Aspekt ihrer Kultur protokollierten. Das System funktionierte „mit solcher Genauigkeit, daß noch nicht einmal ein Paar Sandalen" aus dem Vorratslager des Reiches fehlen konnten, schrieb der Spanier Pedro Cieza de León in seiner seit 1541 verfaßten Chronik über Peru vor der spanischen Eroberung. Ein Quipu (das Quetchua-Wort für „Knoten") bestand in der Regel aus einer Kopfschnur, von der etwa hundert Schnüre verschiedener Farben und Längen herabhingen. Oft wurden noch mehr Schnüre an den Hauptstrang angebracht, so daß ein Bündel von bis zu mehreren tausend Schnüren entstand.

Die Position und Zahl der Knoten an einer Schnur hatten eine genaue Bedeutung. Ein einzelner Knoten oben war gleich 1000, ein Knoten auf der nächsten Ebene bedeutete 100, und ein Knoten am Ende des Fadens entsprach der Zahl 1. Eine Gruppe von vier Knoten bedeutete je nach ihrer Position 4000, 400, 40 oder 4. Von rechts nach links gelesen, ergaben die Schnüre eine hervorragende Datenbank. Verschiedene Farben dienten der weiteren Kennzeichnung: Weiß für Frieden, Gelb für Gold oder Mais, Rot für Blut oder Krieg.

Die Quipus waren für das Leben der Inkas von großer Bedeutung. Während der Inka-Herrscher sie zu strategischen Zwecken gebrauchte, um beispielsweise die Größe seiner Armee aufzuzeichnen, benutzte eine Inka-Familie den Quipu in der Regel, um über ihren Besitz wie Gold, Silber, Kleidung, Mais oder Lamas genau Buch zu führen. Von den Männern der Oberschicht wurde erwartet, daß sie die Quipus lesen lernten, und jeder Distrikt des Reiches beschäftigte sogenannte *quipucamayocs* oder „Knotenführer", die Quipus über wichtige Bereiche wie Steuereinnahmen und Volkszählungsdaten führten.

Die Quipus dienten auch zur mündlichen Überlieferung der Geschichte. Durch Quipus soll der Inka-Herrscher die unheilvolle Nachricht von der Ankunft der spanischen Eroberer erhalten haben.

Obwohl sie diese Kunst perfektionierten, waren die Inkas nicht die ersten, die die Knotentechnik zur Berichterstattung benutzten. Ein früheres Andenvolk soll bereits um das Jahr 700 Quipus für die Buchführung gebraucht haben. Im *I Ging*, einem alten chinesischen Buch der Weissagung, wird angegeben, daß die Chinesen vermutlich im 1. Jahrtausend v. Chr. „mit Hilfe des Systems der verknoteten Schnüre regiert wurden". Selbst heute verknoten Arbeiter auf den Ryukyu-Inseln zwischen Japan und Taiwan Fäden, um ihre Arbeitstage aufzuzeichnen, und südamerikanische Einheimische benutzen ein Gerät mit Knoten, um ihren Viehbestand vermerken zu können. □

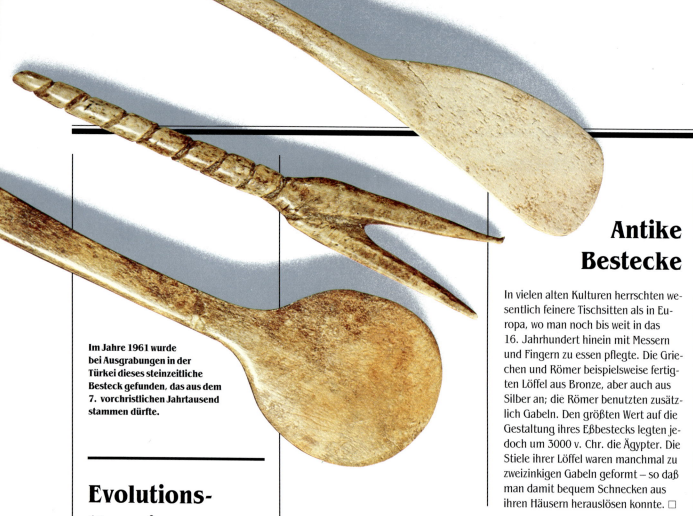

Im Jahre 1961 wurde bei Ausgrabungen in der Türkei dieses steinzeitliche Besteck gefunden, das aus dem 7. vorchristlichen Jahrtausend stammen dürfte.

Antike Bestecke

In vielen alten Kulturen herrschten wesentlich feinere Tischsitten als in Europa, wo man noch bis weit in das 16. Jahrhundert hinein mit Messern und Fingern zu essen pflegte. Die Griechen und Römer beispielsweise fertigten Löffel aus Bronze, aber auch aus Silber an; die Römer benutzten zusätzlich Gabeln. Den größten Wert auf die Gestaltung ihres Eßbestecks legten jedoch um 3000 v. Chr. die Ägypter. Die Stiele ihrer Löffel waren manchmal zu zweizinkigen Gabeln geformt – so daß man damit bequem Schnecken aus ihren Häusern herauslösen konnte. □

Evolutionstheorien

Im 19. Jahrhundert sorgte Charles Darwin mit seiner Selektionstheorie für Aufregung – der Idee, daß sich alle Formen des Lebens in einem Prozeß der natürlichen Auslese entwickelt hätten, in dem nur die Bestangepaßten überlebten. Diese Theorie – von Darwin allerdings äußerst systematisch belegt – war nicht neu. Einen ähnlichen Gedanken hatte offenbar rund 1800 Jahre zuvor schon der römische Dichter und Philosoph Lukrez gehabt, der meinte, die Erde habe einst eine Vielfalt von Lebensformen hervorgebracht, die unfähig gewesen seien, ausreichend Nahrung, Schutz und Fortpflanzungsmöglichkeiten zu finden. Diese Arten, so der Philosoph, seien ausgestorben, da ihnen die grundlegenden Voraussetzungen für das Überleben gefehlt hätten. □

Ein Kalender aus Steinquadern

Astronomen der Mayas setzten die Dauer des Jahres mit exakt 365,242 Tagen fest. Der heute geltende Gregorianische Kalender basiert auf 365,2425 Tagen. Inzwischen wissen wir, daß das Jahr genau 365,2422 Tage hat. Mit unserer amtlichen Zeitrechnung hinken wir den Mayas hinterher. Eine Stele (links) in den Ruinen von Copan in Honduras zeigt Kalendersymbole, die an einem bestimmten Tag enden – dem 26. Juli 736 nach dem Gregorianischen Kalender. □

Geheimnisvolle Bohnen

Enttäuschung dürfte geherrscht haben, als man Mitte der 30er Jahre in einem Grab der Mochicas in Peru einen kleinen Beutel aus Lamaleder fand und öffnete: Statt der erwarteten Kostbarkeiten enthielt er lediglich getrocknete Lima-Bohnen. Für den peruanischen Archäologen Rafael Larco Hoyle dagegen war der Fund ein weiterer Mosaikstein im Rahmen seiner langgehegten Theorie, die besagt, daß die Mochicas – ein altperuanisches Volk, dessen Kultur zwischen 100 und 800 in den Anden florierte und sich dann im Reich der Inkas verlor – durch Zeichen auf *pallares*, einer Art von Lima-Bohne, Nachrichten übermittelten.

Die Lima-Bohne, mit Strichen, Punkten und Farben versehen, ist ein häufig wiederkehrendes Motiv in der Kunst der Mochicas. Das gleiche gilt für Läufer – auf vielen Keramikobjekten sind Männer zu sehen, die mit einem ähnlichen Beutel wie dem, den man in dem Grab gefunden hatte, über Land eilen. Nicht selten findet man auf Keramiken auch Kombinationen beider Motive: Lima-Bohnen mit menschlichen Gesichtern, Armen und Beinen. Larco Hoyle deutete die Zeichen auf den Bohnen als eine Vorform von Hieroglyphen. Er wies außerdem auf Übereinstimmungen zwischen den bemalten Bohnen und den von den schriftkundigen Mayas dargestellten Figuren hin. Laut Larco Hoyle stammte das Maya-System der Nachrichtenübermittlung durch *quipus* (unten) von den Mochicas. Einige Forscher meinten, die Bohnen hätten wie die Quipus der Buchhaltung (S. 11) gedient. Andere sagten, die Mochicas hätten die Bohnen für ein Spiel benutzt; die Läufer mit den Beuteln seien keine Boten, sondern Teilnehmer des Spiels. □

Die atomistische Struktur der Materie wurde zwar von Einstein bewiesen, zum ersten Mal aber von dem griechischen Philosophen Demokrit ins Gespräch gebracht, der im 5. Jahrhundert v. Chr. meinte, die Materie bestehe aus „unzähligen und aufgrund ihrer Winzigkeit unsichtbaren" Teilchen.

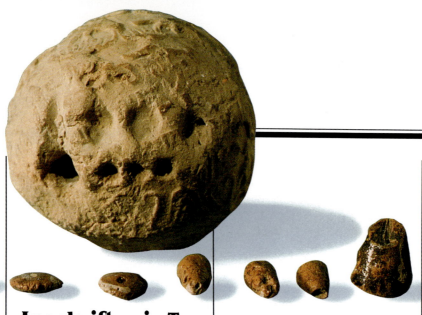

Inschriften in Ton

5000 Jahre vor der Erfindung der Schrift in Sumer verfügten mesopotamische Kaufleute und Aufseher offenbar über ein System, das eine ähnliche Funktion erfüllte. Nach Meinung der Orientalistin Denise Schmandt-Besserat benutzten im 9. Jahrtausend v. Chr. die Menschen in Vorderasien kleine Tonobjekte in geometrischen Formen, um über die Waren, die sie kauften, verkauften oder lagerten, Buch zu führen. Aus Inschriften auf jüngeren Tontafeln leitete sie die Bedeutung der verschiedenen Objektformen ab: Eine kreisförmige Scheibe mit einem Kreuz stellte ein Schaf dar, ein Rechteck bedeutete eine Kornkammer, und ein Dreieck mit mehreren Strichen stand für Metall. Kugeln von verschiedenen Größen waren gleichbedeutend mit Zahlen. Gegen Ende des 4. vorchristlichen Jahrtausends entwickelten die Mesopotamier die Praxis, die Objekte in Tonkugeln von der Größe eines Tennisballs zu verwahren. Solange der Ton noch weich war, wurden sie markiert, so daß man ablesen konnte, was sie enthielten, und anschließend versiegelt. Das System verhinderte Manipulationen, war aber umständlich und wurde deshalb durch Schreibtafeln ersetzt. Schmandt-Besserats Theorie hat ihre Kritiker, die nicht glauben, daß sich die Schrift aus den Markierungen entwickelt habe. Ihrer Meinung nach sind die Urformen der Schrift verlorengegangen; die Schrift sei gleichzeitig mit und unabhängig von den Kugeln entstanden. □

Die ältesten Hochschulen

Vor 5000 Jahren schon gab es in Sumer Hochschulen, die ähnlich den unsrigen waren, deren Besuch allerdings fast ausschließlich der Elite vorbehalten war.

Die Schulen waren gegründet worden, um die Kinder der Reichen Lesen und Schreiben zu lehren und sie auf den Beruf des Schreibers im religiösen oder Verwaltungsbereich vorzubereiten. Später kamen als weitere Fächer Pflanzen-, Tier-, Gesteins- und Erdkunde sowie Mathematik, Religion und Schriftstellerei hinzu.

Man hat sumerische Aufgabentafeln gefunden, die auf das Jahr 2500 v. Chr. zurückgehen. □

MCCLVI + DXLVIII = ?

Mit Hilfe des Abakus, der noch heute in Fernost in Gebrauch ist, vermochten die Römer trotz der komplizierten Darstellung ihrer Ziffern schnell zu rechnen. Bei dem römischen Zählbrett handelte es sich um eine kleine Metalltafel. Sie hatte mehrere längere Vertiefungen am unteren Ende, die einem Stellenwert im Zehnersystem entsprachen. Darüber befand sich eine entsprechende Zahl kürzerer Einbuchtungen. Zum Addieren oder Subtrahieren bewegte man kleine Kugeln von oben nach unten oder umgekehrt. Einige Zählbretter hatten rechts Vertiefungen für Bruchzahlen. □

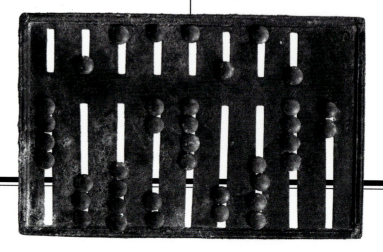

Von der Lücke zur Null

Die Ziffer Null spielt eine entscheidende Rolle in der modernen Technologie, Computertechnik und höheren Mathematik. Aber wer ist der Erfinder dieses unverzichtbaren Nichts? Babylonier, Chinesen, Mayas, Inder und andere alte Kulturen entwickelten unabhängig voneinander das Konzept der Null. Zu Beginn war das Nichts ein Nichts: Im 1. vorchristlichen Jahrtausend ließen die Babylonier, wie die Chinesen 600 Jahre nach ihnen, eine Lücke, um das Fehlen einer Ziffer zu kennzeichnen. Um 300 v. Chr. füllten die Babylonier die Lücke mit einem Zeichen, das wie zwei übereinandergestellte Keile aussah. Dieses Symbol wurde nur in astronomischen Texten verwendet und erschien nie am Ende einer Zahl oder in Berechnungen.

Die Chinesen konnten offenbar komplizierte Berechnungen anstellen, ohne die Lücke durch ein Zeichen zu ersetzen. Das erste Zeichen für Null, ein 0, dürfte wohl erst Mitte des 13. Jahrhunderts in Gebrauch gekommen sein. Ein Auszug aus einem Manuskript von 1247 *(oben rechts)* zeigt eine Ziffernfolge aus China mit der Null in ihrer jetzigen Darstellung. In Indochina tauchte das 0-Zeichen schon im 7. Jahrhundert auf.

Etwa 1500 Jahre vor ihrer Niederlage gegen die Spanier entwickelten die Mayas das Konzept der Null. Zeitweise als Muschel dargestellt, diente die Null in verschiedener Gestalt der Kennzeichnung des ersten Monatstages. Sie war auch das Zeichen für den Todesgott, einer Figur, deren Hand den Unterkiefer fest umfaßt hielt, als ob sie ihn wegreißen wollte – auf diese Weise verfuhr man mit den Menschen, die geopfert wurden. So dargestellt, bedeutete Null Vollendung. Auch die Mayas benutzten die Null bei der Berechnung der Gestirne.

In Indien tauchte die Null erstmals um 200 v. Chr. in einem hinduistischen Manuskript auf, dargestellt durch eine Punktgruppe, die man *sunya* – Leere – nannte. Mit der Zeit erkannten hinduistische Mathematiker die Eigenschaften der Null und ordneten ihr das moderne Zeichen zu. Im 9. Jahrhundert übernahmen Araber das hinduistische Zahlensystem; das Wort *sunya* wurde zu *sifr*. Über die Araber gelangten die Ziffern ins Abendland, und aus *sifr* entstanden die lateinischen Wörter *cifra* und *zefirum*. □

Ein vorchristlicher Bestseller

Das *T'ung Shu* oder „Buch der unzähligen Dinge" ist höchstwahrscheinlich das älteste Buch der Welt, das immer wieder neu aufgelegt wurde.

Heute Almanach genannt, erschien es erstmals vor mehr als 4000 Jahren als astronomischer Kalender im kaiserlichen China, vermutlich unter der Herrschaft von Kaiser Yao, der der Überlieferung zufolge von 2357 bis 2255 regierte. Im 9. nachchristlichen Jahrhundert kam der Kalender als gedrucktes Werk heraus; zu diesem Zeitpunkt hatte er sich mit Hinweisen und Ratschlägen für den Ackerbau zu einem Bauernalmanach entwickelt.

Gelehrte aus der buddhistischen, muslimischen, taoistischen und auch christlichen Welt schrieben für den Kalender. Die Besitzer eines Almanachs erfuhren viel Wissenswertes über die Kunst der Wahrsagung, der Pflanzenmedizin, des Handlesens oder der Zauberei. Moralvorschriften, Vorhersagen, Glückstage und heute sogar Telexverzeichnisse kamen hinzu.

Noch heute findet der Almanach jährlich über eine Million Käufer. □

3.14159265...

Der lange Marsch der Mathematiker

Mit Beiträgen, die vom Dezimalbruch bis zu höheren Gleichungen reichen, förderten altchinesische Gelehrte den Fortschritt in der Mathematik.

Die Entwicklung des Dezimalsystems geht auf das China des 13. Jahrhunderts v. Chr. zurück. (Ein ähnliches System dürften die Babylonier gehabt haben, das jedoch nicht auf der Zehn, sondern auf 60 basierte). Sowohl die Babylonier als auch die Chinesen kannten negative Zahlen. Entgegen der heute üblichen Praxis schrieben die Chinesen positive Zahlen interessanterweise rot und negative schwarz.

Im 3. Jahrhundert n. Chr. kannten Mathematiker in China den annähernden Wert von π, im 5. Jahrhundert hatten sie π auf zehn Stellen hinter dem Komma errechnet. Im Westen war man erst um 1550 soweit. □

"Liebe deinen Herrn, liebe deinen Herrscher, aber fürchte den Steuereintreiber!" So lautet ein Sprichwort, das die Sumerer um 1800 v. Chr. auf eine Tontafel schrieben. 1934 entziffert, wirkt es bemerkenswert modern.

Gilgamesch vor dem Parlament

Vieles deutet darauf hin, daß die Wiege der Demokratie wider Erwarten nicht in Griechenland stand. Die erste Regierung durch das Volk scheint vielmehr im alten Sumer floriert zu haben, dem Land zwischen Euphrat und Tigris im heutigen Südirak.

Das erste Parlament, das aus zwei Kammern bestand, trat um 3000 v. Chr zusammen, nahezu 2500 Jahre vor der Blütezeit Athens. Dem großen sumerischen *Gilgamesch*-Epos zufolge sah sich der aufstrebende sumerische Stadtstaat Uruk von seinem Nachbarn Kisch bedroht, der die zunehmende Macht Uruks fürchtete und den Angriff auf den Rivalen vorbereitete. Gilgamesch, Uruks kühner Herrscher, trat vor „die Versammlung der Ältesten seiner Stadt", wie es in dem Werk heißt, und forderte sie auf, ihn in seinem Widerstand gegen Kisch zu unterstützen. Doch das Oberhaus sprach sich dafür aus, den Frieden durch Unterwerfung zu erkaufen. Der König gab sich nicht geschlagen und verlangte das Votum des Unterhauses, in dem waffenfähige Männer saßen. Und an diesem Tag siegten die Falken.

Über das Parlament ist weiter nichts bekannt. Aus der Zeit des Gilgamesch gibt es keine schriftlichen Dokumente, denn die Schrift war gerade erst erfunden worden, und die Tafeln, die diesen interessanten Einblick in die Geschichte der Demokratie im Vorderen Orient gestatten, entstanden vermutlich erst über ein Jahrtausend später. □

Mysteriöse Markierungen

Als 1965 der Archäologe Alexander Marshack von der Harvard University das 32 000 Jahre alte Fragment eines Rentierknochens *(oben)* unter das Mikroskop legte, glaubte er, eine vage Vorstellung davon erhalten zu haben, wie die steinzeitlichen Cromagnon-Menschen gedacht haben mögen. In den Schlangenlinien der eingravierten Markierungen – die man für zufällige oder dekorative Gravuren jener Art gehalten hatte, wie sie sich auf anderen Artefakten aus der Steinzeit fanden – erkannte er plötzlich eine Absicht, Wiederholungen, die mit unterschiedlichen Werkzeugen bewußt aufgebracht worden waren. Der Wissenschaftler war überzeugt, daß der 1911 in der Dordogne gefundene Knochen die älteste bekannte Schrift aufwies. Anscheinend hatten die Höhlenbewohner Tausende von Jahren vor der ersten echten Schrift eine Art der schriftlichen Kommunikation entwickelt.

Marshack stellte die weitergehende Theorie auf, bei den Inschriften auf dem Knochen handle es sich um astronomische Zeichen. Demzufolge hätte irgendein Himmelsbeobachter aus der Cromagnon-Zeit den Verlauf der Jahreszeiten festgehalten, indem er die Mondphasen in seinem Kalender aus Knochen notierte. Mittlerweile hat Marshack auf 15 weiteren steinzeitlichen Objekten Markierungen gefunden, die seiner Ansicht nach Mondkalender darstellen; andere Gravuren, so meint er, könnten die Zahl getöteter Beutetiere wiedergeben.

Marshacks Kalender-Theorie konnte sich bis heute nicht durchsetzen. Während einige seiner Gegner den Markierungen keine besondere Bedeutung beimessen, bieten andere abweichende Erklärungen an: Jean de Heinzelin, ein Geologe und Archäologe, ist der Meinung, daß die Striche und Punkte auf dem Artefakt die älteste bekannte arithmetische Berechnung darstellen würden. Seiner Theorie zufolge haben die Menschen der letzten Eiszeit bereits über ein Zahlensystem mit der Grundzahl Zehn verfügt und auch schon Primzahlen gekannt. □

Keine Steine am Himmel

Im 5. Jahrhundert v. Chr. kam der griechische Philosoph Diogenes von Appolonia durch Beobachtungen und Berechnungen zu dem Schluß, daß „Meteore im Raum kreisen und von Zeit zu Zeit auf die Erde fallen".

Mehr als zwei Jahrtausende später verwarf der französische Chemiker Antoine de Lavoisier, einer der bekanntesten Wissenschaftler der Aufklärung, diese absolut zutreffende Erkenntnis als völligen Unsinnn. Steine könnten aus dem Grund nicht auf die Erde fallen, behauptete Lavoisier, weil es am Himmel keine Steine gebe. □

Keine Zeichen am Himmel

Im Europa des Mittelalters fürchteten die abergläubischen Menschen das Erscheinen eines Kometen. Dabei hatten griechische Philosophen schon im 5. vorchristlichen Jahrhundert erkannt, was Kometen wirklich waren: natürliche Objekte, die in regelmäßigen Abständen am Himmel auftauchen. In Fachkreisen nimmt man an, daß babylonische Astronomen schon vor den Griechen von der wahren Natur der Kometen gewußt hätten. Im 1. Jahrhundert n. Chr. stellte der römische Historiker Seneca bereits fest, daß sich Kometen auf Bahnen bewegten. □

Tontafeln aus Transsylvanien

Die Grabungen, die 1961 an einem prähistorischen Hügel in der transsylvanischen Stadt Tartaria begannen, sollten lediglich Licht auf eine früher freigelegte archäologische Stätte in der Nähe werfen. Doch was dann zutage kam, versetzte die Fachwelt in Erstaunen: drei kleine Tontafeln *(siehe Abbildung)* mit Markierungen, die wie eine Schrift aussahen. Mittels Radiokarbonverfahren stellte man fest, daß die Tafeln aus der Zeit um 4000 v. Chr. stammten. Der Fund legte eine sensationelle Vermutung nahe: Womöglich hatte nicht das zivilisierte Sumer die Schrift hervorgebracht, sondern das barbarische Osteuropa.

Die drei Tafeln lagen in der untersten Schicht des Hügels, bei dem es sich, wie der gleichzeitige Fund menschlicher Knochen zeigte, offenbar um eine Opferstätte handelte. Die Zeichen, die sie aufwiesen, ähnelten den Inschriften auf den Tafeln aus Sumer und der höherentwickelten minoischen Kultur auf Kreta. Wenn die Karbondatierung zutraf, so waren die Tafeln der Vinca-Kultur zuzurechnen, einem seßhaften Volk, das dort in der Frühsteinzeit gelebt hatte, und damit 1000 beziehungsweise 2000 Jahre älter als die sumerischen und minoischen Inschriften. Die Idee schien kühn und warf viele unlösbare Probleme auf. Angenommen, die Schrift wäre in der Steinzeit in Europa und nicht in der Bronzezeit in Sumer entwickelt worden, so schien es unlogisch, daß sie 1000 Jahre früher ins ferne Sumer gelangt sein sollte als auf die näher gelegene Insel Kreta. Außerdem haben Prähistoriker die Entstehung der Schrift in Mesopotamien von ihren Anfängen als Bilderschrift bis zur ausgefeilten Schreibschrift dokumentiert. In Osteuropa gab es keinerlei Hinweis auf eine solche Entwicklung.

Es gibt Stimmen, die behaupten, die Karbondatierung sei fehlerhaft gewesen. Andere nehmen an, daß die Tafeln aus einer späteren Periode der Vinca-Kultur, die auf die Schriftentwicklung in Sumer folgte, entstanden und auf irgendeinem geheimnisvollen Wege in den Hügel gelangt seien. Und schließlich gibt es die Theorie, daß die tartarischen Schrifttafeln gar keine Schrift zeigen, sondern ungelenke Kopien der „magischen Symbole" darstellen würden, die die Transsylvanier auf Gefäßen bewunderten, die Händler aus der höherentwickelten Kultur im Vorderen Orient herübergebracht hätten. Als die Zeichen kopiert wurden, seien die Sumerer längst zu einer verfeinerter Schriftart übergegangen. □

Als Entdecker des Lehrsatzes zur Berechnung eines rechtwinkligen Dreiecks gilt Pythagoras, der griechische Philosoph aus dem 6. Jahrhundert v. Chr. Doch die Babylonier kannten diese pythagoreische Lehre schon über ein Jahrtausend vor ihm.

ERFINDER

Neugier und Erfindungsgeist sind vielleicht nicht ausschließlich Eigenschaften der Menschen, doch zweifellos kennzeichnend für die menschliche Rasse. Sie entwickeln sich schon im kleinen Kind, das zufällig einen Stein den Hang hinabrollen sieht, sich über die Bewegung wundert und ihn aufhebt, betrachtet, in die Luft wirft, mit ihm spielt, ihn einen noch steileren Hang herabkullern läßt oder über eine ebene Fläche schiebt. Und durch solch ein müßiges Spiel wurde womöglich vor Tausenden von Jahren von einem namenlosen Genie das Rad erfunden.

Und obwohl der menschliche Geist ungemein kreativ ist, wurde doch Neues nicht kontinuierlich hervorgebracht. Während zu manchen Zeiten, wie beispielsweise um 3000 v. Chr., als in Sumer sich die ersten Anfänge der Zivilisation entwickelten, große Fortschritte gemacht wurden, fand zu anderen Zeiten anscheinend ein jahrtausendelanger Stillstand statt. Darüber hinaus wurden zahllose Erfindungen im Laufe der Zeit wieder vergessen. So weiß man heute, daß nicht James Watt, ein schottischer Ingenieur und Erfinder des 18. Jahrhunderts, die erste Dampfmaschine baute, sondern der Gelehrte Heron von Alexandria, der im 1. Jahrhundert n. Chr. lebte. Und vielleicht waren die beiden Luftfahrtpioniere Wilbur und Orville Wright nicht die ersten, die die Gesetze der Aerodynamik erkannten. Das oben abgebildete Modell eines Segelflugzeuges ist nicht etwa Spielzeug aus dem 20. Jahrhundert, sondern eine 2100 Jahre alte ägyptische Grabbeigabe *(S. 28)*. Nach Ansicht einiger Leute liefert sie einen Beweis dafür, daß unsere Vorfahren im Altertum über Kenntnisse der Luftfahrt verfügten.

Das Beste am Neuen, heißt es in einem denkwürdigen alten russischen Sprichwort, ist oft das längst vergessene Alte.

Elektrizität im Altertum?

Als im Jahre 1936 Arbeiter unweit der irakischen Hauptstadt Bagdad die Ruinen eines 2000 Jahre alten Dorfes freilegten, fanden sie einen seltsamen Gegenstand. Er war aus Ton und sah wie eine kleine Vase aus, in der eine gelötete Kupferblechröhre von 2,50 Zentimeter Durchmesser und 10 Zentimeter Länge steckte. Das untere Ende der Röhre war mit einem kupfernen Deckel verschlossen, und oben ragte aus einem Asphaltstöpsel eine Eisenstange heraus, die offenbar von Säure zerfressen worden war.

Der deutsche Archäologe Wilhelm König untersuchte den Gegenstand und kam zu einem verblüffenden Schluß: Sollte die Röhre einmal mit einer Säurelösung gefüllt worden sein, so könnte es sich bei dem Gefäß nur um eine primitive elektrische Batterie handeln. Königs Ansicht nach waren solche Batterien möglicherweise in alter Zeit von Kunsthandwerkern benutzt worden, um Metalle zu galvanisieren. Er wies darauf hin, daß man bereits an anderen Orten in der Gegend ähnliche Gegenstände gefunden habe und mit ihnen dünne Kupfer- und Eisenstangen, die dazu gedient haben könnten, mehrere solcher Batterien zu verbinden. 1940 las Willard F. M. Gray, ein Ingenieur des General Electric High Voltage Laboratory in Pittsfield, Massachusetts, in einem Artikel eines deutschen Raketenforschers von Königs Theorie. Anhand jener Zeichnungen und Beschreibungen baute Gray die sogenannte Bagdadbatterie nach, füllte sie mit einer Kupfersulphatlösung und konnte so eine Spannung von etwa einem halben Volt erzeugen.

In den 70er Jahren baute ein deutscher Ägyptologe eine Bagdadbatterie und füllte sie mit Traubensaft, wie es seiner Meinung nach die Menschen da-

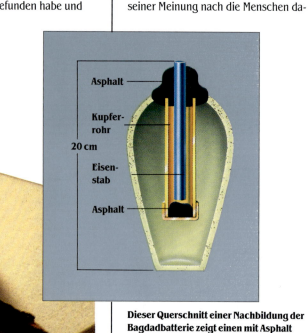

Dieser Querschnitt einer Nachbildung der Bagdadbatterie zeigt einen mit Asphalt isolierten Eisenstab, der aus einem Kupferrohr herausragt. Wird das Kupferrohr mit einem Elektrolyt gefüllt, dann erzeugt die Batterie elektrischen Strom.

mals ebenfalls getan hatten. Dann benutzte er den von der Batterie erzeugten Strom, um eine kleine Silberfigur mit Gold *(links)* zu überziehen.

Der Forscher glaubte, hiermit einen Beweis für die Verwendung elektrischer Batterien Jahrhunderte vor ihrer Entwicklung durch Alessandro Volta um das Jahr 1799 erbracht zu haben. Und er meinte, daß viele der angeblich goldenen Gegenstände aus der Antike aus vergoldetem Silber seien.

Skeptiker vermuten, in der vermeintlichen Batterie habe sich nur eine Schriftrolle befunden. Daß man mit einer modernen Nachbildung Strom erzeugen könne, liefere keinen stichhaltigen Beweis für die einstige Verwendung des Gegenstandes. □

Topographie auf Papyrus

Topographische Karten, auf denen natürliche und künstlich entstandene Merkmale eines Geländes graphisch dargestellt sind, kamen erst während des 18. Jahrhunderts in Gebrauch. Dennoch existiert eine solche Karte, die beinahe 3000 Jahre alt ist.

Sie wird Turiner Papyrus genannt, da sie sich im Ägyptischen Museum von Turin befindet, und ist um das Jahr 1150 v. Chr. angefertigt worden. Fraglos handelt es sich hier um die älteste geologische Karte der Welt, und die Sorgfalt, die auf Details verwendet wurde, ist bemerkenswert. Die 40 Zentimeter hohe und ungefähr 2 Meter breite Karte zeigt einen 16 Kilometer langen Landstreifen, Straßen, Steinbrüche, Goldminen und auch einige Gebäude. Eine eingezeichnete Straße verbindet den Nil mit dem Roten Meer und auch heute noch befahren.

Die rötliche Tönung mancher Flächen auf dem Papyrus *(oben)* entspricht der tatsächlichen Farbe der Berge, die auf dem unteren Bild zu sehen sind. Die braunen Streifen auf dem Berg in der Mitte der Karte stellen Goldadern dar. Pfeile weisen auf eine alte Straße, die heute noch benutzt wird.

Im Gegensatz zu modernen Karten, die mit Hilfe komplizierter Zeichengeräte und Luftaufnahmen angefertigt werden, handelt es sich bei dem Turiner Papyrus um eine Freihandzeichnung. Zum Hervorheben topographischer Merkmale wurden die Farben Rosa, Braun, Schwarz und Weiß verwendet, was den tatsächlichen Farben der Landschaft entspricht. Ein Berg mit rötlichen Granitfelsen beispielsweise ist auf der Karte in sehr ähnlichen Rosa- und Brauntönen dargestellt, der Boden in einem nahen Steinbruch violett und dunkelgrau koloriert.

Diese Karte soll von dem ersten Schreiber Ramses' IV. gezeichnet worden sein. Er soll ferner eine Karte von der Grabstätte seines Pharaos mit dem rötlichbraunen Sarkophag angefertigt haben, was der Färbung des Gesteins entsprochen habe, aus dem der Sarg gehauen worden war. □

Geheimnisse der Edelmetalle

Mehr als drei Jahrtausende hütete ein Grab im Hochland Südperus ein verblüffendes Geheimnis. Dann entdeckte man dort, von der Hand eines Skelettes umklammert, den ältesten bearbeiteten Metallgegenstand, der je in der Neuen Welt gefunden wurde.

Die Archäologen stießen 1971 auf das Skelett, als sie eine 3500 Jahre alten Grabstätte in den Anden freilegten. In seiner Hand hielt es neben einigen Perlen aus Lapislazuli auch neun fein gehämmerte Blattgoldplättchen. Am Ausgrabungsort kamen einige Geräte aus Stein zutage, zwei Schüsseln, drei Hämmer und ein kleiner Amboß,

Diese Masken aus Peru *(oben)* und aus Ecuador *(unten)* wurden aus Edelmetalllegierungen hergestellt. Sie zeigen die große Kunstfertigkeit der Goldschmiede in präkolumbischer Zeit.

die offenbar bei Goldschmiedearbeiten gebraucht worden waren. Aufgrund dieses Fundes kam man zu dem Schluß, daß die Tradition der Metallverarbeitung in Amerika bis in das 3. Jahrtausend v. Chr. zurückgehe.

Als die spanischen Eroberer im 16. Jahrhundert nach Südamerika kamen, fanden sie dort erstaunliche Mengen von Gegenständen aus mutmaßlich reinem Gold und Silber vor, die von Generationen indianischer Goldschmiede hergestellt worden waren. Doch als die Spanier ihre erbeuteten Schätze einschmolzen, erlebten sie manche Enttäuschungen: Die Kunsthandwerker der Anden hatten Techniken entwickelt, um Legierungen aus Edelmetallen und Kupfer herzustellen. Die Oberflächen der fertigen Arbeiten wurden dann einer besonderen Bearbeitung unterzogen, daß sie schließlich wie reines Gold glänzten.

Manche der einheimischen Metallurgen wandten andere Methoden an; das Kupfer auf der Oberfläche der Gegenstände wurde mit einer Chemikalie entfernt, so daß nur eine dünne Schicht reinen Goldes zurückblieb. Oder man plattierte Kupferarbeiten mit Edelmetall.

Diese beiden Techniken wurden von den Schmieden der Moches, die zwischen 200 bis 800 n. Chr. die Küstenebene im Norden Perus bewohnten, meisterlich beherrscht. Unlängst entdeckte man nicht weit von der Grenze zu Ecuador entfernt ein Versteck mit Schätzen aus der Mochekultur. Darunter befanden sich Gegenstände, die aus Kupferlegierungen hergestellt und anschließend vergoldet oder versilbert worden waren. Laboruntersuchungen ergaben, daß die Plattierungen bemerkenswert glatt und an einigen Stellen kaum zwei Mikrometer dick waren.

Aber zu den erstaunlichsten Werken früher Goldschmiede gehören sicherlich ihre Arbeiten aus Platin. Vom 1. bis zum 3. Jahrhundert n. Chr. bauten Indianer der Region von Chocó im heutigen Westkolumbien Platin ab, um Schmuck herzustellen. Zuerst pulverisierten sie Platin und vermischten es anschließend mit Goldstaub. In Holzkohlefeuern schmolzen die Kunsthandwerker das Gold und überzogen damit Platinteilchen. Dann hämmerten sie das noch heiße Metall aus und wiederholten den Vorgang, bis sich das Platin schließlich formen ließ. Diese Technik, die als Sintern bezeichnet wird, ist von den Europäer erst im 19. Jahrhundert gemeistert worden. □

Die Säule von Delhi

Im Hof des Kutub Minar im indischen Delhi steht eine glatte, blauschwarze Eisensäule von 6 Tonnen Gewicht und 7 Meter Höhe, die im 4. Jahrhundert n. Chr. errichtet worden ist. Seitdem haben viele Menschen ihre Größe bestaunt und sich gefragt, warum gerade diese Säule – im Gegensatz zu ähnlichen Eisensäulen in der Gegend – die Zeiten fast vollkommen unbeschadet überstanden hat und selbst nach 1600 Jahren, in denen sie Wind und Wetter ausgesetzt war, lediglich von einer dünnen Rostschicht überzogen ist.

Noch vor einigen Jahrzehnten meinten viele Experten, daß vor dem 19. Jahrhundert selbst in den besten Gießereien Europas die Herstellung eines solch gewaltigen Metallstückes nicht möglich gewesen sei. Heute sind die meisten sich einig, daß diese Säule nicht in einem Stück geschmiedet, sondern aus einer Anzahl kleinerer Teile Gußeisen geformt wurde, die man dann mit einer heute nicht mehr gebräuchlichen Methode, dem Hammerschweißen, miteinander verband.

Dieses Schweißverfahren würde nach Meinung einiger Metallurgen auch erklären, warum die Säule nicht rostet. Ihrer Ansicht nach könnte durch das wiederholte Hämmern und Erhitzen des Metalls auf seiner Oberfläche eine Schicht aus Oxid und Schlacke entstanden sein, die einen schützenden Überzug bildet. Andere

hingegen glauben, daß sich der rostfreie Zustand der Säule durch die Zusammensetzung des Metalls erkläre, das mehr Phosphor und weniger Mangan enthält als heutiges Eisen. Es gibt aber auch Experten, die meinen, daß die Säule wahrscheinlich wegen der relativ trockenen und sauberen Luft Delhis nicht gerostet sei. □

> Im Jahre 1985 entdeckte man in einem Grab aus der Mayazeit eine Tonflasche mit einem Schraubverschluß. Bis dahin hatte man das Gewinde für eine Erfindung der Alten Welt gehalten.

Der Stahl des Islam

Als die Christen im Mittelalter auszogen, um das Heilige Land vom Islam zu befreien, trafen sie auf eine buchstäblich stählerne Front – auf Schwerter, so mächtig und scharf, daß man damit beinahe ebenso leicht einen Kreuzfahrer niederstrecken wie eine in der Luft fliegende Feder durchtrennen konnte. Die Klingen waren aus Damaststahl, der sich durch einen hohen Kohlenstoffgehalt auszeichnete und dessen außergewöhnliche Qualität man auch heute nicht kopieren kann. Moderne Metallurgen haben sich vergebens bemüht, hinter das Geheimnis seiner Herstellung zu kommen.

Benannt wurde der Damaststahl nach Damaskus, der Hauptstadt von Syrien und Haupthandelsplatz der Damaszenerklingen. Das Land, wo dieser ausgezeichnete Stahl hergestellt wurde, war jedoch Indien. Händler verkauften ihn in Indien, Persien, der Türkei und Rußland, und er wurde hauptsächlich für die Anfertigung von Waffen verwendet. Die besten Klingen wurden vermutlich aus Persien eingeführt, und von dorther kamen auch jene, mit denen es die Kreuzfahrer aufnehmen mußten. Hergestellt wurde der Stahl womöglich schon 1300 Jahre vor Beginn der Kreuzzüge. Alexander der Große hat angeblich bei seinen Eroberungszüge im 4. Jahrhundert v. Chr. Damaszenerklingen gesehen.

Das Wissen um die Herstellung von Damaststahl ging Mitte des 19. Jahrhunderts verloren, als sich die Feuer-

Ein verhängnisvolles Geschenk

Nach Überlieferungen soll irgendwann einmal im 1. Jahrhundert n. Chr. ein unbekannter Handwerker mit einem Geschenk vor den großen römischen Kaiser Tiberius getreten sein. Er habe ihm einen Trinkkelch überreicht, der nicht nur außerordentlich schön gewesen sei, sondern auch erstaunliche Eigenschaften besessen habe. Er habe wie Silber ausgesehen, sei aber viel leichter gewesen, und als ihn sein Schöpfer auf den Steinboden schleuderte, sei lediglich eine Delle zurückgeblieben, die der Schmied mit einem kleinen Hammer sofort entfernt habe.

Diese Geschichte fand einige Zeit nach Tiberius' Tod im Jahre 37 n. Chr. Eingang in die Werke des römischen Schriftstellers Petronius und des Historikers Plinius des Älteren. Nach Petronius bestand der Kelch aus einer Art unzerbrechlichem Glas, und Plinius gibt an, es habe sich um eine glasartige Verbindung gehandelt, die äußerst biegsam gewesen sei.

Woraus war dieser seltsame Kelch hergestellt worden? Auch Petronius und Plinius schienen sich darüber nicht klar gewesen zu sein. Aufgrund ihrer Beschreibungen meinen Experten heute, das Trinkgefäß könne möglicherweise aus Aluminium gewesen sein. Wie Aluminium hatte es eine silberne Farbe, war jedoch leichter als Silber. Es ließ sich verändern und formen, und auf Befragen verriet der Handwerker, er habe das Material aus Ton gewonnen – wie Aluminium.

Falls es sich tatsächlich um Aluminium gehandelt haben sollte, so war der Schmied seiner Zeit um Jahrhunderte voraus. Dieses Metall kommt in der Natur nie in reiner Form vor, sondern nur in vielfältigen Verbindungen. Soweit bekannt ist, wurde es erstmals im Jahre 1825 gewonnen. Selbst heutzutage kann Aluminium nur mit Hilfe komplizierter Verfahren hergestellt werden. Tiberius' Besucher muß also, sollte es sich bei dem Becher tatsächlich um Aluminium gehandelt haben, eine andere, wesentlich einfachere Methode bekannt gewesen sein.

Doch leider hat man sein Geheimnis nie erfahren. Da Tiberius fürchtete, das neue Metall könnte Silber und Gold wertlos machen, befahl er, den Schmied zu enthaupten. Und so blieben die Götter weiterhin die alleinigen Hüter des Geheimnisses. □

waffen endgültig durchsetzten. Heute können Wissenschaftler nur vermuten, wie das Metall erhitzt, abgekühlt und geschmiedet wurde. Außer Zweifel steht lediglich eines: Die alten Schmiede fanden heraus, wie sie Stahl mit einem hohen Kohlenstoffgehalt herstellen konnten, ohne daß das Metall spröde wurde.

Klingen waren auch von besonderer Schönheit: Nach einem Beizvorgang entstanden auf der Oberfläche der fertigen Klinge kunstvolle Zeichnungen, die an das Muster von Damast erinnern.

Überlieferte Berichte deuten darauf hin, daß die geschmiedeten Klingen mit ungewöhnlichen Verfahrensweisen abgekühlt wurden. In einem alten Dokument aus Kleinasien wird empfohlen, die Klingen in den Körper muskulöser Sklaven zu stoßen, damit deren Kraft in den Stahl übergehen könne. □

Auf der Klinge dieses persischen Krummsäbels aus dem 18. Jahrhundert erkennt man ein Netz aus gewellten Linien *(Ausschnitt oben)*, die als typisches Merkmal echten Damaststahls gelten.

Ein mumifizierter Leichnam

Schon lange bevor die ersten Europäer nach Chile kamen, wurde in der Atacama-Wüste Kupfer abgebaut – und manchmal mit verhängnisvollen Folgen. 1899 entdeckten Bergarbeiter, die in den Minen arbeiteten, den Leichnam eines einstigen Kumpels, der offenbar vor vielen Jahrhunderten bei dem Einsturz eines Ganges ums Leben gekommen war. Die trockene Hitze in dieser Gegend hatte den Toten fast vollkommen mumifiziert. Das Kupfer war im Laufe der Zeit in den Leichnam eingedrungen und hatte ihm eine gespenstische, grünlichschwarze Farbe verliehen. □

Der Wächter des Kottenforstes

Wie die Säule von Delhi *(S. 23)* ist der sogenannte „Eiserne Mann" im Kottenforst dafür bekannt, daß er kaum Spuren von Rost aufweist. Es handelt sich hier um einen massiven quadratischen Pfeiler von über 2 Meter Länge, der in einem einstigen kaiserlichen Jagdrevier nicht weit von Bonn steht.

Man weiß nicht genau, wie alt der Pfeiler ist und welchem Zweck er diente. Vermutlich ist er eine Grenzmarkierung, die zu Beginn des 17. Jahrhunderts aufgestellt und später von Dieben übersehen wurde, die ähnliche Pfosten ausgruben, um sie als Alteisen zu verkaufen. Vielleicht verdankt der Eiserne Mann seinen relativ rostfreien Zustand der Tatsache, daß ihn jedes Jahr Hunderte von Touristen anfassen: Junge Frauen, die den Pfeiler berühren, sollen bald darauf einen passenden Ehemann finden. □

Ein Rätsel aus Aluminium

Vielleicht irrte jener Schmied, der Tiberius den seltsamen Becher schenkte *(S. 24)*, als er sagte, das Herstellungsverfahren sei nur ihm und den Göttern bekannt. 1956 fanden Archäologen bei Ausgrabungen in der chinesischen Provinz Kiangsu in einem Grab aus dem 3. Jahrhundert etwa 20 Gürtelverzierungen, von denen einige aus einer Metallegierung waren. Diese Mischung bestand zu 85 Prozent aus Aluminium mit geringen Mengen von Kupfer und Mangan. Die ungewöhnlich reine Legierung ähnelte jener, die heute in Flugzeugen verwendet wird.

Nach Ansicht einiger Metallurgen ist diese Legierung damals zufällig beim Schmelzen entstanden. Andere wiederum meinen, man habe in China ein Raffinationsverfahren für Aluminium entwickelt, das weniger Energie erfordert habe als heutige Techniken. □

Glühlampen

Schwärmer, die sich mit dem Sonderbaren beschäftigen, stellen manchmal Theorien aufgrund von Beweisen auf, für die sich auch einleuchtendere Erklärungen finden lassen. Ein Beispiel dafür ist die Vorstellung, daß die alten Ägypter im Schein elektrischer Lampen gearbeitet hätten.

Diese Theorie stützt sich auf Wandreliefs wie dem hier gezeigten. Es stammt aus einer unterirdischen Kammer des Tempels von Dendera, das am linken Ufer des Nils nördlich von Luxor liegt. Der Tempel wurde im 1. Jahrhundert v. Chr. gebaut und ist der Himmelsgöttin Hathor geweiht. Unter dem Heiligtum liegen neun unterirdische Kammern, deren Kalksteinwände mit Hieroglyphen und Reliefs bedeckt sind. Die Archäologen konnten ihre

Nektar vom Nil

Lange bevor die Ägypter mit dem Bau der Pyramiden begannen, kannten sie sich in der Kunst des Bierbrauens aus. Im Jahre 1989 fanden Forscher bei Ausgrabungen in der altägyptischen Stadt Hierakonpolis an den Ufern des Nils eine 5400 Jahre alte Brauerei, wo man offenbar aus Flußwasser, halbgarem Brot, Weizenmalz und Dattelsaft Bier hergestellt hatte. Es ist die älteste Brauerei, die Archäologen je entdeckt haben. □

Diese kleine Statue aus dem 26. Jahrhundert v. Chr. zeigt eine ägyptische Brauereiarbeiterin, die vergorenes Getreide durch ein Sieb drückt.

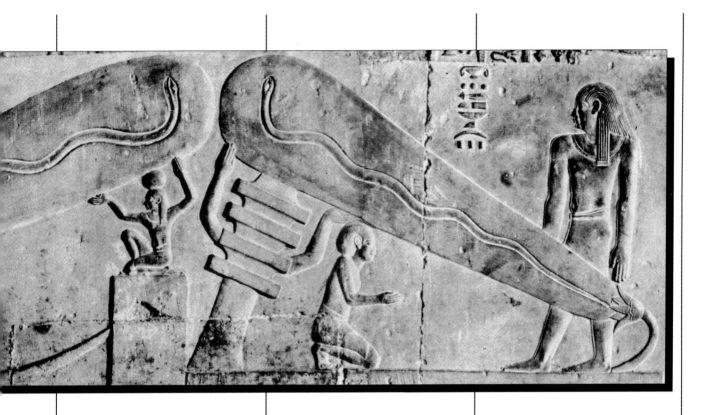

Bedeutung bisher nicht vollständig entziffern. Die Anhänger des Phantastischen behaupten, daß es sich bei den großen, keulenförmigen Gegenständen, die sich auf dieser und auch auf anderen Darstellungen finden, nur um Glühbirnen handeln könne.

Die Kernpunkte dieser Theorie lauten folgendermaßen: Die Wellenlinien in den „Glühlampen" stellen Glühdrähte dar (oder möglicherweise auch Zitteraale, mit denen der damalige Künstler symbolisieren wollte, daß die Keulen Energie erzeugen), und aus den lotusförmigen Enden der Keulen kommen elektrische Drähte oder auch Kabel heraus, die mit einem Hochspannungsgenerator – dem rechteckigen Kasten – verbunden sind.

Nach konventionelleren Interpretationen handelt es sich bei den „Glühlampen" hingegen um eine Darstellung eines Gottes, dem Sohn der Hathor, der sich in Schlangengestalt aus einer Lotusblüte erhebt. Die „elektrischen Drähte" seien die Stengel der Blüten, der rechteckige „Generator" ein Podest für eine unbedeutendere Gottheit, die mit ihren erhobenen Armen die riesige Keule stütze. Die Anhänger des Phantastischen halten dem entgegen, in den unterirdischen Kammern würden sich keinerlei Spuren von Ruß finden. Folglich habe der Künstler damals im Schein elektrischer Lampen gearbeitet.

Doch auch dieser Umstand läßt sich weit plausibler erklären: Der Künstler säuberte die Tempelwände, damit der Ruß sein Werk nicht verunziere.

Gegner dieser Glühlampentheorie halten einen weiteren Trumpf in der Hand: Zu der Zeit, als der Tempel gebaut wurde, war Ägypten römische Provinz. Es scheint äußerst unwahrscheinlich, daß die Römer solch ein erstaunliches Phänomen wie die Elektrizität nicht in ihren Annalen vermerkt haben sollen, die sie hinterließen. □

Als im Jahre 577 feindliche Armeen in den Norden Chinas vordrangen, fertigten die Frauen des belagerten Qi-Reiches Streichhölzer an, um ihre Kochfeuer entfachen zu können. In Europa wurde diese einfache Erfindung erst 1530 bekannt.

Antike Flugobjekte

Als der Ägyptologe Khalil Messiha im Jahre 1969 im Keller eines Kairoer Museums in staubigen, alten Ausstellungsstücken stöberte, blieb sein Blick an einem merkwürdigen Gegenstand hängen. Er lag in einer Kiste mit der Aufschrift „Vogelobjekte" und trug die Registriernummer 6347, sah jedoch nicht wie ein Vogel aus. Das Gebilde hatte gerade Flügel, einen schlanken, sich verjüngenden Rumpf und eine vertikale Schwanzflosse.

Im Archiv des Museums stellte Messiha fest, daß das Objekt aus dem Jahre 200 v. Chr. stammte und 1898 in einem Grab nahe des ägyptischen Dorfes Sakkara gefunden worden war. Dem Altertumsforscher wurde klar, daß es seit über sieben Jahrzehnten niemandem mehr zu Gesicht gekommen war. Und da er den Gegenstand Nummer 6347 mit den Augen eines modernen Menschen betrachtete, sah das Objekt für ihn ganz wie ein Flugzeug aus – wie ein 2100 Jahre altes maßstabsgetreues Modell eines funktionstüchtigen Segelflugzeuges.

Messihas Schlußfolgerung entfachte sofort eine heftige Kontroverse, die sich noch verschärfte, als ein vom ägyptischen Kultusministerium eingesetztes Untersuchungskomitee seine Ergebnisse bekanntgab: Das 18 Zentimeter lange und nur etwa 30 Gramm schwere Modell aus leichtem Sykomorenholz entspreche jenen Prinzipien der Flugzeugkonstruktion, an deren Entdeckung und Perfektionierung moderne Ingenieure jahrzehntelang gearbeitet hätten. Darüber hinaus stellten sie die Funktionsfähigkeit des Modells fest. Mehr als 2000 Jahre nach seiner Entstehung glitt es immer noch völlig mühelos durch die Luft.

Aber man konnte nicht feststellen, ob es tatsächlich ein Segelflugzeug war. Eine unebene Stelle am Flugzeugheck läßt vermuten, daß hier einmal ein Teil abgebrochen ist. Einige Schwärmer hat dies zu der Annahme verleitet, zu dem Modell habe irgendeine Antriebsvorrichtung gehört.

Die Mehrheit der Forscher ist jedoch nicht dieser Auffassung. Einige meinen, es sei ein Spielzeug oder eine Wetterfahne gewesen und seine aerodynamische Form nur Zufall. Befürworter der These, daß es im Altertum möglicherweise Flugzeuge gab, weisen jedoch darauf hin, daß die Ägypter oft maßstabsgetreue Modelle von Tempeln, Streitwagen, Schiffen und anderen Gegenständen anfertigten. Daher halten sie das Objekt für die Miniaturausgabe einer flugtauglichen Maschine.

Nicht nur die Ägypter hinterließen faszinierende Hinweise darauf, daß es im Altertum womöglich Flugzeuge gegeben habe. Wie es in einem alten babylonischen Text heißt, sei die Kunst des Fliegens uralt, ein Geschenk der alten Götter, um Leben zu retten. Ein anderes babylonisches Werk enthält einen detaillierten, wenn auch fragmentarischen Bericht über Bau und Bedienung eines Flugzeuges. Das über 5000 Jahre alte Dokument enthält genaue Erläuterungen über Flugzeugteile aus Kupfer und Graphit und beschreibt die Auswirkungen des Windwiderstandes auf die Stabilität.

Im Jahre 468 v. Chr. modellierte der griechische Mathematiker Archytas aus Holz eine Taube, die tatsächlich fliegen konnte. Die Taube, die als Wunder der Antike gefeiert wurde, besaß im Innern einem Mechanismus, der aus Gewichten und einer geheimnisvollen Antriebsvorrichtung bestand. Einige Gelehrte meinen, Archytas habe möglicherweise einen ähnlichen Antrieb benutzt, wie Jahrhunderte später der griechische Mathematiker Heron von Alexandria. Sein sogenannter Heronsball bestand aus einer mit Flüssigkeit gefüllten Kugel mit einer Röhre. Das Gefäß begann sich zu drehen, wenn durch Einblasen von Luft oder durch Erwärmung die Flüssigkeit aus

Dieser chinesische Holzschnitt zeigt das Luftschiff des Kaisers Ch'eng T'ang.

der Röhre herausgetrieben wurde.

Auch die alten Chinesen zeigten lebhaftes Interesse an der Luftfahrt. Berichte, die vor etwa 2000 Jahren in Bambusstäbchen eingeritzt worden waren, erzählen von dem Kaiser Ti Shun, der von 2255 bis 2205 v. Chr. regierte und einen Flugapparat baute, um einem Mordkomplott seiner Eltern zu entgehen. Nicht nur der Flugapparat soll funktioniert haben, sondern auch ein einfacher Fallschirm, mit dem der Kaiser nach seiner geglückten Flucht unversehrt gelandet sei.

Viereinhalb Jahrhunderte später soll Kaiser Ch'eng T'ang seinem Ingenieur den Auftrag gegeben haben, einen „Flugwagen" zu entwickeln. Nach der Überlieferung ordnete der Kaiser nach einem erfolgreichem Flug die Zerstörung der Maschine an, damit nicht ein Unbefugter in das Geheimnis der Konstruktion eingeweiht werden konnte.

Im 4. Jahrhundert n. Chr. berichtete der Schriftsteller Ko-Hung von einem „fliegenden Wagen", der aus dem Holz eines Jujubebaumes gebaut worden sei. Mit an rotierenden Flügeln befestigten Lederriemen sei die Maschine in Gang gesetzt worden. Möglicherweise entsprang dieses Gerät der Phantasie Ko-Hungs, doch beim Lesen der Beschreibung denkt man unwillkürlich an einen Hubschrauber.

Die meisten Geschichten über die Fliegerei finden sich vermutlich in den alten Schriften Indiens. So berichtet das *Mahabharata*, ein Werk, das etwa im 4. Jahrhundert v. Chr. begonnen wurde, von einem fliegenden Wagen mit eisernen Seiten und Flügeln.

Auch das *Samara Sutradhara*, ein hinduistisches Werk aus dem 11. Jahrhundert n. Chr., dessen Texte bis in das Altertum zurückgehen, enthält eine Fülle von Informationen über das Fliegen. „Das Luftfahrzeug, das aus eigener Kraft wie ein Vogel fliegen kann, wird Vimama genannt", heißt es in einem Abschnitt. Der „Rumpf muß aus leichtem Holz gebaut, stabil und widerstandsfähig sein und die Form eines fliegenden Vogels mit ausgebreiteten Flügeln haben. Im Innern muß eine Quecksilbermaschine aufgestellt werden, unter der sich die eiserne Heizvorrichtung befindet."

Der Text befaßt sich auch ausführlich mit der dem Quecksilber innewohnenden Energie, enthält jedoch nur wenig Informationen, wie sie nutzbar gemacht wurde. Dies gebiete die Vorsicht, so die alten Gelehrten, da sonst jeder, der nicht in die Kunst des Flugmaschinenbaus eingeweiht sei, Unheil anrichten könne.

Im *Ramajana*, dem großen indischen Epos aus dem 3. Jahrhundert v. Chr. wird über ein rundes Luftfahrzeug mit zwei Ebenen, Fenstern und einer Kuppel berichtet, das an heutige Beschreibungen von fliegenden Untertassen erinnert. Der Flugapparat sei mit einer geheimnisvollen gelblichweißen Flüssigkeit angetrieben worden und habe sich angeblich mit unvorstellbarer Geschwindigkeit fortbewegt. Er soll weiterhin immense Höhen erreicht haben und habe auch bewegungslos in der Luft schweben können.

Obwohl die meisten dieser alten Berichte über die Fliegerei aus dem Mittleren und Fernen Osten stammen, hat auch die Neue Welt mit einigen solcher Rätsel aufzuwarten: In Bogotá, der Hauptstadt Kolumbiens, wird in einem Banktresor ein Schmuckstück aus Gold aufbewahrt, das die Sinús hergestellt haben sollen, eine Kultur, die vermutlich zwischen dem 6. und 9. Jahrhundert n. Chr. ihre Blütezeit hatte. Das etwa 5 Zentimeter lange Objekt hat Flügel und einen ungewöhnlichen Schwanz. Es ist eines von mehreren goldenen Schmuckstücken aus präkolumbischer Zeit, die größtenteils Vögel oder Insekten darstellen. Archäologen glauben, bei dem Anhänger handle es sich um die stilisierte Wiedergabe einer Fledermaus ◊

Auf diesem Gemälde ist einer der Himmelswagen dargestellt, die im *Ramajana* beschrieben sind, einem 2200 Jahre alten indischen Epos.

Dieser seltsame Gegenstand aus Gold wurde in einem prähistorischen Grab gefunden und ist einst von den Quimbaya-Indianern in Kolumbien hergestellt worden. Er ist einer von mehreren Funden aus Südamerika, die den Flugzeugen mit Deltaflügeln erstaunlich ähnlich sehen.

oder eines anderen Tieres. Es gibt aber auch andere, die das Schmuckstück als Beweis dafür halten, daß die Menschen von damals die Kunst des Fliegens beherrschten.

Der Biologe Ivan T. Sanderson, ein ehemaliger Leiter einer Gesellschaft, die sich der Erforschung des Unerklärlichen widmet, untersuchte den Anhänger im Jahre 1969 und meinte, es würde sich hier keinesfalls um die Darstellung eines Tieres handeln. Ein Tier mit dreieckigen Flügeln und einem aufrechten Schwanz sei nicht bekannt. Zwar hätten Fische vertikale Schwanzflossen, sie hätten aber auch eine Flosse auf der Unterseite, die wiederum bei dem Schmuckstück fehlte. Sanderson folgerte nun, daß der Anhänger nicht die Abbildung irgendeines Tieres sei; das Kleinod sehe vielmehr genau wie ein hochmodernes Jagdflugzeug mit Deltaflügeln aus. Einige Piloten und Luftfahrtingenieure haben Sandersons ungewöhnliche Interpretation gestützt, doch die Mehrheit der Wissenschaftler hält diese Deutung für undiskutabel.

Dennoch sind jene Theorien nicht auszurotten, nach denen es im Altertum Flugzeuge gegeben haben soll. In kaum einem Kulturkreis fehlen Mythen und Legenden, die von Göttern oder Menschen berichten, die fliegen können. Doch steckt in solchen Legenden ein wahrer Kern? Es gibt zwar einzelne Geschichten und Gegenstände, die darauf hindeuten, daß vielleicht irgendwann im Altertum ein Pionier diesen Wünschen Gestalt verlieh und sich tatsächlich in die Lüfte erhob. Aber bis heute ist das angebliche, vor langer Zeit verlorengegangene Wissen um die Luftfahrt nur ein Mythos, ein Rätsel, das noch der Lösung harrt. □

Eine gefährliche Geheimwaffe

„Bei seinem Auftauchen verursachte es einen Lärm, als ob es im Himmel donnerte. Es schien wie ein Drachen, der durch die Lüfte flog."

So beschrieb ein Augenzeuge die wundersamen Erscheinungen des „griechischen Feuers", einer geheimnisvollen byzantinischen Waffe, die alle in Angst und Schrecken versetzt hatte. Bei der Waffe handelte es sich um eine Flüssigkeit, mit der byzantinische Soldaten einen Feuerregen auf ihre Feinde niedergehen lassen und hölzerne Verteidigungsanlagen mühelos durchbrechen konnten.

Dank dieser Waffe war es den Byzantinern im 7. und 8. Jahrhundert möglich, die Angriffe der Moslems und später die der russischen Invasoren abzuwehren.

Am überraschendsten aber war die Tatsache, daß diese Flüssigkeit sich entzündete, sobald sie mit Wasser in Berührung kam. Sie wurde mit bronzenen Spritzen versprüht, die auf den Decks der Schiffe befestigt waren, und hatte eine verheerende Wirkung.

Doch wie jede Militärmacht hüteten die Byzantiner das Geheimnis ihrer tödlichen Waffe gut. Chemiker können heutzutage über ihre Zusammensetzung nur spekulieren. Vielleicht enthielt jene Flüssigkeit Petroleum, Schwefel, Nitrate, Kalk, Knochen und möglicherweise auch Urin. □

Die erste Zentralheizung

In gewisser Hinsicht verdanken wir der Auster die Entwicklung der ersten Zentralheizung der Welt.

Um 80 v. Chr. beschloß ein einfallsreicher römischer Feinschmecker namens Sergius Orata, für gewerbliche Zwecke Austernbecken anzulegen. Bei diesem ersten Versuch einer Austernzucht dachte Orata darüber nach, wie man das ganze Jahr hindurch für warmes Wasser sorgen könnte, da dies bekanntlich das Wachstum der köstlichen Weichtiere förderte. Er entwickelte ein Heizsystem, bei dem unter den Becken zwischen Ziegelsäulen Heißluft zirkulierte, die von Brennöfen erzeugt wurde. Auf diese Art soll Orata das Hypokaustum, die römische Zentralheizung, erfunden haben, mit der öffentliche Bäder und die Villen von reichen Leuten beheizt wurden.

Für ein Hypokaustum wurden auf einem Untergrund aus Beton und Platten kleine Säulen errichtet, auf denen ein gut isolierter Fußboden ruhte, der aus Ziegelsteinen, einer Schicht Ton und einem Belag aus Stein oder Marmor bestand. Von Brennöfen, die man mit Holz beheizte, wurde heiße Luft durch ein großes Rohr oder eine Anzahl kleinerer Luftkanäle in die Hohlräume zwischen den Böden geleitet. In öffentlichen Bädern beheizte man das Wasser und die Böden. Später wurden Luftkanäle gebaut, die Heißluft in die Wände leiteten *(unten)*. □

Als die Pferde angespannt wurden

Erfindungen, die im Rückblick vielleicht recht einfach und wenig bemerkenswert erscheinen, haben mitunter den weiteren Verlauf der Geschichte geprägt. Ein solches Beispiel ist das Pferdegeschirr. Das erste tatsächlich brauchbare Geschirr wurde in China entwickelt, doch es sollte mehr als 1000 Jahre dauern, ehe es seinen Weg nach Europa fand.

Bis zum 8. Jahrhundert benutzten die Europäer ein einfaches Geschirr, das aus einem Kehlriemen und einem Bauchgurt bestand. Doch sobald das Pferd zu ziehen begann, drückte ihm der Kehlriemen die Luft ab. Infolgedessen war es natürlich nicht möglich, größere Mengen an Gütern mit Hilfe von Pferden zu transportieren, und so mußten beispielsweise die Römer damals ihr Getreide per Schiff aus Ägypten herbeischaffen. Zwar bereitete es keine Schwierigkeiten, das Getreide in Italien anzubauen, doch der Transport über das Land nach Rom stellte ein unlösbares Problem dar.

Die einzige alte Zivilisation, die ein vernünftiges Pferdegeschirr entwickelt hat, war China, wo irgendein namenloser Mann im 4. Jahrhundert v. Chr. das sogenannte Sielengeschirr erfand *(oben)*. Es bestand in der Hauptsache aus einem die Brust des Pferdes umfassenden Brustblatt, so daß das Tier auch während des Ziehens noch Luft bekam. Das Sielengeschirr gelangte über Zentralasien nach Europa, als im Jahre 568 n. Chr. die Awaren in Ungarn einfielen. Im Verlauf der nächsten 200 Jahre verbreitete es sich über den ganzen Kontinent und revolutionierte das Transportwesen zu Lande. □

Ernte in alter Zeit

Im Jahre 1834 entwickelte der amerikanische Erfinder Cyrus McCormick den ersten, wirklich effizienten mechanischen Mähbinder, durch den in der Landwirtschaft eine neue Epoche einleitet wurde. Dennoch gab es bereits etwa 2000 Jahre früher im alten Gallien ein Gerät, das der Maschine McCormicks verblüffend ähnlich sah.

Diese frühe Mähmaschine ist auf Steinreliefs aus dem 1. Jahrhundert n. Chr. dargestellt worden. Sie sieht wie ein riesiger Kamm auf zwei Rädern aus, der von einem Maultier oder Esel geschoben wird. Die Bauern benutzten das Gerät für die Weizenernte, und Berichten zufolge soll es funktioniert haben. Dennoch kehrten die Gallier zur mühseligen Arbeit mit der Sichel zurück. Höchstwahrscheinlich ist die Mähmaschine in den Wirren nach dem Niedergang des Römischen Reiches nicht mehr gebaut worden.

Schubkarren von einst

Bekanntlich waren die alten Chinesen den Menschen im Westen in vielen Dingen weit voraus; so waren sie es auch, die im 1. Jahrhundert v. Chr. den ersten Schubkarren entwickelten.

Einige hundert Jahre lang hielten sich die Chinesen mit der Verbreitung dieser Neuigkeit zurück, da die Erfindung für sie von beträchtlicher militärischer Bedeutung war. Mit ihren Schubkarren transportierten die Chinesen schweres Versorgungsmaterial und Soldaten. Darüber hinaus dienten die Karren ihnen als beweglicher Schutz vor Kavallerieattacken.

Die alten chinesischen Schubkarren trugen Namen wie hölzerner Ochse und gleitendes Pferd, was auf ihren Wert schließen läßt. Wo immer bei einem Bauvorhaben ein Schubkarren zur Verfügung stand, konnte die Zahl der Arbeiter halbiert werden. Das Gerät wurde in Europa etwa zu Beginn des 13. Jahrhunderts bekannt. Selbst heute noch werden die besten Schubkarren in China hergestellt.

Verzicht auf das Rad

Ganz ohne Frage gehört das Rad zu den bedeutendsten technologischen Erfindungen aller Zeiten, und um etwa 1000 v. Chr. hatte es sich über die gesamte Alte Welt verbreitet. In der Neuen Welt hingegen kamen Karren mit Rädern erst 2500 Jahre später mit der spanischen Eroberung in Gebrauch. Aus diesem Grund glaubten die Historiker lange Zeit, daß die Menschen dort das Rad bis dahin nicht gekannt hätten. Doch in den 40er Jahren unseres Jahrhunderts wurden sie eines Besseren belehrt.

In Veracruz in Mexiko entdeckten Archäologen in Gräbern, die aus dem 1. Jahrhundert n. Chr. stammen, verschiedene kleine Tierfiguren aus Ton, die alle einen Satz perfekt funktionierender Räder besaßen. Einige, wie etwa der Jaguar rechts, konnten außerdem als Pfeifen benutzt werden. Seitdem hat man noch mehr solcher Figuren gefunden, die aus unterschiedlichen Perioden stammen. Aufgrund dieses Umstands weiß man, daß die Gegenstände über einen Zeitraum von mehreren hundert Jahren hinweg angefertigt worden sind. Da es sich dabei immer um Grabbeigaben handelt, waren sie vermutlich von religiöser Bedeutung.

Warum aber haben die Menschen der Neuen Welt im Alltag keinen Gebrauch von dem Rad gemacht, wo sie ihre Städte doch oftmals mit aufwendig gebauten, gepflasterten Straßen miteinander verbunden hatten?

Vielleicht wurde das Rad im Alltagsleben deswegen nicht angewendet, da Zugtiere wie Pferde unbekannt waren. Andererseits stand der Entwicklung von Schubkarren und ähnlichen Transporthilfen nichts entgegen. Gewiß hätten sich auch andere Nutzungsmöglichkeiten für das Rad finden können, beispielsweise als Töpferscheibe oder Spinnrad. Doch bisher ist man auf solche Geräte nicht gestoßen. □

Ägyptens Edison

Im 3. Jahrhundert v. Chr. war Alexandria in Ägypten intellektuelles Zentrum der Welt, und von dort stammte auch einer der größten Erfinder, den die Geschichte kennt. Er war ein Mann, der sich vielleicht für den falschen Beruf entschieden hätte, wäre er nicht ein pflichtgetreuer Sohn gewesen.

Der Name der Erfinders war Ktesibios, und seine Laufbahn begann er im Friseurladen seiner Familie, wo er eine Lehre machte und einen verstellbaren Spiegel erfand, um dem Vater die Arbeit zu erleichtern. Bei seiner Konstruktion diente eine Bleikugel in einer Röhre als Gegengewicht. Bald stellte Ktesibios fest, daß beim Verstellen des Spiegels die Kugel die Luft in der Röhre zusammendrückte, was ein lautes Geräusch erzeugte. Von seiner Entdeckung fasziniert, baute der junge Erfinder einen Zylinder und einen Kolben zusammen, um weitere Klangexperimente durchzuführen. So entwickelte er im Laufe der Zeit die erste Orgel. Die Konstruktion vereinte die meisten Grundelemente moderner Orgeln in sich, bei denen der durch ein Gebläse erzeugte Wind zu einem Pfeifenwerk geleitet wird, in dem jede einzelne Pfeife einen anderen Klang hat. Und um auch die Luft zu diesen Pfeifen lenken zu können, entwickelte Ktesibios die erste Klaviatur der Welt.

Da bei Ktesibios' Instrument die Luft mit Hilfe von Wasserdruck durch die Pfeifen geleitet wurde, nannte man es Hydraulis, oder Wasserorgel. Zentrales Element der Erfindung war ein großer, umgedrehter Trichter, der sich in einem Behälter mit Wasser befand. Unter dem ständigen Druck des Wassers in der Trichteröffnung wurde Luft zu den Pfeifen weitergeleitet. Mit einer Luftpumpe führte man dem Trichter neue Luft zu. (Spätere Orgelbauer verwendeten statt Wasserdruck Blasebälge.) Ktesibios aber war so von der Hydraulik fasziniert, daß er weitere Apparate entwickelte, unter anderem eine äußerst genau gehende Wasseruhr, die damals als Wunderwerk galt. Ktesibios gilt heute als Begründer der modernen Hydraulik. □

Dieses römische Tonmodell von Ktesibios' Wasserorgel wurde in Karthago gefunden.

HEILKUNDIGE

Die Grenze zwischen Heilkunst und Magie verlief in vielen alten Kulturen fließend. So bekämpften ägyptische Ärzte vor Tausenden von Jahren nicht nur alle Arten von Verletzungen und Krankheiten, sondern auch Dämonen, die allem Anschein nach vom Körper ihrer Patienten Besitz ergriffen hatten. Sie riefen den Gott Thoth, den Gott des Mondes und der Wissenschaft an, um die Geister mit Beschwörungsformeln, wie „Weiche, der du Knochen brichst, den Schädel marterst, im Knochenmark nagst und die sieben Öffnungen des Kopfes krank machst."

Doch die Magie schloß Sachkunde nicht aus. Bedeutende Ärzte, die sich vor allem auf Erfahrung, Beobachtung und Logik stützten, entwickelten neue Medikamente und Methoden zur erfolgreichen Behandlung von Krankheiten. Sie hatten noch nie etwas von Mikroorganismen gehört und vermochten dennoch überaus wirksame Heil- und Wundsalben herzustellen. Indische Chirurgen sezierten Leichen, um die menschliche Anatomie besser erforschen zu können, führten gewagte Operationen an den Augenlinsen durch und erfanden die plastische Chirurgie. Auf dieses Wissen baute im 5. Jahrhundert v. Chr. der griechische Arzt Hippokrates auf, der als Begründer der Medizin als Erfahrungswissenschaft gilt.

Im 2. Jahrhundert v. Chr. führten taoistische Gelehrte medizinische Versuche durch, die jahrhundertelang unübertroffen blieben. In China ist wohl erstmals auf dem Gebiet der Impfung geforscht worden. Und pflanzenkundigen Völkern, die seit Jahrtausenden im Amazonasgebiet leben, verdanken wir viele wirksame Medikamente.

Chirurgen im alten Peru benutzten Kupfer- oder Bronzeinstrumente wie diese, um bei Hunderten von verletzten Kriegern Schädeloperationen durchzuführen.

Frühe Gehirnchirurgie

Als der amerikanische Diplomat und Freizeitarchäologe E. G. Squier in den 60er Jahren des letzten Jahrhunderts eines Tages in einer archäologischen Privatsammlung in der peruanischen Stadt Cuzco stöberte, fiel sein Blick auf den Schädel eines Indianers aus präkolumbischer Zeit. Squiers Aufmerksamkeit wurde auf ein kleines, viereckiges Loch im Schädeldach gelenkt, das seiner Meinung nach nur durch Menschenhand entstanden sein konnte. Squier erwarb den Schädel und sandte ihn dem französischen Arzt und Anatomen Paul Broca.

In Frankreich hatte man in Gräbern aus der späten Steinzeit Schädel mit ähnlichen Öffnungen gefunden. Anthropologen vermuteten, daß diese sogenannten Trepanationen an Toten während religiöser oder magischer Rituale durchgeführt worden waren. Als Broca aber den Schädel aus Peru untersuchte, kam er zu dem überraschenden Ergebnis, daß der Indianer zu Lebzeiten trepaniert worden sei, da das umliegende Knochengewebe typische Spuren einer Infektion aufwies. Der Patient habe die Trepanation wenigstens eine Woche überlebt, da keine Infektion entstanden sei. Anthropologen, die Brocas Forschungen weiterführten, betrachteten nun die französischen Funde aus dem Neolithikum in einem neuen Licht und entdeckten auch bei vielen dieser Schädel Spuren einer Infektion. In anderen Ländern Europas fanden sich bis hin zu Rußland zahlreiche Beweise für diese frühe Operationsmethode, doch im präkolumbischen Peru wurden anscheinend Trepanationen in einem Umfang durchgeführt, wie sonst zu keiner anderen Zeit und an keinem anderen Ort. Hier hat man über tausend trepanierte Schädel entdeckt, mehr als in allen anderen Ländern der Welt zusammen.

Die meisten in Peru gefundenen Schädel stammen von Männern und tragen Anzeichen von Gewalteinwirkung. Die Männer waren höchstwahrscheinlich Krieger, die im Kampf durch Schlagkeulen oder Geschosse aus Schleudern verletzt worden waren. Und offenbar trepanierten die Ärzte ihre Schädel nicht aus rituellen, sondern aus rein medizinischen Gründen, etwa um Knochen zu entfernen, die auf das Gehirn drückten, oder um eine Schwellung zu lindern.

Anders scheint es sich bei den Chirurgen der Jungsteinzeit verhalten zu haben, die Eingriffe wohl eher aus kultischen als aus therapeutischen Gründen vornahmen. Wenige der europäischen Funde weisen Anzeichen von Verletzungen auf, und bei den französischen handelt es sich zumeist um Frauenschädel. Warum dies so ist, bleibt ein Geheimnis – ebenso wie die Bedeutung einiger faszinierender Plättchen, die Archäologen in jungsteinzeitlichen Gräbern fanden. Die Scheiben sind aus poliertem Schädelknochen und haben in der Mitte ein Loch. Anscheinend dienten sie als Amulette oder Talismane, die um den Hals getragen wurden, um das Glück zu beschwören oder um sich vor bösen Geistern zu schützen. Die Plättchen wurden aus dem Schädel von Toten geschnitten, die zu Lebzeiten trepaniert worden sein mußten. Es waren kreisförmige Stücke, die man den Rändern der Öffnung entlang herausgeschnitten hatte. Unklar bleibt, welche magischen oder religiösen Kräfte die Steinzeitmenschen den durchbohrten Knochenscheiben zugeschrieben haben mögen. Bei einigen

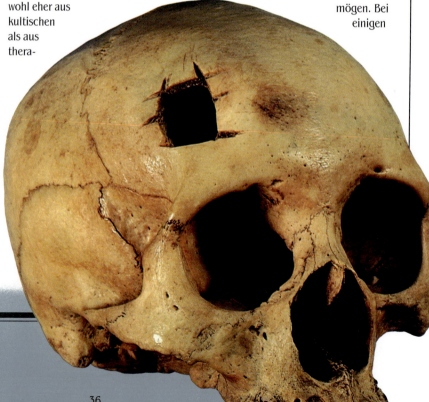

Trepanationen wird man magisch motivierte und therapeutische Gründe nicht trennen können. Da alte Völker gewöhnlich Dämonen die Schuld an Krankheiten gaben, hielten die Menschen es für angebracht, den Schädel zu öffnen, um den im Körper hausenden Unhold zu befreien – insbesondere bei Geisteskrankheiten, die angeblich im Kopf entstanden. Mit der Zeit wurden in Europa Trepanationen immer häufiger aus medizinischen Gründen durchgeführt, und im 5. Jahrhundert v. Chr. empfahlen Hippokrates und andere medizinische Autoritäten operative Schädelöffnungen zur Behandlung von Kopfverletzungen.

Die große Anzahl der in Peru gefundenen Schädel ließ wertvolle Rückschlüsse auf dieses Verfahren zu. Bei einer Trepanation konnten die Chirurgen vier verschiedene Techniken anwenden, und jede erforderte ein besonderes Instrument, das meist aus Kupfer oder Bronze bestand. Als Paul Broca mit solchen Instrumenten Trepanationen an Toten vornahm, stellte er fest, daß sie nur eine halbe Stunde in Anspruch nahmen – für einen schwerverletzten Krieger im Koma gewiß eine gnädig kurze Zeit, doch einem Patienten bei Bewußtsein muß sie endlos lang erschienen sein, da es außer Alkohol oder halluzinogenen Pflanzen keine Narkosemittel gab.

Gewöhnlich wurde bei einer solchen Operation ein einzelnes Loch von 2 bis 5 Zentimeter Durchmesser gebohrt. Häufig öffnete man den Schädel an mehreren Stellen, und bei einigen Patienten wurde die Operation wiederholt. Ein Schädel weist sogar Öffnungen von sieben Trepanationen auf. Trotz drohender Infektionen und unkontrollierter Blutungen überlebten in Peru etwa 50 Prozent der Patienten. Im alten Europa überstanden mehr als 80 Prozent den Eingriff, weil sie wahrscheinlich bei besserer körperlicher Verfassung operiert worden waren als die Krieger aus Peru.

Nach Meinung des Pathologen Arthur C. Aufderheide von der University of Minnesota wäre ein Neurochirurg des Jahres 1900 äußerst froh gewesen, wenn so viele seiner Patienten überlebt hätten wie in Peru: Um 1900 starben im Durchschnitt 75 Prozent der Patienten eines Gehirnchirurgen, gewöhnlich aufgrund einer Infektion. □

Krankheit als Heilmittel

Im 11. Jahrhundert kam einer taoistischen Einsiedlerin, die auf einem Berg in der chinesischen Provinz Szechwan lebte, ein verzweifelter Hilferuf des Premierministers Wang Dan zu Ohren: Jeder, der wisse, wie man Pocken vorbeugen oder heilen könne, möge sich eilends zu ihm begeben. Der älteste Sohn Wang Dans war gerade an der Krankheit gestorben; man befürchtete, daß auch die restlichen Mitglieder der Familie ihr zum Opfer fallen würden.

Die alte Einsiedlerin folgte dem Aufruf und brach, mit etwas Pockenschorf in der Tasche, zur kaiserlichen Hauptstadt auf. Dort legte sie den Schorf auf Wattebäusche, die sie ihren Patienten in die Nase schob – und offenbarte auf diese Weise das geheime Wissen der Taoisten über die Impfung.

In dieser Geschichte, die in einem Werk über die medizinische Tradition im kaiserlichen China steht, mag sich Mythos und Wahrheit vermischen. Die Impfung, bei der unter kontrollierten Bedingungen ein Erreger in den Körper eingebracht wird, um die Produktion schützender Antikörper anzuregen, ist zweifellos eine chinesische Erfindung, die möglicherweise aus der Arbeit taoistischer Alchimisten hervorging. Im Gegensatz zu ihren westlichen Kollegen suchten diese frühen Forscher nach dem Elixir der ewigen Jugend nicht im Laboratorium, sondern im eigenen Körper, und sie werden dabei vielleicht eher zufällig die Methode der Impfung entdeckt haben.

Gegen Ende des 16. Jahrhunderts hatten chinesische Ärzte eine relativ sichere Impfmethode entwickelt. Während schwere Pockenfälle durch das Virus *Variola major* ausgelöst werden, gibt es noch ein zweites – *Variola minor* –, das bei weitem nicht so gefährlich ist. Die Ärzte erkannten die unterschiedlichen Symptome der beiden Arten und verwendeten zur Impfung Schorf von Menschen, die mit dem ungefährlicheren Virus infiziert worden waren. Der Schorf stammte nicht von Patienten mit einem vollentwickelten Krankheitsbild, sondern von kürzlich geimpften Menschen. So erhielt man geschwächte Erreger, die keine Erkrankung hervorriefen, aber die Bildung von Antikörpern anregten.

Bei einer anderen Methode zur Gewinnung ungefährlicher Viren trug der Arzt den in Papier gewickelten Schorf in einer verkorkten Flasche ungefähr einen Monat mit sich herum. Während dieser Zeit starben etwa 80 Prozent der robusten Erreger durch die Körperwärme ab, und der Schorf konnte risikoloser angewendet werden. □

Endokrinologie im alten China

Im Jahre 1890 bahnte sich in der Endokrinologie, der Lehre von den endokrinen Drüsen, eine Wende an, als Ärzte im Westen eine revolutionäre Methode zur Behandlung für Schilddrüsenhormonmangel entwickelten. Ein weiterer Fortschritt war die Entdeckung zweier Forscher im Jahre 1927, daß der Urin von schwangeren Frauen große Mengen an Geschlechtshormonen enthalten würde.

Diese spektakulären Erfolge im Westen fanden in China nur wenig Beachtung, denn schon etwa 2000 Jahre früher hatten chinesische Ärzte regelmäßig Kropferkrankungen geheilt – ein Leiden, bei dem die Schilddrüse das für den Stoffwechsel unverzichtbare Hormon Thyroxin in nicht ausreichenden Mengen produziert. Da die Ursache für Kropfbildung Jodmangel ist, verabreichten die Chinesen zur Behandlung einfach jodhaltige Meeresalgen. Im 5. Jahrhundert wurden in China aus diesem Wirkstoff Tabletten und Tinkturen hergestellt. Chinesische Ärzte stellten in gewissen Gebirgsgegenden eine höhere Anfälligkeit für Kropferkrankungen fest und vermuteten folgerichtig, daß der Erde und dem Wasser dort wahrscheinlich wichtige Grundstoffe fehlen würden.

Ein chinesisches Arzneimittelverzeichnis des frühen 7. Jahrhunderts berichtet über eine verfeinerte Behandlungsmethode, bei der Schilddrüsen von Schafen zerkleinert und mit Obst zu Tabletten verarbeitet wurden. Oder man verabreichte den Patienten einfach die rohen Drüsen. Durch diese Therapie erhielten sie sowohl Jod, das der Körper in der Schilddrüse konzentriert, als auch Thyroxin, das bei Schilddrüsenerkrankungen nur noch bedingt oder gar nicht mehr produziert werden kann.

Eine weitere, überraschend moderne Therapie wandte man bei sexuellen Störungen an, die mit aus Urin gewonnenen Geschlechts- oder Hypophysenhormonen behandelt wurden. Spätestens im Jahre 125 v. Chr. gelang es chinesischen Alchimisten, aus konzentriertem Urin eine weiße kristalline Substanz zu gewinnen, der sie den Namen „Herbstmineral" gaben. Diese fortschrittlichen Endokrinologen variierten die Wirkung der Arznei, indem sie unterschiedliche Anteile des Urins von Männern und Frauen verwendeten. Sie behandelten damit Impotenz, Menstruationsbeschwerden und selbst Fälle von Hermaphrodismus.

Probleme bereitete vermutlich die schwankende Qualität der Arznei, die im voraus keine Aussagen über ihre Wirksamkeit erlaubte. Die Alchimisten entwickelten eine Reihe von Verfahren, um „Herbstmineral" herzustellen. Alle waren arbeitsaufwendig, und etwa 570 Liter Urin ergaben lediglich 60 bis 90 Gramm der Arznei.

Moderne Untersuchungen haben gezeigt, daß mit einem dieser Verfahren tatsächlich eine hormonreiche Substanz gewonnen werden konnte. Dabei wurde der Urin erhitzt, und eine pulvrige Substanz blieb zurück, die Hormone und viele Unreinheiten enthielt. Das Pulver wurde in einem geschlossenen Gefäß erneut einer Hitzeeinwirkung ausgesetzt, wobei die in dem Stoff enthaltenen Hormone aufstiegen und sich an der kühleren Oberfläche des Gefäßdeckels niederschlugen. □

Die heilende Kraft des Honigs

In einem 3600 Jahre alten ägyptischen Papyrus, der überliefertes medizinisches Wissen enthält, werden etwa 1000 Arzneimittel aufgezählt; bei mehr als der Hälfte figuriert Honig als Grundbestandteil. Besonders gerne wurde er in Salben, gewöhnlich in Kombination mit pflanzlichen oder tierischen Fetten verwendet.

Versuche haben gezeigt, daß Honig das Vertrauen, das ägyptische Apotheker und zahlreiche Anhänger der Naturheilkunde in den verschiedensten Kulturen bis zum heutigen Tag in ihn gesetzt haben, tatsächlich verdient. Honig vermag Wunden zu lindern und verhindert, daß Verbände haftenbleiben. Er wirkt entzündungshemmend und beschleunigt den Heilungsprozeß.

Auch gegen schädliche Bakterien erweist sich Honig als potentes Mittel. Er enthält ein Enzym aus den Kopfdrüsen der Bienen, das mit Glucose und Sauerstoff das Desinfektionsmittel Wasserstoffperoxid bildet und die natürliche Verbindung Gluconolacton mit leicht antibiotischer Wirkung. Honig hält Wunden trocken und entzieht Bakterien auf diese Weise die zum Leben notwendige Feuchtigkeit.

In einigen Fällen hat sich gezeigt, daß Honig die Bildung gesunden Gewebes fördert. So berichteten beispielsweise 1983 israelische Ärzte über einen Versuch, bei dem man Hautverletzungen bei Mäusen mit Salzlösung gereinigt hatte, während die Wunden einer zweiten Gruppe mit

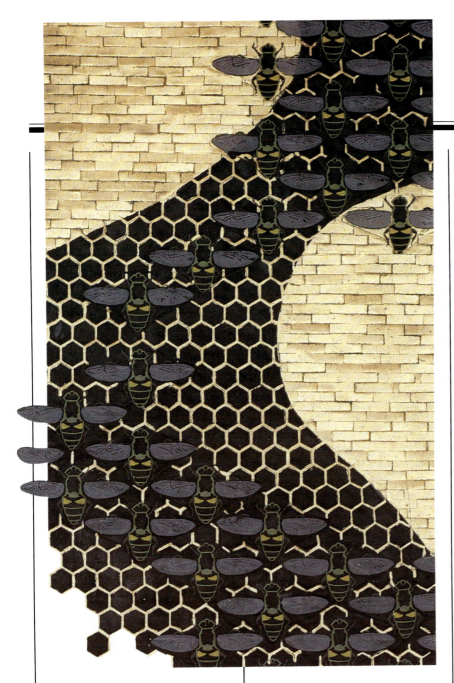

Plastische Chirurgie

Unübertroffen bleiben die Leistungen der alten hinduistischen Schönheitschirurgen, die verstümmelte oder nach Unfällen entstellte Patienten operierten. Das Verfahren, das diese vor 2600 Jahren praktizierenden Ärzte zum Beispiel bei Nasenplastiken entwickelten, wird auch heute, im 20. Jahrhundert, angewendet.

An Patienten mangelte es den Ärzten im alten Indien gewiß nicht. Ein häufig auftauchendes Problem waren damals eingerissene Ohrläppchen. Sowohl Männer als auch Frauen ließen sich die Ohrläppchen durchstechen, die oft allein durch das bloße Gewicht der großen, schweren Ohrringe durchrissen. Und vermutlich war manchmal während eines Streites zu heftig an einem Ohrring gezerrt worden.

Bei einer Ohrläppchenplastik nahm man ein Stück Haut von der Wange des Patienten, zog es nach hinten und nähte es an das Ohr an. Die *Suschruta Samhita*, ein hinduistisches Chirurgie-Handbuch, riet dem Patienten, nach der Operation darauf zu achten, daß der Verband nicht verrutsche. Der Patient solle körperliche Anstrengung, opulente Mahlzeiten, Geschlechtsverkehr, die Nähe zu Feuer und ermüdende Gespräche meiden und tagsüber nicht schlafen. Sobald auf dem neuen Ohrläppchen feine Haare zu wachsen begannen, wußte der Arzt, daß die Verpflanzung geglückt war und der Patient bald wieder einen Ohrring tragen konnte.

Nasenplastiken waren schwieriger durchzuführen. Mit der Amputation der Nase wurden häufig Missetäter bestraft, die gestohlen, die Ehe gebrochen oder ein anderes, weit harmlo- ◊

handelsüblichem Honig bestrichen worden waren. Bei den mit Honig behandelten Mäusen entwickelte sich doppelt so rasch neue Haut wie bei den Mäusen der ersten Gruppe.

Honig verwendete der nigerianische Arzt S.E.E. Efem auch zur Behandlung der Hautgeschwüre von 59 Patienten, die teilweise bis zu zwei Jahre erfolglos auf konventionelle Weise therapiert worden waren. Seinem Bericht zufolge gingen in 58 Fällen innerhalb einer Woche die Schwellungen und Infektionen zurück.

Wegen seiner antibakteriellen Wirkung ist Honig nahezu unbegrenzt haltbar. Im altitalienischen Paestum fanden Archäologen bei Ausgrabungen einen 2500 Jahre alten Honig, der immer noch von zähflüssiger Konsistenz war. Seine Reinheit hatte den Honig konserviert, eine Eigenschaft, die schon die Ägypter bei der Krankheitsbekämpfung geschätzt hatten. □

seres Unrecht begangen hatten. Kein Körperteil war unantastbar, doch eine amputierte Nase verunstaltete den Menschen vollkommen und setzte ihn schweren Demütigungen aus. Bei den Indern galt die Nase als Symbol für das Ansehen eines Menschen, und ihr Verlust bedeutete gleichzeitig Gesichtsverlust. Wer keine Nase mehr hatte, verdiente auch keinen Respekt mehr und wurde folglich geächtet.

Die erste Nutznießerin einer solchen Nasenoperation war eine Frau namens Surpunakha, der man 1500 v. Chr. die Nase auf Befehl eines Prinzen amputiert hatte. Der König empfand Mitleid mit der Frau und trug seinen Ärzten auf, ihre Nase zu rekonstruieren.

Wie in der *Suschruta Samhita* berichtet wird, verwendeten die Ärzte bei einer Nasenplastik entweder ein Stück Haut von der Wange oder von der Stirn; ein Weinblatt in Größe der abgetrennten Nase diente als Schablone. Der Chirurg trennte ein Hautstück her-

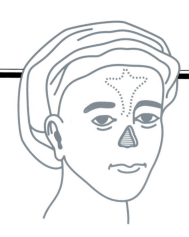

aus, das an seinem stielförmigen Ende mit der Gesichtshaut verbunden blieb, und führte flache Schnitte durch, um die Haut zu formen. Anschließend wurde die Hautoberfläche nach außen gedreht, das Hautstück über den Nasenbereich gezogen und angenäht.

Zwei kleine Röhren – vermutlich aus Bambus oder Ton – wurden unten in die neue Nase eingesetzt, um das Atmen zu erleichtern und zwei Nasenlöcher zu bilden. Den baumwollenen Verband, mit dem die neue Nase verbunden wurde, beträufelte man mit

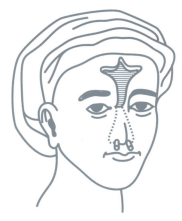

Sesamöl oder geklärter Butter, um die Operationswunde vor eindringenden Keimen zu schützen.

Selbst eine nicht perfekt rekonstruierte Nase stellte den Ruf des Patienten her und machte ihn auch wieder gesellschaftsfähig. Deshalb ertrugen die Patienten geduldig die Schmerzen, die ein solcher Eingriff verursachte. □

Von der alten Heilkunst zur Schulmedizin

Bereits vor 3500 Jahren stellten ägyptische und sumerische Apotheker aus Teilen des Weidenbaumes Arzneien her. Mit Weidenextrakten behandelten Griechen und Römer Beschwerden wie Ohrenschmerzen, Gicht, Hühneraugen, Entzündungen und Augeninfektionen; und die Indianer Nordamerikas brauten aus Weidenrinde einen heilkräftigen Tee. Auch bei Erkältungen, Asthma und Blutspucken (vermutlich infolge einer Lungenentzündung) setzte man Abkochungen von Rinde und Laub der Weide ein.

Doch erst im 19. Jahrhundert sollten Chemiker den Wirkstoff dieses alten Mittels entdecken – ein Bitterstoff der Weidenrinde, der nach dem lateinischen Namen der Weide, *Salix*, Salizin genannt wurde. Nachdem das Geheimnis gelüftet worden war, begannen Wissenschaftler mit dieser Substanz zu experimentieren, um ein Präparat zu entwickeln, das keine unangenehme Nebenwirkungen wie Übelkeit und Magenkrämpfe hervorrief. Eine ihrer Laborschöpfungen war ein aus reiner Acetylsalicylsäure bestehendes Mittel, das 1899 auf den Markt kam und bald darauf als Wundermittel gegen Schmerzen, Fieber und Entzündungen gefeiert wurde.

In der Volksheilkunde gibt es zahlreiche Pflanzen, die schmerzlindernde und auch heilende Wirkung haben. Sogenannte primitive Kulturen besitzen ein differenziertes Wissen über Arzneimittel, das von Generation zu Generation mündlich weitergegeben und verbessert wurde. Der Ethnologe und Botaniker Walter H. Lewis und seine Frau Memory Elvin-Lewis, eine Mikrobiologin, haben Volksstämme in ihrem natürlichen Lebensraum beobachtet und berichten, daß die Jívaros im Regenwaldgebiet des Amazonas-Tieflandes zwar Analphabeten seien, aber über 500 verschiedene Heilpflanzen kennen würden. Mit Maulbeerbaumextrakt behandelte kranke Zähne würden innerhalb von zehn Tagen ohne Schmerzen ausfallen.

Bereits vor langer Zeit übernahm die westliche Medizin zwei Arzneimittel der Jívaros – Chinin gegen Malaria und Kurare, ein lähmendes Gift, als Muskelrelaxans. Die Jívaros sind einer von etwa 20 Stämmen im Amazonasgebiet, die ihre Beutetiere mit Kurare erlegen oder lähmen. Diese Substanz wird aus verschiedenen Kletterpflanzenarten gewonnen, von denen der Mondsame das stärkste Gift enthält. Das Alkaloid verhindert, daß Nervenimpulse zu den Muskeln gelangen. Je nach Dosierung wirkt es tödlich oder löst die Muskelanspannung. Auch andere Mittel, die angeblich über Monate empfängnisverhütend wirken, die weibliche Fruchtbarkeit fördern oder die Knochenheilung beschleunigen, machen die Pflanzenheilkunde der Jívaros zu einem faszinierenden und vielversprechenden Forschungsgebiet.

Bei der modernen Schulmedizin fanden diese Präparate oft nur wenig Anklang. Heilkundige in Indien schätzten die Rauwolfia, die sie Mondscheinpflanze nannten, weil sie bei „Mondkrankheit" oder Geistesgestörtheit half. Man verwendete sie zur Behandlung von Schlangenbissen, Fieber, Durchfall und Ruhr. Ihre Wurzel wurde während des Meditierens gekaut, und ein schwacher Auszug diente zur Beruhigung kränkelnder Kinder.

Die Rauwolfia war seit alters her ein bewährtes Volksheilmittel gewesen. 1931 gaben indische Wissenschaftler bekannt, ein Mittel aus der Pflanze gewonnen zu haben, das psychisch kranke Patienten beruhigen und auch blutdrucksenkend wirken würde. Westliche Mediziner schenkten diesen Berichten weiterhin keine Beachtung, bis die Rauwolfia dann 1952 im Westen analysiert wurde. Die Untersuchungsergebnisse bewirkten eine Umstellung bisheriger Heilmethoden: Die Medikamententherapie wurde nun zur Standardbehandlung von Geisteskrankheiten. □

Alte Salben: Heilmittel oder Kurpfuscherei

In den in frühen Pharmakopöen verzeichneten Arzneimitteln spielten Magie und medizinisches Wissen eine unterschiedlich große Rolle. Einige Substanzen waren tatsächlich hilfreich und werden heute noch verordnet, doch der überwiegende Teil – und es gab Abertausende von tierischen, pflanzlichen und mineralischen Produkten – war manchmal schädlich, oft unwirksam, häufig ekelerregend.

So wurden etwa Exkremente von Fliegen, Krokodilen, Pelikanen und sogar von Menschen gegen Leiden eingesetzt, die von Kahlköpfigkeit bis zu grauem Star reichten.

Diese Substanzen, die einem modernen Menschen widerwärtig erscheinen mögen, wurden wegen ihrer vermeintlichen magischen Kräfte ausgewählt, die man häufig durch Beschwörungen zu verstärken versuchte. Ein ägyptischer Arzt beispielsweise behandelte Blindheit dadurch, daß er aus einem Schweinsauge extrahierte Flüssigkeit in das Ohr seines Patienten träufelte, während er beschwörende Worte murmelte. (Er war irrtümlicherweise der Ansicht, daß zwischen Ohr und Auge eine Verbindung bestehen würde.)

Mit einigen dieser unappetitlich wirkenden und oft sinnlos erscheinenden Mittel konnte jedoch ein Heilungseffekt erzielt werden. Die Chinesen behandelten Augenleiden mit Fledermauskot, und zumindest bei Patienten, die unter Nachtblindheit litten, stellte sich eine deutliche Besserung ein. Fledermauskot enthält viel Vitamin A, das auch im Leberextrakt vorkommt, den heutige Augenärzte gegen Nachtblindheit verordnen. Die Behandlungsmethoden, die damals in Ägypten bei diesem Leiden angewendet wurden, kamen heutigen Therapiemaßnahmen noch näher: Austretende Flüssigkeit von gebratener Ochsenleber wurde auf die Augen gegeben.

Ebenfalls aus Ägypten stammte eine Wundsalbe aus verschimmeltem Brot, die bei Infektionen half. Medizinhistoriker vermuten, die Salbe habe womöglich antibakterielle Schimmelpilze enthalten, mit einer ähnlichen Wirkungskraft wie das Penizillin.

Die chemische Verteidigungswaffe des Tausendfüßlers, das antiseptisch wirkende Benzochinon, wurde bevorzugt in griechischen Wundsalben verarbeitet. Zur Gewinnung der Substanz mußte man das Gliedertier aber erst einer Stress-Situation aussetzen. □

Gesundheit durch Blutegel

In alter Zeit glaubte man, daß Krankheiten vor allem dann entstünden, wenn die harmonische Mischung der vier Körpersäfte, auch Humores genannt, gestört werde. Folglich entnahmen Ärzte zur Behandlung dieser Anomalie dem Patienten Blut oder eine andere Körperflüssigkeit, die man im Übermaß zu haben glaubte.

Blutungen wurden manchmal mit einem Messer, einer Nadel oder einem Saugnapf herbeigeführt. Bei einer anderen, relativ schmerzlosen Methode zur Blutentnahme griff man auf einen kleinen Wurm, den Medizinischen Blutegel, zurück. Eine Wandmalerei in dem Grab eines ägyptischen Schreibers, der 1308 v. Chr. starb, zeigt offenbar einen Mann, der auf einem Schemel sitzt, während ein Arzt ihm Blutegel auf die Stirn setzt. Das Leiden dieses Patienten ist nicht bekannt, aber im Laufe der Jahrhunderte wurde der Blutegel bei der Behandlung einer Unzahl von Krankheiten eingesetzt.

Eine der ältesten erhaltenen Anwendungsempfehlungen stammt aus dem 2. Jahrhundert v. Chr. Damals schlug der griechische Arzt Nikandros Blutegel zur Behandlung von giftigen Bissen vor. Andere Ärzte verordneten sie bei Epilepsie, Kopfschmerzen, Rippenfellentzündung, Geistesgestörtheit, infizierten Wunden, Gicht und Augenleiden, wie auch bei Erkrankungen der Milz und anderer innerer Organe.

Das Ansetzen des Medizinischen Blutegels *(Hirudo medicinalis)*, der in den Bächen und Teichen Eurasiens vorkommt, war früher ein beliebtes Mittel zur Blutentziehung. Der Wurm hat eine runde Mundöffnung mit drei Kieferplatten, an denen jeweils bis zu 100 Zähne sitzen. Nachdem der Egel mit seinen Kiefern eine Wunde in die Haut seines Wirtes geschnitten hat, saugt er ungefähr 15 Minuten lang – ein Egel kann etwa 15 Kubikzentimeter Blut aufnehmen –, bis er abfällt.

Vermutlich hat das Ansetzen eines Blutegels den Patienten weder genutzt noch geschadet. Moderne Chirurgen haben jedoch festgestellt, daß die Ärzte jener Zeit in mancher Hinsicht durchaus recht hatten, bei heiklen Operationen, wie etwa dem Annähen abgetrennter Ohren oder Finger, Blutegel einzusetzen. Die Blutversorgung des Gliedes wird zwar durch die Wiederherstellung der Arterien gewährleistet, doch die kleineren Venen, die das Blut zum Herzen zurücktransportieren, müssen meist von selbst heilen. Bis dies soweit ist, staut sich in dem wieder angenähten Teil das Blut. Saugen Egel nun das Blut ab, werden Schmerzen und Schwellungen gelindert und die Heilung unterstützt. Die Würmer spritzen gleichzeitig einen gerinnungshemmenden Stoff in die Wunde hinein, der das Blut einige Stunden lang fließen läßt.

Das Ansetzen von Blutegeln ist sicherlich nicht sehr angenehm; außerdem beherbergt ein Blutegel potentiell gefährliche Bakterien. Dennoch hat sich diese althergebrachte Therapie bewährt. Eine Blutegelfarm in Wales liefert jedes Jahr Tausende von Würmern an Ärzte in der ganzen Welt. □

Lebende Nähte

Im Arztkoffer eines guten Chirurgen im alten Indien fand sich – neben anderen einfallsreichen therapeutischen Mitteln – manchmal auch ein Behälter, in dem eine Anzahl großer, schwarzer Ameisen aufbewahrt wurde.

In einem vor etwa 2000 Jahren entstandenen Werk, schrieb der Gelehrte Suschruta, daß Chirurgen zum Vernähen von Darmverletzungen Ameisen einsetzen würden. Es gebe auch Ärzte, die der Meinung seien, daß schwarze Ameisen sogar bei perforierten Därmen verwendet werden sollten. Wenn sich die Tiere festgebissen hätten, müsse man nur noch ihre Körper von den Köpfen abtrennen. Dann sollten die so „genähten" Gedärme behutsam in die Bauchhöhle in ihre ursprüngliche Lage zurückgeschoben werden.

Moderne Anthropologen haben Beweise gefunden, daß selbst heute noch Völker in Afrika, Südamerika und Bhutan Wunden mit Hilfe großer Ameisen schließen. In Südamerika werden dazu „Soldaten" der Gattung *Eciton burchelli* benutzt. Die Insekten haben starke, hakenartige Kiefer, die leicht in die Haut eindringen können und nur mühsam zu entfernen sind. Wenn die Ameise beim Zubeißen getötet wird, bleiben die Mundwerkzeuge wie eine Klammer in der Haut stecken. □

Das bronzene Bein von Capua

Vor mehr als 2000 Jahren humpelte ein wohl recht eitler Mann mit einem ungewöhnlichen Bein durch die römische Stadt Capua. Er hatte sein eigenes Bein vom Knie abwärts verloren, vielleicht wegen einer Kriegsverletzung, eines Unfalls oder einer Infektion, durch die eine Amputation notwendig geworden war. Welche Gründe auch immer bestanden haben mögen, mit einem einfachen Stock aus Holz, wie zu jener Zeit üblich, wäre er nicht zufrieden gewesen. Statt dessen trug er eine Prothese, die aus einem naturgetreu nachgebildeten Holzbein bestand, das noch einen sehr dekorativen Überzug aus glänzender Bronze erhalten hatte. Um 300 v. Chr. wurde der Mann mitsamt seinem Bein beerdigt. Gegen Ende des 19. Jahrhunderts wurde das Grab entdeckt, dem künstlichem Glied aber nur wenig Beachtung geschenkt, obwohl man keine Prothese aus dem klassischen Altertum gefunden hatte, die den zu ersetzenden Körperteilen genau nachgebildet worden war. Ein künstlicher Fuß wurde nicht in dem Grab gefunden. Am oberen Ende der Bronzehülle waren gelochte Eisenstäbe befestigt; unklar bleibt, wie das Bein an seinem Platz gehalten wurde.

Wissenschaftler meinen, daß die Prothese von einem Handwerker angefertigt worden sei. Scheinbar gehörte die Anpassung künstlicher Körperteile nicht zu den Aufgaben eines Arztes. In klassischen Medizinbüchern ist hierzu nie etwas vermerkt worden.

Von dem Bein von Capua, das in dem Londoner Museum of the Royal College of Surgeons aufbewahrt wird, fertigte man 1910 eine Reproduktion an. Das Original wurde 1941 während der deutschen Luftangriffen zerstört. □

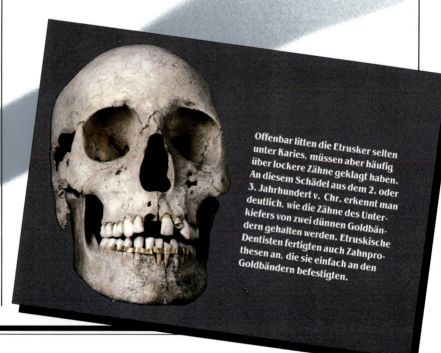

Offenbar litten die Etrusker selten unter Karies, müssen aber häufig über lockere Zähne geklagt haben. An diesem Schädel aus dem 2. oder 3. Jahrhundert v. Chr. erkennt man deutlich, wie die Zähne des Unterkiefers von zwei dünnen Goldbändern gehalten werden. Etruskische Dentisten fertigten auch Zahnprothesen an, die sie einfach an den Goldbändern befestigten.

Frühe Staroperationen

Operationen eines grauen Stars zur Rettung des Augenlichts sind keineswegs eine moderne Errungenschaft, sondern wurden bereits in alten Zeiten erfolgreich durchgeführt.

Der graue Star ist eine Trübung der Augenlinse, die verhindert, daß durch die Pupille einfallendes Licht die Netzhaut hinten im Auge erreicht. Dies ist aber notwendig, damit im Gehirn ein Bild entstehen kann. Bleibt grauer Star unbehandelt, kann dies letztlich zur Erblindung führen. Viele Inder entgingen damals diesem Schicksal, da die Hindus eine Operationstechnik kannten, die heute allgemein als „Starstich" bezeichnet wird.

Die Methode ist in der *Suschruta Samhita* beschrieben, einem Werk der Hindus über Operationsverfahren, die vor Tausenden von Jahren praktiziert wurden. Mit dem Starstich beabsichtigte man, die getrübten Linsen an eine Stelle zu schieben, wo sie das Sehvermögen nicht beeinträchtigen konnten. Um die Operation durchführen zu können, mußte der Arzt über gute anatomische Kenntnisse, einigen Mut und zwei geschickte Hände verfügen. In der *Suschruta Samhita* empfahl man den Chirurgen, das linke Auge mit der rechten Hand, das rechte Auge mit der linken Hand zu operieren.

Der Arzt nahm auf einem niedrigen Schemel Platz, während der Patient sich ihm gegenüber auf den Boden setzte. Damit der Patient nicht im Schmerz um sich schlug, wurden ihm die Hände zusammengebunden; ein Assistent hielt den Kopf des Kranken fest. Dann schob der Arzt eine Lanzette zwischen Iris und Augenwinkel. Während er die Spitze des Instrumentes hin- und herbewegte, wartete er auf einen charakteristischen Laut ◊

und achtete darauf, ob ein Tropfen Flüssigkeit aus dem Auge trat, Anzeichen dafür, daß die Linse durchstochen worden war. Wenn der Patient nun in der Lage war, Gegenstände zu erkennen, zog der Arzt die Lanzette vorsichtig wieder heraus, legte in Fett getränkte Watte auf die Wunde und ließ den Kranken mit verbundenen Augen ruhen. Das Fett bildete einen Schutz vor Bakterien und verringerte die Gefahr einer Infektion.

Ob der Starstich eine Erfindung der Hindus war, läßt sich nicht mehr feststellen. Ein Abschnitt im *Kodex Hammurapi*, der mehr als tausend Jahre älter als die *Suschruta Samhita* ist, deutet darauf hin, daß auch babylonische Ärzte mit dieser Operationsmethode vertraut waren. Sicher ist, daß der Starstich bis in die Antike hinein durchgeführt wurde. Im Gegensatz zu den Hindus zogen es römische Ärzte des 1. Jahrhunderts n. Chr. vor, die Lanzette oberhalb der Iris in das Auge einzuführen und die Linse nach unten zu schieben. Falls sie beim Herausziehen des Instrumentes wieder in ihre alte Lage rutschte, wurde die Linse mit der Lanzettenspitze zerschnitten. In *De Medicina* bemerkte der römische Schriftsteller Celsus, kleine Teile der Linse würden sich leichter verschieben lassen; außerdem werde das Sehvermögen weniger behindert.

Um das Jahr 1000 n. Chr. berichtete ein arabischer Arzt von einer neuen Behandlungsmethode, bei der die Linse mit einem einer Spritze ähnelnden Instrument herausgezogen wurde. Vermutlich war den Römern dieses Verfahren schon bekannt. 1975 fanden Archäologen in Montbellet eine Anzahl augenärztlicher Instrumente. Neben drei kleinen bronzenen Starnadeln lagen zwei Instrumente, bei denen eine Nadel in einem Röhrchen steckte, dessen Spitze mit einem Auge markiert war. Wegen der Ähnlichkeit zwischen dem von dem arabischen Arzt beschriebenen Instrument und der Spritze von Montbellet schreiben Medizinhistoriker den Römern die Erfindung dieser Methode zu. □

BAUMEISTER

In unserer heutigen Welt scheint sich der Mensch die Natur unterworfen zu haben. Flüsse wurden eingedeicht, Marschen trockengelegt, Wälder in Ackerland umgewandelt und Wüsten bewässert. Solche Umwandlungen sind bereits zu einem früheren Zeitpunkt durchgeführt worden, als viele von uns ahnen.

Eine erste Umgestaltung der Landschaft erfolgte sicherlich schon vor Tausenden von Jahren. Vielleicht war es damals nur ein kleiner Hügel, den Menschen aufgeworfen hatten, um an ein bedeutsames Ereignis oder an einen im Kampf gefallenen Anführer zu erinnern. Möglicherweise war es auch ein Steinhaufen, den sie einem furchterregenden, heute längst vergessenen Gott zu Ehren errichtet hatten. Zeit, Wind und Regen haben diese frühen Monumente zerstört, doch es gab kein Zurück mehr: Hiermit begann die Ingenieurwissenschaft, wenn sie auch damals noch nicht so bezeichnet wurde. Würden wir uns nun in das 3. Jahrtausend v. Chr. zurückbegeben, dann sähen wir, daß mittlerweile die Hügel so hoch wie Berge und zu Schatzkammern geworden waren, die Steinhaufen sich in Pyramiden verwandelt hatten und ihre Erbauer nicht mehr in Höhlen lebten, sondern in prächtigen Städten mit gepflasterten Straßen, Häuserreihen und Kanalisation.

Tunnel wurden gegraben und Straßen gebaut – Tausende von Jahren vor Beginn der christlichen Ära. Wenige Herausforderungen schienen den Baumeistern zu groß, wenige Hindernisse unüberwindlich. Sie schenkten der Welt ein Stonehenge, eine Cheopspyramide oder, wie in den peruanischen Anden, kunstvolle Steinmetzarbeiten, die uns auch heute in Staunen versetzen *(oben)*.

Wer aber waren diese Baumeister? Ihre Namen wurden selten festgehalten oder gingen später verloren. Viele ihrer Bauwerke haben die Zeiten überdauert, wenn auch nur als Ruinen, die manchmal noch große Geheimnisse bergen.

Der Bau der Pyramiden

Mit einem Gewicht von etwa 6,5 Millionen Tonnen, ungefähr 140 Meter Höhe und 5 Hektar Grundfläche ragt die Pyramide aus der Wüste in den Himmel empor. Als sie um das Jahr 2600 v. Chr. erbaut wurde, legte man in ihrem Innern unzählige Gänge an, von denen viele in Sackgassen münden, und eine Reihe von Kammern und Hallen. Tatsächlich hat die Pyramide des Pharaos Cheops, auch Chufu genannt, so viele beeindruckende Zahlen vorzuweisen, daß man kaum ein passendes Attribut für sie findet. Und wenn man sich in Erinnerung ruft, daß den Menschen, die sie damals errichteten, weder das Rad noch Lasttiere oder eine hochentwickelte Technologie zur Verfügung standen, so stellt dieser Bau eine überaus beachtenswerte Leistung dar.

In Anbetracht der Schwierigkeiten, die die Architekten der Cheopspyramide meistern mußten, stellten im Laufe der Jahrhunderte Historiker, Archäologen und Ägyptologen zahlreiche Theorien auf, um ihre Konstruktion zu erklären. Einigen dieser Thesen wird man wohl kaum Glauben schenken können.

Im 19. Jahrhundert beispielsweise entstand die Theorie vom „Pyramidenzoll", eines göttlich inspirierten Maßes, das angeblich eine Fülle kodierter kosmischer Informationen enthielt. Die geheimnisvolle Maßeinheit war das geistige Produkt des Schotten Charles Piazzi Smyth, eines Professors der Astronomie an der University of Edinburgh. Smyth war ein gläubiger Presbyterianer und suchte mit grenzenloser Begeisterung nach dem von ihm vermuteten tieferen Sinn der Cheopspyramide. Indem er sein Pyramidenzoll (er entsprach 0,999 englischen Inches) auf die Innen- und Außenmaße der Pyramide anwandte, stellte Smyth Kalkulationen über die Dichte der Erde, ihren Durchmesser am Äquator und die Entfernung zwischen Erde und Sonne an. Als er darüber hinaus jeden Pyramidenzoll mit einem Jahr gleichsetzte, kam er zu dem Schluß, daß in dem Bauwerk geschichtliche Daten festgehalten worden seien, wie der Auszug der Juden aus Ägypten, die Geburt Jesu und der Zeitpunkt des Weltunterganges. Letzteres sollte nach Smyth, der in den 60er Jahren des 19. Jahrhunderts darüber schrieb, 1881 stattfinden.

Im 20. Jahrhundert behauptete dann der französische Chemiker Joseph Davidovits, die Pyramiden seien durch Gießtechnik entstanden. 1974 verkündete er, daß die für die Pyramide verwendeten Steinblöcke nicht in einem Steinbruch gebrochen und zum Standort der Pyramide geschleift, sondern an Ort und Stelle nach einem Verfahren gegossen worden seien, das der heutigen Produktion von Portlandzement ähneln würde. Nach Davidovits wurde gemahlener Kalkstein mit einem besonderen Bindemittel gemischt, um eine flüssige, epoxidähnliche Substanz herzustellen. Dann habe man diese Mischung in Holzformen gegossen, wo sie zu solidem Stein härtete. Forscher ziehen Davidovits Annahme, bei den Pyramiden handle es sich um künstliche Megalithen, unter Hinweis auf eine Fülle archäologischen

Nach der Theorie eines „zweiten Nil" beim Bau der Pyramiden werden die Steinblöcke auf Barken über Schleusen an ihren Platz gebracht. Die meisten Experten meinen, die Blöcke seien über Erdrampen nach oben geschleift worden *(unten)*.

Beweismaterials in Zweifel. Doch ständig werden neue Theorien aufgestellt.

Der Amateurägyptologe und Fachmann für Personalplanung Thomas J. Crowder stellte kürzlich eine originelle Hypothese zur Debatte: Die Pyramiden sollen mit Wasserkraft errichtet worden sein. Crowder vermutet, daß ägyptische Priester zufällig einen unterirdisch verlaufenden Flußarm des Nils entdeckt hätten, als sie nach einem geeigneten Platz für das subterrane Grab des Pharaos suchten. Seiner Meinung nach ließen die Priester einen Tunnel zu diesem Fluß graben und Dämme bauen, um das Wasser nach oben direkt zur Baustelle umzuleiten.

Dann sei eine Mauer um die Fundamente der Pyramide errichtet worden, um das Wasser zu stauen, ferner ein Kanal, der den Flußarm mit dem nahen Nil verbunden habe. Auf diese Weise hätten Steinblöcke auf Barken vom Nil aus über den Kanal zur Pyramide transportiert werden können.

Crowder meint weiter, daß während des Baus an der schrägen Nordwand der Pyramide Schleusenkammern konstruiert worden seien, in die man das Wasser des unterirdischen Nil geleitet habe. Die Baumeister hätten so die mit Steinblöcken beladenen Barken von einer Schleusenkammer zur anderen emporgehoben, bis zu jener Stelle, wo gerade gearbeitet wurde. Um das entladene Schiff wieder zurück in den Kanal zu senken, habe man einfach das Wasser aus den Schleusen abgelassen. Nach Crowder wurden die Kammern nach der Fertigstellung der Pyramide abgebaut und die Dämme des unterirdischen Nilarms eingerissen. So habe der Strom, vor zukünftigen Generationen verborgen, wieder in sein ursprüngliches Flußbett zurückfließen können.

Crowders ungewöhnliche Theorie basiert auf einem eingehenden Studium der Werke des griechischen Historikers Herodot und insbesondere auf die Verwendung des Wortes *machana*. Da dieses griechische Wort gewöhnlich mit Maschine übersetzt wurde, hatten Archäologen jahrelang nach einem Gerät gesucht, mit dem die Ägyptern womöglich die Steine an ihren Platz gehievt hatten. Aber *machana* kann auch Boot bedeuten, und diese Interpretation würde nicht nur Crowders Theorie stützen, sondern erklären, warum man nie einen Kran oder ähnliche Apparate gefunden hat.

Die meisten Fachleute glauben jedoch nicht an die Existenz eines zweiten Nils. Sie suchen noch nach archäologischen Beweisen, die erklären könnten, wie die Pyramiden errichtet wurden. Bisher deutet vieles darauf hin, daß bei dem Bau der Pyramide die Arbeiter am vorgesehenen Standort Rinnen in das Bodengestein schlugen, die sie mit Wasser füllten. In die Wasserrinnen trieb man Stangen, an denen man den Wasserpegel markierte. Dann wurde der Fels bis zur Wasserlinie abgetragen. Auch wenn dies eine äußerst einfache Nivellierungsmethode war, so entstand doch eine fast vollkommen ebene, für den Bau einer Pyramide geeignete Fläche.

Primitiv waren auch die Werkzeuge für den Abbau der gewaltigen Steinmassen, die für das Grab des Pharaos benötigt wurden. Zu den wenigen Hilfsmitteln, die den ägyptischen Steinmetzen zur Verfügung standen, um aus dem Felsbrocken einen Steinquader für die Pyramide zu hauen, gehörten kupferne Sägen und Meißel, Steinhämmer und Holzkeile.

Glücklicherweise brauchten die ◊

> Auf einem Stein der Cheopspyramide ist eine der rätselhaftesten Hieroglyphen, die man je in Ägypten gefunden hat, eingeritzt worden. Der Spruch lautet: „Diese Seite nach oben".

vielen tausend Menschen, die an dem Projekt arbeiteten, den überwiegenden Teil der für die Pyramide bestimmten Steine nicht von weither zu holen. Die Felsblöcke mußten durch Muskelkraft zur Baustelle transportiert werden, da es keine arbeitserleichternden Hilfsmittel wie das Rad gab. Man band die einzelnen Blöcke auf einen Schlitten, den man mit Hilfe von Seilen aus geflochtenem Schilf über Holzrollen zog. Die polierten Kalksteinblöcke, die als Verblendsteine dienten, kamen aus einem Steinbruch 16 Kilometer südlich von Kairo. Sie wurden auf Schiffen den Nil heraufgebracht und die letzten 800 Meter über Land zur Baustelle geschleift. Der für die Grabkammer bestimmte Granit stammte aus einem Steinbruch bei Assuan 1000 Kilometer stromaufwärts.

Jeder Stein mußte dann an der Seite der Pyramide nach oben transportiert und in seine endgültige Position gebracht werden. Vermutlich wurden hierfür Rampen errichtet, die bei der Vollendung des Baus bis zur Spitze der Pyramide reichten. Nachdem die Sandsteinkappe an ihren Platz gesetzt worden war, begannen die Steinmetze in umgekehrter Richtung zu arbeiten, während sie die Pyramide mit Kalksteinblöcken verkleideten und die Rampen wieder abbauten.

Ingesamt waren am Bau der Cheopspyramide etwa 150 000 Bauarbeiter 30 Jahre lang beteiligt. Immer dann, wenn der Nil über seine Ufer trat und die Felder nicht bearbeitet werden konnten, wurden die Menschen zur Arbeit an der Pyramide gerufen.

Doch noch bevor die Erbauer den letzten Stein an seinen Platz gesetzt hatten, begannen auf der Hochebene von Giseh weitere Bauwerke langsam Gestalt anzunehmen. Schließlich wurde die Cheopspyramide zum Mittelpunkt einer großartigen Anlage, die zu den Sieben Weltwundern zählte.

Heute sind die Ruinen dieses Komplexes ein beliebter Touristenort, von ewigen Geheimnissen umhüllt. □

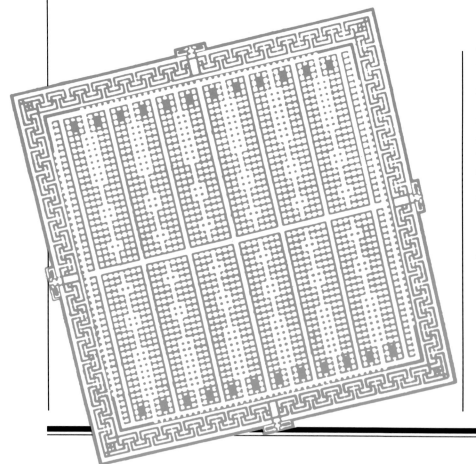

Das Labyrinth des Pharaos

Was hier wie die Arbeit eines Webers aussieht, ist in Wirklichkeit der Grundriß eines der großartigsten Bauwerke Ägyptens. Dieses komplizierte Labyrinth, das der Pharao Amenemhet III. vor fast 3000 Jahren unweit seiner Pyramide in Al Faijum errichten ließ, hatte zwei Ebenen, etwa 3000 Kammern und ein geheimnisvolles Wirrwarr dunkler Gänge. Nach Herodot muß der Bau mehr Geld und Mühen gekostet haben als alle Bauwerke der Griechen zusammen genommen.

In dem Labyrinth, einem Totentempel, befanden sich Gräber von Königen und heiligen Krokodilen, doch der Sinn dieser komplizierten Anlage bleibt unklar. Vielleicht war das Labyrinth nur Ausdruck einer königlichen Leidenschaft für Rätsel. □

Petra: Stadt der Toten

Selbst heute sind die rötlichen Ruinen der Stadt Petra in Jordanien nur zu Fuß oder mit einem Pferd über einen Weg erreichbar, der stellenweise etwa ein Meter breit ist. Er schlängelt sich zwischen steilen Felsen aus rotem Sandstein hindurch, die einen eindrucksvollen Auftakt für das bevorstehende Schauspiel bilden. Nach einer letzten Biegung mündet der Pfad in ein Tal, auf dessen Westseite ein 30 Meter hoher Bau mit Säulengängen, Portalen und Fenstern aus dem Fels gehauen wurde, der, wie eine Theaterkulisse, doch nur Fassade ist.

Das geheimnisvolle Bauwerk wird Schatzhaus des Pharaos genannt. Seine Architekten waren die Nabatäer, ein nomadisches Wüstenvolk, das diese Anlage vor etwa 2000 Jahren aus heute unbekannten Gründen errichtete. Eine oberhalb der Fassade in den Fels gehauene Urne, die die Spuren von Hunderten von Einschußlöchern aufweist, hilft bei der Erklärung des Namens: In der Urne soll sich der Schatz eines Pharaos befunden haben. Deshalb war das steinerne Gefäß eine faszinierende Zielscheibe für vorbeiziehende Beduinen, die hofften, durch einen gezielten Schuß mit einem Goldregen belohnt zu werden.

Aber das Schatzhaus des Pharaos ist nur eines der vielen in den Fels gehauenen Gebäude. Ein Stück entfernt steht beispielsweise der Palast, und hoch über dem Tal ist das sogenannte Kloster in den Berg gemeißelt worden *(oben)*. Wie das Schatzhaus des Pharaos bestehen auch diese beiden Bauten fast nur aus einer Fassade, hinter der lediglich ein einziger Raum mit prächtigen Ziergiebeln, Säulen und allerlei Schnörkelverzierungen liegt.

In dieser gespenstischen Umgebung stehen auch die Ruinen eines römischen Amphitheaters mit 33 Sitzreihen, im Jahre 106 nach der Einnahme Petras durch die Römer in eine Felswand gehauen, in der sich bereits Hunderte von nabatäischen Gräbern befanden. Einige der Gräber liegen direkt an den oberen Rängen des Theaters. Von der Bühne aus bilden die Sitzreihen, auf denen 3000 Zuschauer Platz fanden, und die Ruhestätten der Toten einen grausigen Kontrast.

Weitere Gräber säumen die Straße nach Petra, in der einst mehr als 20 000 Menschen lebten. Als jedoch irgendwann im 3. Jahrhundert n. Chr. die Handelswege verlegt wurden, verlor die Stadt Petra ihre Bedeutung, und nach einem schweren Erdbeben im Jahre 350 senkte sich für immer Stille über den Ort. □

Vorläufer des Suezkanals

Bereits um 1800 v. Chr. nahmen die Ägypter die Arbeiten zu einer Wasserstraße auf, die Mittelmeer und Rotes Meer verbinden sollte, aber vollendet wurde sie erst von den römischen Eroberern. Als die Byzantiner über Ägypten herrschten, wurde der Kanal nicht mehr genutzt, bis im 7. Jahrhundert n. Chr. ihn die Araber erneut schiffbar machten. Aus militärischen Gründen schütteten ihn die Türken 775 n. Chr. wieder zu. Danach blieb die Verbindung zwischen den Meeren unterbrochen, bis 1869 der Bau des heutigen Suezkanals abgeschlossen wurde. □

Maltas geheimnisvolle Orakelkammer

Übersetzt bedeutet der Name „unterirdisches Gewölbe", doch verrät dies wenig über Maltas Hypogäum, einer gewaltigen Anlage von mehr als 20 natürlichen und künstlichen Höhlen, die vor etwa 4500 Jahren als Grabstätte, vermutlich auch als Tempel diente.

Vielleicht kauerten einst in diesem lichtlosen Heiligtum tief unter der Erde Gläubige, umgeben von den Gebeinen ihrer Vorfahren, und lauschten den Weissagungen eines im Verborgenen stehenden Priesters, dessen Stimme von Kammer zu Kammer widerhallte. Untersuchungen haben ergeben, daß im Hypogäum großartige Echos erzeugt werden können. Wenn jemand in einer kleinen Nische der sogenannten Orakelkammer mit tiefer, leiser Stimme spricht, werden seine Worte über eine in die Felsdecke gehauene Furche geleitet und gespenstisch von Wand zu Wand geworfen.

Diese Deckenfurche scheint erstaunliche Kenntnisse des prähistorischen Architekten über Akustik zu offenbaren. Die unheimlichen Klangeffekte werden eine große Faszination auf die damaligen Bewohner Maltas ausgeübt haben, die sich im Hypogäum versammelten, um den Weissagungen des Orakels zu lauschen. Die gemeißelte Furche ist nicht der einzige Schmuck des Hypogäums. Dekorative Spiralornamente wurden mit Ocker auf die Decken gemalt; an einer Wand finden sich Reste eines schwarz-weißen Schachbrettmusters. Viele Räume sind mit kunstvollen Säulen, Türöffnungen und Fensternischen geschmückt.

All diese Verzierungen mußten – wie das gesamte Hypogäum – in Kalkstein gehauen werden, von Steinmetzen, denen im 3. Jahrtausend v. Chr. als Werkzeuge nur aus Geweihen hergestellte Hacken und Steinschlegel zur Verfügung standen. In jahrhundertelanger Arbeit entstand das Hypogäum. Es hatte drei Ebenen, deren tiefste 10 Meter unter der Erde lag, und ein Labyrinth mit unzähligen Räumen, Gängen und Treppen. Einige Archäologen glauben, daß es sich bei der Anlage zunächst um einen Tempel gehandelt habe. Mit der Zeit sei daraus eine Grabstätte entstanden, in der sich die Gebeine von etwa 6000 Menschen befunden haben sollen. Später wurde das Hypogäum aus unbekannten Gründen aufgegeben. Als Arbeiter im Jahre 1902 beim Bau von Zisternen versehentlich die Decke des Hypogäums durchstießen, wurden seine Räume zum ersten Mal in Jahrhunderten wieder vom Tageslicht durchflutet. □

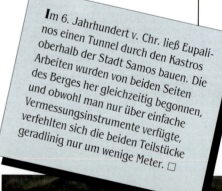

Im 6. Jahrhundert v. Chr. ließ Eupalinos einen Tunnel durch den Kastros oberhalb der Stadt Samos bauen. Die Arbeiten wurden von beiden Seiten des Berges her gleichzeitig begonnen, und obwohl man nur über einfache Vermessungsinstrumente verfügte, verfehlten sich die beiden Teilstücke geradlinig nur um wenige Meter. □

Baupläne aus Marmor

Seit langem weiß man, daß die Architekten Griechenlands Baupläne für jene Tempel und Monumente anfertigten, die sie später so berühmt machen sollten. Man war jedoch der Ansicht, daß keiner dieser Pläne mehr existieren würde, bis Archäologen im Jahre 1979 im Tempel des Apollon in Didyma eine erstaunliche Entdeckung machten. Direkt in die Marmorwände des Tempels eingeritzt, fanden sie Pläne, die auf einer Fläche von Hunderten von Quadratmetern einzelne Teile des Tempels in einem Maßstab von 1 zu 1 zeigten.

Die Pläne blieben der Welt erhalten, weil der Apollontempel in Didyma nie vollendet wurde. Die Bauarbeiten zogen sich über 600 Jahre hin, wurden jedoch kurz vor der Fertigstellung des Heiligtums eingestellt. Hätte man die Arbeiten zu Ende gebracht, wären die eingeritzten Baupläne durch ein letztes Polieren des Marmors unwiederbringlich vernichtet worden. □

Bis zum 1. Jahrhundert n. Chr. hatten die Römer Straßen in einer Gesamtlänge von 80 000 Kilometer gebaut; einige von ihnen werden sogar heute noch benutzt. Das Autobahnnetz der nordamerikanischen Bundesstaaten wird nach seiner Fertigstellung nur etwa 67 000 Kilometer umfassen.

Von einer 3500 Jahre alten Adobemauer in Huaca de los Reyes in den Anden blickt drohend eine Gottheit mit Menschen- als auch Jaguarzügen herab.

Eine Neue Welt mit alter Geschichte

Die Historiker glaubten lange, daß keine der altamerikanischen Kulturen je den hohen Entwicklungsstand Mesopotamiens und Ägyptens erreichte. Doch in den 80er Jahren dieses Jahrhunderts sollten die Archäologen eines Besseren belehrt werden.

Während der Arbeiten in den etwa 50 schmalen Flußtälern, die sich quer durch die peruanischen Anden ziehen, entdeckten die Wissenschaftler Zeugen einer großartigen Architektur: hohe Pyramiden und Tempel, weltliche Bauwerke, öffentliche Plätze und Wohnhäuser. Sie waren vor 3500 bis 5000 Jahren in sorgfältig geplanten Städten errichtet worden, etwa zur gleichen Zeit, als die ägyptischen Pyramiden entstanden und die Stadtstaaten der Sumerer in Mesopotamien ihre Blütezeit erlebten.

Zu den Experten, die in den Anden arbeiteten, gehörte auch der Archäologe Richard Burger von der Yale University. Seiner Ansicht nach muß man sich heute von der Vorstellung lösen, die Alte Welt sei der Neuen überlegen gewesen. Die Fachleute behaupten nicht, daß sich die alte peruanische Kultur in jeder Hinsicht mit den Zivilisationen des Nahen Ostens habe messen können, wo vermutlich die Schrift entwickelt und wichtige Erfindungen wie das Rad gemacht wurden. Es gibt keinerlei Anhaltspunkte dafür, daß die Menschen in den Anden eine Schrift besaßen oder das Rad kannten. Doch die neuen Funde weisen nach Meinung der Experten darauf hin, daß diese frühe Kultur in Peru, was Planung, Organisation, politische Struktur, Architektur und Kunst betrifft, sehr wohl mit den Kulturen der Alten Welt rivalisieren konnte.

Bei den Ausgrabungen in den Anden handelt es sich um Adobebauten, um Gebäude aus luftgetrockneten Lehmziegeln, die sich im kalten, ariden Gebirgsklima bestens erhalten haben, darunter eine gestufte Pyramide von über zehn Stockwerken Höhe und ein ebenso hoher hufeisenförmiger Tempel. Es gab auch große weltliche Gebäude, Lagerhäuser und öffentliche Plätze, von denen einer 1000 Meter lang war. Um sie herum lagen die Wohnbezirke. An einigen Bauten befinden sich beeindruckende, buntbemalte Friese. Die Bewohner lebten von Ackerfrüchten, die auf nahe gelegenen Bauernhöfen angebaut wurden.

Viele der Ruinen sind erst teilweise freigelegt worden, und wahrscheinlich verbergen sich in den Anden noch weitere ungeahnte Schätze. Aufgrund bisheriger Ausgrabungen meinen die Archäologen schon jetzt sagen zu können, daß das Volk, das jene Städte in den Anden baute, eine politische und wirtschaftliche Gemeinschaft bildete. Dies würde erklären, wie es möglich war, Bauvorhaben von einem solch gewaltigen Umfang durchzuführen.

Die Funde in den Anden haben nicht nur Zweifel an der Überlegenheit der Alten Welt aufkommen lassen. Man beginnt sich auch zu fragen, ob man die Mayas tatsächlich als die erste Zivilisation der westlichen Hemisphäre bezeichnen kann. Als die Kultur der Mayas entstand, war das größte Bauwerk in den Anden 2000 Jahre alt. □

Die steinernen Rätsel der Inkas

Obwohl die Inkas weder das Rad kannten noch Zugtiere besaßen und ihre Handwerker nur über die einfachsten Werkzeuge verfügten, verstanden sie sich auf bewundernswerte Weise auf die Bearbeitung von gewaltigen Steinblöcken. So sind die Mauern und Bauwerke der Inkas meisterliche Konstruktionen, bei denen jeder Stein so exakt auf dem anderen liegt, daß man oft nicht einmal eine Rasierklinge in die Fugen schieben kann. Für diese erstaunliche Präzisionsarbeit benutzten sie auch keinen Mörtel.

Bei einem Verzicht auf Bindemittel jeder Art hätten andere Steinmetze womöglich nur darauf vertraut, daß die Schwerkraft oder das enorme Gewicht und die Größe der verwendeten Materialien ihre Bauwerke zusammen-

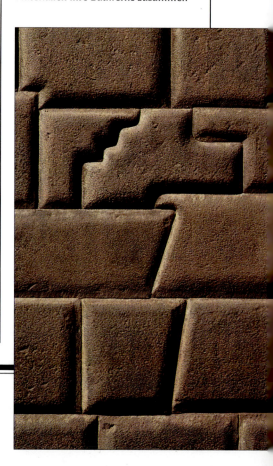

Die Steine von Tiahuanaco

Über Jahrunderte war sie das kulturelle und religiöse Zentrum im Herzen Südamerikas, eine Stadt, die so viel Bewunderung erfuhr, daß die dort ansässigen Indianer später glaubten, sie sei von Göttern oder Riesen errichtet worden. Tatsächlich aber ist die Stadt Tiahuanaco, die etwa 10 Kilometer vom Titicacasee entfernt im heutigen Bolivien liegt, von einem einheimischen Andenvolk erbaut worden.

Die Menschen von Tiahuanaco besaßen nie eine Schrift und haben daher keine schriftlichen Aufzeichnungen hinterlassen können. Nur indianische Überlieferungen und die Steinruinen der Stadt legen Zeugnis davon ab, daß dort vermutlich einmal etwa 40 000 Menschen lebten, unter denen sich viele geschickte Handwerker und tüchtige Bauern befanden. Die Ruinen erzählen von einer Kultur, die vor 2000 Jahren eine Stadt erbaute, die beispielhaft für erfolgreiche Städteplanung bezeichnet werden kann.

Ihr Kanalisationssystem war seiner Zeit Jahrhunderte voraus; die Gebäude aus riesigen Steinblöcken wirken majestätisch und geheimnisvoll zugleich. Zu diesen Bauwerken gehören auch der Sonnentempel, dessen Mauern sich aus vielen, gigantischen Steinen von bis zu 150 Tonnen Gewicht zusammensetzen, und das Sonnentor, das aus einem einzigen Block aus hartem Andesit gehauen wurde.

Die Menschen von Tiahuanaco verwendeten weder Zugtiere noch das Rad, ja nicht einmal Rollklötze, und ihre Werkzeuge waren entweder aus

Stein oder Bronze. Darüber hinaus gibt es in der Gegend auch keine Steinbrüche oder Findlinge, um eine solche Stadt zu erbauen. Woher also stammten die Steine von Tiahuanaco, und wie gelangten sie dorthin?

Nach Meinung eines Jesuiten, der sich in den Tagen der spanischen Eroberung mit dieser Frage beschäftig-

---

halten würde. Doch obwohl die Steinmetze der Inkas Steine benutzten, die bis zu 9 Meter groß und 200 Tonnen schwer waren, wollten sie sich nicht allein auf die Schwerkraft verlassen. Statt dessen bearbeiteten sie ihre Steinblöcke auf solche Art und Weise, daß sie an jeder Seite kleine Vorsprünge erhielten. Die ihnen entsprechenden Vertiefungen wurden anschließend in die Seiten der angrenzenden Blöcke, die sich bereits in der Mauer befanden, gemeißelt.

Es war eine äußerst langwierige und mühsame Arbeit. Immer wieder mußten die Blöcke an ihren Platz gehievt werden, damit man feststellen konnte, ob sie auch wirklich paßten, und immer wieder wurden die Steine entfernt, bis sie sich schließlich genau einfügten. So entstanden Mauern, deren einzelne Steinreihen mit geradezu unheimlicher Präzision ineinandergriffen. Diese Konstruktionsweise sollte den sicheren Halt und Stand des Bauwerks gewährleisten.

Viele der Inkabauten haben mehr als vier Jahrhunderte standgehalten, und dies in einem Land, das regelmäßig von schweren Erdbeben heimgesucht wird, die herkömmlich gebaute Mauern rasch in Schutt verwandeln. Als im Jahre 1950 ein Erdbeben die einstige Inkahauptstadt Cuzco erschütterte, wurden die Inkabauten einer schweren Prüfung unterzogen. Gebäude schwankten, während sich der Erdboden hob und senkte, und als die Erde endlich wieder zur Ruhe kam, waren 90 Prozent aller Gebäude der Stadt beschädigt oder zerstört.

Doch keine einzige Inkamauer hatte auch nur einen Riß bekommen. □

te, waren sie „beim Klang einer Trompete durch die Luft getragen worden". Tatsächlich aber wurden sie über eine erhebliche Distanz zu ihrem Bestimmungsort transportiert. Archäologen haben festgestellt, daß die Steinbrüche, aus denen die Steine stammten, zwischen 10 und 300 Kilometer entfernt lagen. Einige der Steine wurden möglicherweise auf Schilfbooten über den Titicacasee zu einem Hafen etwa 20 Kilometer von Tiahuanaco entfernt gebracht und dann das restliche Stück zur Baustelle gezogen. Anschließend wurden die Steine sorgfältig behauen und poliert, bevor man sie mit großem Geschick zusammenfügte.

Solch großartiges Können offenbart sich auch in der nahe Tiahuanaco liegenden Stadt Lukurmata, wo in einer Tempelanlage genau rechtwinklig behauene Steine gefunden worden sind, was auf bemerkenswerte geometrische Kenntnisse des Steinmetzes schließen läßt. Auf einigen Steinen befinden sich Zeichen, die den Arbeitern gezeigt haben mögen, wo und wie die Steine plaziert werden sollten.

Wie die Städte sind die Tempelanlagen von Lukurmata und Tiahuanaco mit einem ausgeklügelten Kanalisationssystem versehen worden, das selbst nach über 2000 Jahren die Böden der Tempel vor Nässe bewahrt.

Etwa um 1200 n. Chr. setzte der Niedergang dieses bedeutenden Reiches ein. Innerhalb von 50 Jahren war aus dem einst blühenden Tiahuanaco eine tote Stadt geworden. Bis heute haben Wissenschaftler keine Erklärung dafür finden können, warum die Stadt in so relativ kurzer Zeit an Bedeutung verlor. Seitdem ist sie von Erdbeben erschüttert und von Plünderern heimgesucht worden. Auch als Steinbruch hat man sie benutzt, und mit ihren Steinen und Skulpturen sind Kirchen und Haciendas errichtet worden. □

Ackerbau in den Anden

Die weite Hochebene, die von dem fast 4000 Meter über dem Meeresspiegel liegenden Titicacasee nach Peru und Bolivien hineinreicht, wird heute vorwiegend als Weideland genutzt. Typisch für die Landschaft sind sanfte Bodenwellen, terrassenförmige Erdvorsprünge und flache Gräben, die im Laufe der Zeit fast völlig von Wind und Wetter nivelliert worden sind.

Diese welligen Flächen, die sich einst über 80 000 Hektar erstreckt haben müssen, wurden in den 60er Jahren untersucht. Zunächst hielt man sie für das Werk der Inkas, die dort vor vier bis fünf Jahrhunderten Ackerbau betrieben hatten. In jüngerer Zeit durchgeführte archäologische Forschungen haben ergeben, daß es sich um ein Ackerbausystem handelt, das vor über 2500 Jahren perfektioniert wurde und moderne Landwirtschaftsmethoden in den Schatten stellt.

Kernpunkt dieses Systems waren Erdterrassen *(gegenüber, oben)* von etwa einem Meter Höhe, 10 bis 100 Meter Länge und 3 bis 10 Meter Breite, zwischen denen ähnlich große Wassergräben gezogen worden waren. Die erhöht liegenden Flächen wurden in bestimmten Zeitabständen mit Schlamm und stickstoffhaltigen Algen gedüngt, die die Bauern in der Trokkenzeit aus den Gräben herausholten. Selbst heute noch, mehr als 500 Jahre nach der letzten Bestellung des Landes, ist die Erde in den alten Gräben reicher an Nährstoffen als der Boden der umliegenden Flächen.

Aber dieses geniale Ackerbausystem erhöhte nicht nur die Fruchtbarkeit des Bodens, sondern förderte wahrscheinlich auch die Verlängerung der

Wachstumsperiode in dieser Höhe und milderte die extremen klimatischen Bedingungen. So spendeten die Wassergräben in den häufigen Dürreperioden lebensnotwendige Feuchtigkeit, während die erhöht liegenden Terrassen den Ackerfrüchten Schutz vor Überschwemmungen boten, zu denen es in der Gegend oft kam. Darüber hinaus fungierte das Grabenwasser möglicherweise als eine Art Hitzespeicher, der tagsüber Sonnenwärme aufnahm und sie in den eisigen Nächten abgab, so daß die Pflanzen von einer Schicht relativ warmer Luft eingehüllt wurden.

Im Jahre 1981 legten Archäologen einige dieser alten Hochfelder neu an, wobei sie ähnliche Werkzeuge, Methoden und Pflanzenarten wie die Bauern von damals benutzten. Während der ersten fünf Jahre des Versuches wurden dreimal soviel Kartoffeln – ein Grundnahrungsmittel in den Anden – wie auf konventionell bewirtschafteten Feldern geerntet.

Diese alte Ackerbautechnik bewährte sich auch in dem rauhen Klima der Hochanden. Als 1982 starker Frost nahe gelegenen Höfen schwere Verluste zufügte, nahmen die Versuchsfelder kaum Schaden. 1986 blieben die Felder auf den Terrassen trocken und unversehrt, während umliegendes Ackerland überflutet wurde.

Heute stellen die Regierung Perus und internationale Entwicklungshilfeorganisationen den Bauern Gelder zur Verfügung, damit sie die alten Terrassenfelder wieder instand setzen können. Auch Bauern in anderen Teilen Lateinamerikas experimentieren mit dieser altbewährten Agrarmethode. □

Heiligtümer in den Wolken

Hoch in den Anden, mehr als 1500 Meter oberhalb der Siedlungsgrenze, haben Archäologen Dutzende von verfallenen Bauten entdeckt, die heutzutage von den Indianern Südamerikas *huacas*, heilige Plätze, genannt werden. Sie finden sich verstreut entlang den Kordilleren der Anden von Peru bis hinunter nach Chile. Meist sind es Steinreihen oder niedrige Mauern, in einigen Fällen auch altarähnliche Plattformen und schützende Unterstände. Eines dieser Heiligtümer liegt 6600 Meter über dem Meeresspiegel, also fast 3600 Meter über jener Höhe, in der Piloten Sauerstoffmasken aufsetzen müssen. Es ist vermutlich das höchstgelegene Bauwerk der Welt.

Man weiß nicht, wer die Bauten errichtet hat oder welchem Zweck sie dienten. Opfergaben wie Puppen, Statuen, Kokablätter, Nahrungsmittel und auch Spuren von Menschenopfern, die man an einigen jener Plätze gefunden hat, weisen offenbar auf die religiöse Bedeutung der Huacas hin. Einige Wissenschaftler bringen die Ausrichtung der Bauten mit dem Sonnenkult der Inkas in Verbindung. Sie meinen, daß inkaische Baumeister an der Errichtung dieser in großer Höhe liegenden Huacas beteiligt gewesen seien.

Andere glauben hingegen, die verfallenen Huacas hätten rituelle Bedeutung gehabt und seien weit vor der Herrschaftszeit der Inkas gebaut worden. Der mühsame Aufstieg in große Höhen, die schwere körperliche Arbeit und die dort vollzogenen Rituale sollten die Wettergötter eines sogenannten Wasserkultes günstig stimmen, der heute noch unter den Bewohnern der trockenen Hochanden lebendig ist. □

Dieses mumifizierte Inca-Kind wurde 1954 in einem Heiligtum auf dem Gipfel des 5300 Meter hohen El Plomo *(Hintergrund)* entdeckt.

Die Wasserversorgung der Chimús

Die Chimús im präkolumbischen Peru mögen sich auf naturwissenschaftlichem Gebiet nicht besonders profiliert haben, doch die Notwendigkeit, in einer der trockensten Küstenregionen der Erde überleben zu müssen, trieb sie zu Höchstleistungen bei Wasserbau und -versorgung an.

Einen Teil ihres Wissens hatten die Chimús von den Mochicas übernommen, die im 1. Jahrtausend n. Chr. das Mochetal in Peru bewohnten und zur Bewässerung ihrer Felder ein Netz aus sogenannten großen Gräben anlegten. Als aber die Chimús um das Jahr 1100 n. Chr. ihr Erbe antraten, waren durch Verschiebungen der Erdkruste viele dieser alten Gräben von den Flüssen getrennt worden, die sie einmal gespeist hatten.

Um den Auswirkungen von Verschiebungen entgegenzuarbeiten, bauten die Baumeister der Chimús komplizierte Kanäle, die sich den Konturen des Erdbodens anpaßten und deren Gefälle gerade einen kontinuierlichen Wasserfluß gewährleisteten. Und es wurden bewegliche Wehre eingebaut, um die Wassermenge regulieren zu können, die von den Hauptkanälen in die Nebenarme floß.

Schließlich umfaßte das Bewässerungssystem der Chimús eine Ausdehnung von vielen hundert Kilometern Länge. Um die Täler zu überwinden, wurden Aquädukte aus Erde errichtet, von denen einige fast 10 Meter hoch und 600 Meter lang waren. Entlang der Berghänge legte man äußerst kunstvoll gebaute Terrassen an, um die Kanäle über die Ausläufer der Anden führen zu können.

Für den Bau und die Instandhaltung des Kanalsystems war den Menschen der Kultur von Chimú eine Steuer auferlegt worden; die Arbeitskräfte rekrutierten sich aus der Unterschicht der Gesellschaft. Die Arbeiter benutzten beim Bau der Kanäle, die sie an manchen Stellen durch massiven Fels treiben mußten, Werkzeuge aus Stein und Bronze. Mit Hilfe eines Vermessungsinstrumentes aus Ton *(unten)*, das eine bemerkenswerte Ähnlichkeit mit dem heutigen Theodoliten hatte, suchten sich die Baumeister der Chimús die günstigsten Wege durch ein Terrain, das selbst heutigen Ingenieuren, die über die modernste Technologie verfügen können, die größten Schwierigkeiten bereiten würde.

Es stellte sich jedoch heraus, daß selbst diese Kanäle den ständigen Erdverschiebungen nicht standhielten. Wie schon die großen Gräben mußten auch sie immer wieder ausgebessert werden. Darüber hinaus wurden große Teile der Kanäle durch ungewöhnlich starke Regenfälle zerstört. Sie wurden durch zyklisch auftretende Klimastörungen durch die Strömung El Niño verursacht; so wurde das Gebiet beispielsweise im Jahre 1982 in einer Woche völlig unter Wasser gesetzt.

Bei der Wiederinstandsetzung der Kanäle nutzten die Baumeister der Chimús die Möglichkeit, gleichzeitig Verbesserungsarbeiten durchzuführen.

Viele Kanäle wurden begradigt und erhielten ein steinernes Bett, um ihren Nutzeffekt zu erhöhen und eventuellen Erosionsschäden vorzubeugen.

Trotz dieser Neuerungen wurden die Kanäle weiterhin durch Verwerfungen der Erdkruste vom Gesamtsystem abgeschnitten und mußten schließlich aufgegeben werden. In einem letzten Versuch entschlossen sich die Chimús, den Chicama abzuleiten – einen Fluß, der etwa 80 Kilometer nördlich ihrer Hauptstadt Chanchán lag – und einen neuen Wasserweg zu bauen, um das Flußwasser in das existierende Kanalsystem einzuspeisen.

Vermutlich arbeiteten während der folgenden 100 Jahre an die 5000 Menschen an diesem Projekt. Einige Teile des in Bau befindlichen Kanals mußten bis zu vier Male erneuert werden, weil sich die Erdkruste immer wieder verschob. Um das Jahr 1300 wurden die Arbeiten dann schließlich endgültig eingestellt. Obwohl der Kanal fast vollendet worden war, floß nie auch nur ein einziges Rinnsal durch sein steinernes Bett. □

Europas „gläserne Burgen"

Man weiß nicht, was damals tatsächlich geschah, doch irgendwann einmal in prähistorischer Zeit müssen viele Befestigungsanlagen in Europa einer solch immensen Hitze ausgesetzt worden sein, daß die Steine ihrer Mauern schmolzen und später zu einer soliden, glasähnlichen Masse erstarrten.

Die meisten dieser „gläsernen Burgen" finden sich in Schottland, einige liegen aber auch in England, Deutschland oder Frankreich. Manche, wie beispielsweise Tap O'North in Schottland, haben sechs Meter dicke Mauern, die eine Fläche von Tausenden von Quadratmetern umschließen. Andere wiederum, wie die Ringwälle von Langwell und Rahoy, sind nicht einmal 200 Quadratmeter groß. Der überwiegende Teil dieser alten Befestigungsanlagen stammt aus dem 7. Jahrhundert v. Chr., doch einige wurden erst Jahrhunderte später errichtet.

Unabhängig von ihrem Standort, von ihrer Größe oder ihrem Alter haben all diese Festungen eines gemein: Sie wurden irgendwann einmal von Flammen eingeschlossen, die Hochofentemperaturen von mindestens 1200 Grad Celsius erreichten und den Stein regelrecht zum Schmelzen brachten.

Einige Archäologen meinen, die gläsernen Burgen seien durch ein Mißgeschick entstanden. Die Wälle der Befestigungsanlagen hätten eine hölzerne Einrahmung gehabt, die durch Funken aus der häuslichen Feuerstelle versehentlich in Brand geraten sei. Aber angesichts der großen Zahl dieser Burgen fällt es schwer zu glauben, daß ihre Erbauer so leichtsinnig mit dem Feuer umgegangen sein sollen.

Wahrscheinlicher klingt die Theorie, daß man die Mauern um Holzbauten herum errichtete, die später absichtlich in Brand gesetzt wurden, vielleicht von Invasoren, die an den Schutzwällen Äste und Bäume aufhäuften und sie anzündeten. Doch Versuche haben gezeigt, daß solche Feuer Stunden, ▷

Die Rekonstruktion eines Vermessungsinstruments der Chimús zeigt, wie die Kanalbauer wahrscheinlich die Neigung des Geländes berechnet haben. Es bestand aus einer Keramikschale und einem Sichtrohr, das durch eine geeichte, kreuzförmige Öffnung geführt wurde *(Bildausschnitt).* **Zur Erstellung des künstlichen Horizonts wurde der Wasserspiegel in eine Linie mit den drei Punkten in der Schale gebracht, die dann in einen mit Sand gefüllten Behälter gestellt wurde** *(links außen).* **Befand sich das Sichtrohr in der Mitte der kreuzförmigen Öffnung, verlief es parallel zum künstlichen Horizont. Eine Meßlatte in der Höhe des waagrecht liegenden Sichtrohrs wurde markiert, die Latte einen bekannten Abstand über unebenes Gelände geschoben und die Markierung anvisiert. Die Neigung des Bodens korrespondierte mit dem Neigungswinkel des Sichtrohrs zum künstlichen Horizont.**

wenn nicht Tage brennen müssen, um eine Hitze zu erzeugen, die Steine schmelzen läßt. Skeptiker meinen, in diesem Zeitraum hätte man die Flammen löschen können. Und die Befestigung wäre doch zweifellos von den Überlebenden umgebaut worden, um sie besser vor Feuer zu schützen.

Aber vielleicht wurden die Brände von den Erbauern selbst gelegt, um ihre Verteidigungsanlagen durch einen glasartigen Schild zu stärken. Dies würde auch erklären, warum mehr als 1000 Jahre lang Wälle mit der Absicht konstruiert wurden, sie nach Fertigstellung offenbar gezielt einem Feuer auszusetzen. Dennoch bleibt die Frage offen, wie die gläsernen Burgen entstanden, ein Rätsel, daß die Wissenschaftler noch nicht lösen konnten. □

Megalithische Mysterien

Überall in Europa, und insbesondere in Großbritannien und Frankreich, finden sich prähistorische Megalithen – gewaltige Steinblöcke, die in vielen Fällen einsam zum Himmel aufragen, manchmal aber auch in Kreisen, Reihen oder anderen Anordnungen stehen. Zu den geheimnisumwittertsten und sicherlich bekanntesten Monumenten dieser Art gehört der Steinkreis von Stonehenge, der sich seit beinahe 5000 Jahren über die Salisbury Plain in England erhebt.

Schenkt man einer ganzen Anzahl von Legenden Glauben, so war bei der Entstehung von Stonehenge Zauberei im Spiel. In einer dieser Geschichten wird erzählt, daß der Zauberer Merlin die Steine errichtet haben soll. Heutzutage vermuten Archäologen, daß die Wahrheit noch verblüffender ist als die Überlieferungen, die in England kursieren. Stonehenge sei Generationen von Britonen als Denkmal gesetzt worden, jenen Menschen, die ungefähr zwölf Jahrhunderte lang an der Errichtung des Steinkreises von Salisbury Plain beteiligt gewesen waren.

Forschungen haben ergeben, daß Stonehenge in drei Phasen errichtet wurde. Die erste setzte etwa um 3000 v. Chr. ein, als Baumeister das Ende eines 50 Meter langen Seils in dem Erdboden befestigten. An das andere Ende banden sie einen spitzen Stock und schufen sich somit einen gewaltigen Kompaß. Dann spannten sie das Seil straff und schritten einen Kreis ab, während sie den Stock über die Grasnarbe zogen. Auf diese Weise legten die Architekten den größeren Außenkreis von Stonehenge fest. Ihnen folgten Arbeiter, die mit Hacken aus Hirschgeweih und Spaten aus Rinderknochen entlang dieser Linie einen Graben aushoben, der zu beiden Seiten von Wällen aus Aushubmaterial und Kreide gesäumt wurde.

Innerhalb des inneren Ringwalles legten die Arbeiter einen zweiten Kreis an, der 56 Löcher von jeweils 0,60 bis 1,80 Meter Durchmesser und 0,60 bis 1,20 Meter Tiefe hatte. Wie man später feststellte, befanden sich in diesen sogenannten Aubrey-Löchern – so benannt nach dem Mann, der sie im 17. Jahrhundert entdeckte – eingeäscherte menschliche Überreste, was einige Forscher zu dem naheliegenden Schluß kommen ließ, daß die Vertiefungen als Gräber gedient haben mußten. Andere Stonehenge-Experten meinen jedoch, in die Löcher seien einst Markierhölzer oder -steine gesteckt worden, um Sonnen- und Mondfinsternisse berechnen zu können. Etwa zur gleichen Zeit wurde der Fersenstein, ein 35 Tonnen schwerer Koloß aus Sandstein, an jenen Platz gebracht, an dem er auch heute noch, 30 Meter vom Eingang zu Stonehenge entfernt, als einsame Schildwache steht.

Um 2000 v. Chr. setzte die zweite Bauphase ein, in der etwa 80 weitere Steine in zwei Reihen aufgestellt wurden, die innerhalb des äußeren Ringes von Stonehenge einen Halbkreis bildeten. Das Besondere an diesen Steinen ist nicht ihre Größe – sie wiegen nur vier Tonnen im Vergleich zu dem 35 Tonnen schweren Fersenstein –, sondern ihre Beschaffenheit. Sie sind aus kupfervitriolhaltigem Gestein vulkanischen Ursprungs, das nur in Wales, in mehr als 200 Kilometer Entfernung vorkommt, und dort lediglich in einem knapp anderthalb Quadratkilometer großen Gebiet in den Prescelly Mountains zu finden ist.

Nach Meinung der Archäologen wurden die in dem walisischen Steinbruch herausgehauenen Steine auf Schlitten aus Holz gebunden und über Rollhölzer zum 25 Kilometer entfernt liegenden Meer gezogen. Dort hievte man sie auf Flöße, auf denen man sie die Küste von Wales entlang und anschließend auf vielen Flüssen weitertransportierte, bis man endlich den Fluß Avon und den äußeren Rand der Salisbury Plain erreichte. Dort lud man die Steine ab und zog sie die letzten 15 Kilometer zur Baustelle.

Doch selbst diese Leistung verblaßt im Vergleich zu dem Energieaufwand, der in der dritten Bauphase erbracht werden mußte. Diese Etappe setzte um 1500 v. Chr. mit der Entfernung der kupfervitriolhaltigen Steinsäulen ein. Anschließend wurden über 80 riesige Sandsteinblöcke, von denen einige 50 Tonnen wogen, von einem

etwa 30 Kilometer entfernt liegenden Steinbruch bei Avebury nach Stonehenge gebracht, eine Arbeit, mit der 1000 Arbeiter schätzungsweise sieben Jahre lang beschäftigt waren.

Viele, vielleicht sogar alle Steine wurden schon vor der Reise nach Stonehenge grob behauen. Wahrscheinlich legte man dazu eine Anzahl fettgetränkter Äste auf den jeweiligen Stein, entzündete sie und bespritzte dann den erhitzten Stein mit kaltem Wasser. Gleichzeitig schlug man mit schweren Steinhämmern darauf und erreichte mit dieser Methode meistens, daß der Stein auseinandersprang. Den letzten Schliff erhielt er vor Ort, wo Steinmetze mit Sandsteinschlegeln noch vorhandene Unebenheiten glätteten und die Zapfenverbindungen für Querblöcke und den dazugehörigen aufrecht stehenden Steinen formten.

Bei einer angenommenen Arbeitsleistung von 15 Kubikzentimeter pro Stunde waren hierfür etwa eine halbe Million Arbeitsstunden erforderlich. Anschließend mußten die Steine noch geglättet und für jeden der aufrecht stehenden Blöcke ein Loch ausgehoben werden, das drei gerade und eine schiefe Seite hatte. Dann stemmten bis zu 200 Menschen den Stein an einem Ende hoch, senkten ihn über die schiefe Ebene in sein Loch und richteten ihn mit Hebeln auf.

Mühsam war es auch, einen Querblock auf zwei senkrechte Steine zu setzen. Die 7 Tonnen schweren Blöcke wurden auf den Boden neben die aufrecht stehenden Steine gelegt und zentimeterweise nach oben gehebelt, indem Stämme unter die Blöcke geschoben wurden. Hatte der Holzstoß vier Meter Höhe erreicht, zog man den Querblock von der Seite auf die aufrechten Steine, so daß die Zapfenverbindungen ineinandergriffen.

Nachdem Stonehenge irgendwann nach 1600 v. Chr. fertiggestellt worden war, gab es dort fünf sogenannte „Trilithen", von denen jeder aus zwei aufrechten Steinen und einem Querblock bestand. Umgeben wurden sie von einem durchgehenden Kreis aus aufrechten Steinen und Querblöcken. Auch die Steine aus Kupfervitriol waren wieder aufgestellt worden. Einige standen innerhalb der Trilithen, andere bildeten einen Kreis zwischen Trilithen und äußerem Steinkreis.

Noch heute, fast 5000 Jahre später, erregt der Steinkreis von Stonehenge nach wie vor große Bewunderung und Ehrfurcht. □

Ein kunstvoller Erdbau

Nur 27 Kilometer von Stonehenge entfernt liegt ein anderes Monument aus prähistorischer Zeit, das nicht weniger geheimnisvoll als der Steinkreis ist – ein 40 Meter hoher und 4500 Jahre alter künstlicher Hügel, der seit Jahrhunderten Silbury Hill genannt wird.

Der Hügel soll seinen Namen einem gewissen König Sil verdanken, den man nach seinem Tode auf ein goldenes Pferd setzte und unter etwa 36 Millionen Korbvoll Erde begrub – eine Arbeit, für die 500 Menschen vermutlich 15 Jahre und länger benötigten.

Das gewaltige Unternehmen wurde äußerst gewissenhaft ausgeführt. Auf einer zwei Hektar großen Fläche legten die Erbauer einen stufenförmigen Berg an, der so wie eine überdimensionale Hochzeitstorte aussah, und glätteten seine Seiten mit Erde.

Trotz der Überlieferungen von jenem goldenen Pferd, das in ihm verborgen sein soll, blieb der Hügel bis in moderne Zeiten unberührt. Zweifellos wurden Diebe von den gewaltigen Erdmassen, durch die sie sich graben mußten, abgeschreckt. Im Jahre 1776 trieb man schließlich einen Schacht in den Silbury Hill, doch fand man weder König Sil noch sein goldenes Pferd. Ebensowenig Erfolg brachten ein 1849 gebauter Tunnel und ein weiteres Unternehmen im Jahre 1968. Trotz aller Bemühungen hat man keine Erklärung dafür finden können, warum ein Hügel angelegt wurde, der weder der Verteidigung diente noch irgendeinen anderen erkennbaren Nutzen hatte.

Theorien über die Motive der Erbauer gibt es zur Genüge. Manche vermuten, der Hügel sei eine gewaltige Sonnenuhr, das Symbol für ein Auge oder ein Denkmal für eine längst vergessene Gottheit. Bis jetzt aber hat der Silbury Hill nicht mehr über seine Erbauer preisgegeben als daß sie eine enorme Leistung vollbracht haben. □

Sri Lankas lebenswichtige Wewas

Ein großes Problem für die Menschen im alten Sri Lanka bedeutete der Umstand, daß es dort zu manchen Zeiten zu oft regnete und zu anderen überhaupt nicht. Während des Monsuns, der zweimal im Jahr auftritt und insgesamt sieben Monate lang andauert, wurde ein großer Teil der Insel praktisch von Regenwasser überflutet, während in den anderen Jahreszeiten Trockenheit die lebenswichtige Reisernte zu vernichten drohte.

Man löste dieses Problem durch die Anlage eines ausgeklügelten und weitverzweigten Systems von Kanälen, Dämmen und Speicherbecken – *wewas* genannt – in denen der Monsunregen aufgefangen werden sollte, damit das Wasser während der Trockenzeit genutzt werden konnte. Da den Inselbewohnern im 1. Jahrhundert n. Chr. aber nur primitive Werkzeuge zur Verfügung standen, war die Bewältigung dieses Vorhabens äußerst kompliziert.

Trotz dieser Schwierigkeiten konnte das Projekt erfolgreich durchgeführt werden. Über Generationen hinweg wurde das System erweitert, verändert und ausgebessert. Als König Parakkamabahu I. *(rechts)* im 12. Jahrhundert die Verordnung erließ, es dürfe kein Tropfen Wasser das Meer erreichen, bevor er nicht den Menschen gedient habe, waren schon überall in seinem Königreich Tausende von Wewas gebaut worden.

Um die Speicherbecken nun zu füllen, wurde fast jede verfügbare Wasserquelle genutzt. Die Wewas versorgten die Felder fast jeden Dorfes.

Das Padawiya-Speicherbecken, das im 5. Jahrhundert gebaut wurde, war 22 Kilometer lang. Ein anderes Reservoir am Fluß Madura speiste über ein 10 Kilometer langes Wehrsystem eine Reihe kleinerer Wassertanks.

Im Laufe der Zeit verfielen viele Becken oder wurden durch Kriege zerstört. Einige werden heute noch benutzt und andere wiederum neu angelegt. Es überrascht nicht, daß an jenen Stellen, die Ingenieure heute für besonders geeignet für Wasserspeicher halten, sich schon früher Reservoire befunden haben. □

Manhattan der Bronzezeit

Eigentlich hätte es diese Stadt nicht geben dürfen, denn die Archäologen waren überzeugt, daß vor 4500 Jahren im pakistanischen Industal noch keine Hochkultur existiert haben konnte. Aber da lag Mohendscho Daro, eine Metropole, einst ihrer Zeit um Jahrhunderte weit voraus. Durch die Schlammschicht, die sie bedeckte und möglicherweise zu ihrem Untergang beigetragen hatte, war sie bemerkenswert gut erhalten geblieben.

Die Stadt wurde 1922 zufällig von einem indischen Archäologen entdeckt, der die Ruinen eines buddhistischen Tempels erforschen wollte. Bei den Ausgrabungsarbeiten stieß er auf Spuren einer prähistorischen Zivilisation. Die Forscher, die nach der Bekanntwerdung des Fundes in Scharen nach Pakistan eilten, legten nach und nach die Ruinen einer sorgfältig geplanten Stadt *(oben)* mit gepflasterten Straßen, beeindruckenden öffentlichen Gebäuden und ganzen Straßenzügen mit städtischen Wohnhäusern frei, die über ein ausgedehntes Abwassersystem verfügt hatten.

Archäologen vermuten, daß die Lage der Hauptgrund für die ausgezeichnete Konservierung der Stadt gewesen sei. Sie war auf einem Hügel errichtet worden, von dem sie ihren Namen hat. Im lokalen Sindhi-Dialekt bedeutet er „Hügel der Toten". Man glaubte, daß der Hügel verhext sei und jeder, der sich dorthin wagte, eine leuchtendblaue Farbe annehmen würde. So hatte die Furcht vor einem solchen Schicksal Neugierige jahrhundertelang von dem Ort ferngehalten.

Während ihrer Blütezeit um 2000 v. Chr. wohnten ungefähr 40 000

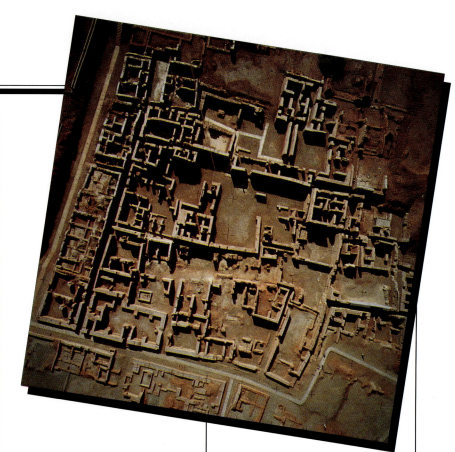

Menschen in Mohendscho Daro. Und zusammen mit ihrer etwa 550 Kilometer entfernten Schwesterstadt Harappa war die Metropole Symbol für die Stärke eines Reiches, das fünf Jahrhunderte lang floriert hatte.

Den Mittelpunkt von Mohendscho Daro bildete die Zitadelle, eine von Mauern umschlossene Anlage mit Versammlungshallen und Verwaltungsgebäuden. In der Nähe lagen ein großes öffentliches Bad und ein Kornspeicher mit einem ausgeklügelten Belüftungssystem, um offenbar das Getreide vor Fäulnis zu schützen.

Unterhalb der Zitadelle durchzogen zwölf Hauptstraßen die Stadt, die schnurgerade in Nord-Süd-Richtung verliefen und von schmäleren Straßen gekreuzt wurden, die von Osten nach Westen führten. Aufgrund dieses Straßennetzes gaben die Archäologen der Stadt den Namen Manhattan der Bronzezeit, denn dieser Stadtteil New Yorks war ähnlich angelegt worden.

In den Straßen drängten sich Geschäfte, Lebensmittelstände und sich gleichende, zweistöckige Häuser, die, wie fast alles in Mohendscho Daro, aus Ziegeln errichtet worden waren. Die Schlafräume, Flure und Gästezimmer der Häuser lagen um einen Innenhof herum. Viele der Häuser hatten im Innern auch einen Ziegelbrunnen, und beinahe jedes besaß ein eigenes Badezimmer mit einer Dusche und einer Sitztoilette aus Ziegelsteinen.

Da es in den Häusern keine Wasseranschlüsse gab, mußte das Wasser für die sanitären Einrichtungen in Eimern herbeigeschafft werden, doch ein System aus Rinnen und Tonröhren leitete das abfließende Wasser aus den Bädern in Abwässerkanäle, die parallel zu den Hauptstraßen verliefen. An jeder Kreuzung gab es Einsteigeöffnungen mit abnehmbaren Deckeln aus Stein, damit Arbeiter das System leichter reinigen und reparieren konnten.

Angesichts der offensichtlichen Neigung der Bürger zu Sauberkeit und Ordnung, scheint es wie eine Ironie des Schicksals, daß Wasser bei dem Untergang Mohendscho Daros eine Rolle gespielt haben muß. Archäologische Funde deuten darauf hin, daß die Bewohner einen langen Kampf gegen Überflutungen führten. Anscheinend sind manche Stadtteile viele Male wieder aufgebaut worden.

Im 18. Jahrhundert v. Chr. ist Mohendscho Daro untergegangen. Vielleicht sind die Einwohner von Invasoren niedergemetzelt worden: Forscher haben in den Ruinen der Stadt eine Reihe von Skeletten entdeckt, deren Schädel verräterische Spuren von Schwerthieben aufweisen.

Zeit und Natur taten das Ihre und begruben die Stadt unter Schlamm und dem Schutt ihrer einst doch so prächtigen Ziegelbauten. □

Die gewaltigen Steine von Baalbek

Nicht weit von der heutigen libanesischen Stadt Baalbek entfernt – einem Ort, den die Griechen und Römer Heliopolis oder Stadt der Sonne nannten – lag einst eine alte Handelsstraße, die Damaskus mit Tyros verband. Dort errichteten im 1. Jahrhundert n. Chr. römische Baumeister eine monumentale Tempelanlage, die anscheinend den vorbeiziehenden Karawanen die Macht und Größe des Reiches demonstrieren sollte. Mittelpunkt dieses Komplexes war der überwältigende Jupiter-Tempel mit seinen 54 gewaltigen Säulen. Unterhalb des Tempels lag die sogenannte Große Terrasse, die aus mehr Steinen errichtet worden war als die Cheopspyramide, alle exakt behauen und zusammengefügt. Und obwohl bei ihrem Bau nicht ein Gramm Mörtel verwendet worden war, hat sich die Große Terrasse in zwei Jahrtausenden nicht um einen Millimeter gesenkt.

Die erstaunliche Stabilität dieser Konstruktion beruht möglicherweise auf einer der Stützmauern, in der sich drei der größten behauenen Steine der Welt befinden. Wenn man die Steine aufrichten würde, so wäre ein jeder so hoch wie ein fünfstöckiges Gebäude. Und jeder einzelne Block wiegt weit mehr als 600 Tonnen.

Zusammen bilden diese drei Steine eines der ältesten Geheimnisse der Welt. Bis heute haben die Wissenschaftler keine überzeugende Erklärung dafür finden können, wie die Erbauer von Baalbek diese gewaltigen Blöcke aus dem anderthalb Kilometer entfernt liegenden Steinbruch herbeischaffen konnten und wie es ihnen überhaupt möglich war, die Steine 6 Meter hoch zu hieven, um sie an ihrem Platz zu deponieren. Solch ein Unternehmen würde selbst heutigen Ingenieuren, die sich der modernsten Technologie bedienen können, größte Schwierigkeiten bereiten.

Wesentlich rätselhafter erscheint der Fund eines vierten Blockes, den man im Steinbruch brach, aber nicht mehr transportierte *(links)*. Mit seinen beinahe 1100 Tonnen Gewicht und etwa 22 Meter Länge ist dieser sogenannte Monolith der größte behauene Stein, den man gefunden hat. Um ihn auch nur zwei Zentimeter bewegen zu können, hätten über 16 000 Arbeiter gleichzeitig an ihm ziehen müssen. Soweit man heute weiß, hätte keine der damals bekannten Maschinen den Monolithen heben können. Erst 2000 Jahre später sollten solche Geräte zur Verfügung stehen, als nämlich die NASA einen Raupenschlepper entwickelte, um die Saturn-5-Rakete von der Montagestelle zur Abschußrampe in Cape Canaveral zu transportieren. □

Ein Venedig im Südpazifik

Vor der Ostküste der gebirgigen Vulkaninsel Pohnpei im Südpazifik liegt in einer flachen Lagune eine Kette aus 92 künstlichen Inseln. Sie sind durch Kanäle getrennt, und zwei riesige Wellenbrecher schützen sie vor der Brandung des Ozeans. Die Inseln bilden die Stadt Nan Madol, die an Venedig erinnert. Einigen Legenden zufolge wurde sie von spanischen Piraten erbaut, nach anderen war sie Mittelpunkt eines weit über den Ozean sich erstreckenden Reiches. Schenkt man einer dritten Version Glauben, so gehörte die Stadt einst zu dem sagenumwobenen versunkenen Kontinent Mu.

Tatsächlich aber wurde Nan Madol vor etwa 800 Jahren errichtet, nicht von Piraten oder einer untergegangenen Zivilisation, sondern von den Bewohnern Pohnpeis. Sie war kultisches Zentrum wie auch Sitz einer Dynastie mächtiger Inselherrscher, den *Saudeleurs*, von denen einer besonders deshalb in Erinnerung geblieben ist, weil er angeblich mit Vorliebe Kopfläuse verspeist haben soll. Jenen Untertanen, die ihm keine Ungeziefer brachten, habe er mit dem Tod gedroht.

Doch wenn auch die Eßgewohnheiten dieses Herrschers barbarisch gewesen sein mögen, verfügten seine Baumeister über einen hohen Kenntnisstand. Während der Blütezeit im 16. Jahrhundert hatte Nan Madol vermutlich etwa 1000 Einwohner, die auf völlig andere Art und Weise lebten als die heutigen Inselbewohner. An der Spitze der Gesellschaft dieser frühen Insulanern stand der Saudeleur. Er residierte auf der Insel Pahnkadira in einem Wohnkomplex, der mindestens drei Fußballfelder groß war und zu dem auch Unterkünfte für Diener, Schwimmbäder und der Tempel des Donnergottes Nan Zapue gehörten.

Wie alle Inseln Nan Madols liegt Pahnkadira auf einem Korallenriff, umgeben von Basaltpfeilern, die aus einem Steinbruch auf Pohnpei stammen. Nachdem die Mauern errichtet worden waren, füllte man das im Innern liegende Becken mit Korallenschutt auf, so daß eine Plattform über dem Meer entstand, die mit Steinen gepflastert wurde. Einige der Inseln, die auf diese Weise geschaffen worden sind, liegen 6 Meter über dem Meeresspiegel, und die sie umgebenden Mauern sind bis zu 9 Meter hoch.

Für die Mauern wurden Basaltblöcke von jeweils 5 bis 10 Tonnen Gewicht in Steinbrüchen auf Pohnpei gebrochen, wobei man den Fels am unteren Ende mit Hilfe von riesigen Feuern erhitzte und anschließend rasch mit Meerwasser abkühlte. Dann brachte man die riesigen Steinblöcke vor die Küste, wo man sie wie Holzstapel aufeinanderschichtete, um auf diese Weise die Stützmauern für eine Insel zu errichten *(gegenüber)*.

In Nan Madol lebten die Insulaner in Bauten aus Pfählen und Stroh; die Größe der Unterkünfte richtete sich nach dem Status ihrer Besitzer. Der Saudeleur bewohnte ein Haus von etwa 500 Quadratmeter Fläche, Adlige mußten sich mit einem halb so großen Heim begnügen. Den Dienern, die zugesammengepfercht in winzigen Hütten lebten, standen nur knapp 18 Quadratmeter zur Verfügung.

Viele der Herrscher wurden nach ihrem Tod mit großem Aufwand im königlichen Leichenhaus auf der Insel Nandauwas beigesetzt, hinter anmutig geschwungenen Mauern, die bis zu 6 Meter hoch um ein Labyrinth aus Höfen und Grüften aufragten.

Der Ruhm und Glanz Nan Madols erlosch irgendwann im 17. Jahrhundert, als der regierende Saudeleur angeblich von dem Sohn des Donnergottes besiegt worden sein soll. Etwa ein Jahrhundert später wurde Nan Madol von seinen Bewohnern verlassen, und als dort in den 20er Jahren des 19. Jahrhunderts die ersten Europäer an Land gingen, fanden sie eine Geisterstadt vor, in deren Basaltruinen nur noch die Toten Wache hielten. □

Prächtiges Simbabwe

Als der deutsche Geologe Karl Mauch an einem Tag des Jahres 1871 aus dem Dschungel der späteren britischen Kolonie Rhodesien trat, glaubte er seinen Augen nicht zu trauen. Vor ihm erstreckten sich über Hügel und Tal verstreut die Ruinen prächtiger Bauten, und dies in einem Land, in dem es fast nur primitive Lehmhütten zu geben schien. Etwas Geheimnisvolles lastete auf den Ruinen. „Eine tiefe Stille lag über dem Ort", schrieb Mauch später in einem Bericht über das rätselhafte, lange Zeit unentdeckt gebliebene Simbabwe.

Eingehüllt in diese Stille und im Zentrum der Ruinen fand Mauch eine riesige Anlage, deren Außenmauern aus Granit 10 Meter hoch und stellenweise bis zu 6 Meter dick waren *(unten)*. Dieser Komplex wurde von den Einheimischen *Mumbahuru* oder „das Haus der großen Frau" genannt. Innerhalb kurzer Zeit kam der Geologe zu dem Schluß, daß die große Frau niemand anderes als die legendäre Königin von Saba gewesen sein mußte. Mauch vermutete, daß Simbabwe die Hauptstadt des im Alten Testament erwähnten, nicht näher lokalisierten Reiches Ophir gewesen sei, wo sich auch die sagenhaften Minen von Israels König Salomo befunden hätten. Aber Mauch irrte ebenso wie unzählige Forschungsreisende und Historiker nach ihm, die andere Mythen über eine untergegangene Zivilisation von Weißen mitten im Herzen Afrikas erfanden. ◊

Im Jahre 1906 fanden die Archäologen schließlich heraus, Simbabwe sei einst das religiöse Zentrum und Handelshauptstadt eines schwarzen Reiches gewesen und teilweise im 2. und 3. Jahrhundert n. Chr. von den Ahnen jener Einheimischen errichtet worden, die Karl Mauch dort hingeführt hatten.

Über einen Zeitraum von mehr als 1000 Jahren hinweg entwickelte sich Simbabwe von einer typischen Eisenzeitsiedlung mit schlichten Holzhütten über ein einfaches, von Mauern umgebenes Dorf zu einer prächtigen Stadt. Sie erstreckte sich über eine Fläche von 25 Hektar, und zu ihr gehörten Hütten, Heiligtümer, Gassen und Kornspeicher. Nirgendwo in dieser Stadt gab es eine gerade Mauer oder einen rechten Winkel, und nirgendwo wurde zum Verbinden der Granitblöcke Mörtel benutzt *(unten)*. Alle Blöcke – darunter auch die insgesamt 15 000 Tonnen Granit, die man für die „Ellipse" verwendet hatte – waren exakt behauen und wie Ziegel in Reihen aufeinandergesetzt. Manchmal hatten die Mauern dekorative, zickzackförmige Abschlüsse erhalten.

Die Ruinen der Anlage teilen sich in zwei Hauptgruppen, zwischen denen einige kleinere Bauten liegen. Die erste Gruppe, in der Fels und Bauwerke kaum auseinanderzuhalten sind, ist die sogenannte Hügelfestung, obwohl der Name unzutreffend ist; sie diente nicht Verteidigungszwecken, sondern war als Demonstration von Macht gedacht. Die Anlage, auch Akropolis genannt, liegt auf einem etwa 100 Meter hohen, mit Findlingen übersäten Hügel. Man erreicht sie über eine Treppe, die sich zwischen Felsvorsprüngen windet und an vielen Stellen so schmal ist, daß man kaum weitergehen kann. Steinmauern, die von Türmen unterbrochen werden, führten von Fels zu Fels bergauf und bergab, so daß ein Labyrinth von umfriedeten Plätzen entstand.

Oberhalb des Tales stößt man auf eine Höhle, von der aus die Stimme eines jeden, der dort spricht, wie von einem überdimensionalen Verstärker dröhnend in das darunterliegende Tal gelenkt wird. So erklärt sich eine alte afrikanische Überlieferung, die von einem Gottkönig erzählt, der auf einem felsigen Berggipfel residiert habe. Gewöhnliche Sterbliche hätten den König nicht ansehen dürfen, und wagte es dennoch einer, sei er getötet worden. Die Untertanen hätten nur die laut widerhallende Stimme ihres Königs gehört, die jeden, der sie vernahm, in große Angst versetzt habe.

Falls dieser König in Simbabwe geherrscht hat, wird er wahrscheinlich in der sogenannten Ellipse gelebt haben, einer ovalen Anlage, die aus dem 14. Jahrhundert stammt und offenbar der Palast eines mächtigen Herrschers war. Die Ellipse wird von einem seltsamen konischen, 9 Meter hohen Turm dominiert, der an der Basis 15 Meter breit ist. Dieser massiv gebaute Turm, der weder Fenster noch Türen aufweist, ist möglicherweise von religiöser Bedeutung gewesen. Aber vermutlich wird er sein Geheimnis bewahren, denn es gibt keinerlei Anhaltspunkte, wozu er tatsächlich diente. □

In der Dämmerung von einem Lichtstrahl erhellt, der sich durch eine lange Belichtungszeit in einen glühenden Schweif verwandelt hat, zieht sich eine vor 1000 Jahren von den Anasazi gebaute Straße durch New Mexico.

Straßen nach nirgendwo

Obwohl sie vor 1000 Jahren von Menschen angelegt wurden, die weder das Rad noch Pferde gekannt hatten, handelte es sich bei den Wegen der Anasazi-Indianer von New Mexico nicht um einfache Fußpfade, sondern um ein sorgfältig geplantes Straßennetz von 800 Kilometer Länge.

Zeit und Witterung haben viele dieser Straßen zerstört. Einst waren manche 10 Meter breit und andere von Bordsteinen gesäumt. Die meisten aber verliefen Kilometer um Kilometer schnurgerade durch die staubige, öde Wüstenlandschaft, wie unwegsam das Terrain auch sein mochte.

Selbst dort, wo ein kleiner Umweg den Straßenarbeitern viel Mühe erspart hätte, zogen es die Anasazi vor, nötigenfalls Stufen und Rampen in den Fels zu schlagen, um nicht von der geradlinigen Straßenführung abweichen zu müssen.

Zweck dieses Straßennetzes war anscheinend, die Hauptsiedlung der Anasazi am Chaco Canyon mit etwa 30 kleineren Dörfern zu verbinden. Doch obwohl alle Straßen strahlenförmig vom Chaco Canyon ausgehen und manche auch zu abseits gelegenen Siedlungen führen, enden einige nur bei einsamen Seen, Quellen oder Berggipfeln. Und Rätsel gibt die Tatsache auf, daß an gewissen Orten zwei Straßen parallel verlaufen.

Am geheimnisvollsten aber ist die „Große Nordstraße", die aus dem Chaco Canyon aufsteigt und schnurgerade 80 Kilometer lang durch eine sanfte Hügellandschaft nordwärts führt, um am Rande eines einsamen Canyons zu enden. Vermutlich gab es entlang der Straße nur ein Dorf. Einziger Zweck der Straße war offenbar der Bau eines Weges nach Norden, und einziges Ziel ein Hügel am Rande einer Schlucht. Aber aus welchem Grund führte die Straße direkt nach Norden und weshalb zu diesem Hügel? Warum sind entlang der Straße ins Nirgendwo Tonscherben gefunden worden?

Vielleicht geben die vielen Legenden der Anasazi, die von rituellen Reisen zu heiligen Bergen und Schluchten erzählen, Antworten auf diese Fragen. In Überlieferungen ist von geraden Straßen die Rede, die zu *sipapu*, kleinen Löchern, gehen, die nach dem Glauben der Anasazi in die Geisterwelt führen. Hinweise finden sich auch in Ritualen, bei denen zu Ehren der Toten Töpferwaren zerschlagen wurden.

Einige Forscher meinen, daß einige der Anasazi-Straßen – besonders die „große Nordstraße" – zumindest in der diesseitigen Welt kein Ziel gehabt hätten. Aber vielleicht dienten sie als Brücken, die die reale Welt des Chaco Canyon mit dem unsichtbaren Land der Geister verbinden sollten. □

Die Katze von Cuzco

Im 15. Jahrhundert entschloß sich Pachacútec, der neunte Herrscher der Dynastie der Inkas, die 400 Jahre alte Hauptstadt Cuzco in den peruanischen Anden neu aufzubauen. Um große öffentliche Plätze herum entstanden beeindruckende Gebäude, und die Ufer der Flüsse Huatanay und Tullumayo wurden mit Steinplatten gesäumt.

Auf einem Berg, von dem man die Stadt überschauen konnte, bauten die Architekten die Festung Sacsahuamán aus perfekt behauenen Granitsteinen, die sie ohne Mörtel aufeinandersetzten. Für die drei zickzackförmig verlaufenden Verteidigungswälle nahmen sie Blöcke, die bis zu 300 Tonnen wogen und zu den größten gehören, die Menschen jemals für ein Bauwerk verwendet haben.

Um das Vorhaben ihres Herrschers von einem prächtigeren Cuzco zu verwirklichen, modellierten Pachacútecs Baumeister das Gelände aus Ton und formten daraus ein heiliges Tier. Und so nahm die neue Stadt auf dem stilisierten Körper einer Katze Gestalt an. Die beiden Flüsse, die durch Cuzco fließen, beschrieben ihren Körper, im Süden der Stadt bildeten sie den Schwanz. Der große Platz im Zentrum Cuzcos stellte das Herz dar. Die Festung Sacsahuamán wurde zum furchterregenden Kopf, die zickzackförmigen Mauern zu den steinernen Zähnen eines knurrenden Jaguars. □

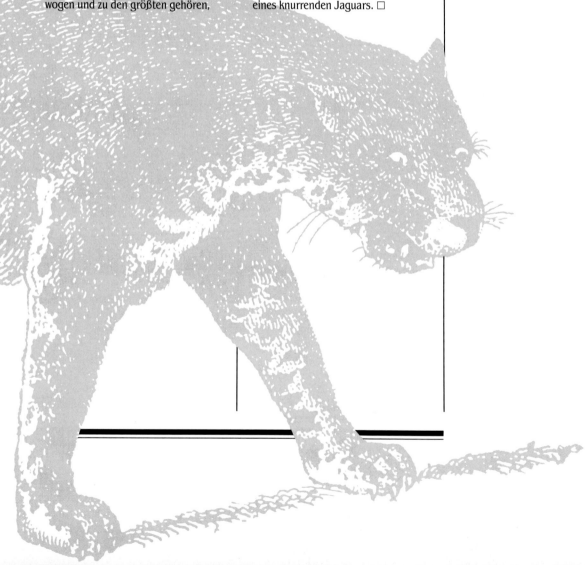

KÜNSTLER

Die künstlerische Betätigung ist schon immer ein Urbedürfnis der Menschheit gewesen. Und die Funde der Archäologen lassen wohl nur den einen Schluß zu, daß nämlich überall auf der Welt die sogenannten primitiven Gesellschaften stets danach trachteten, sich durch Kunstgegenstände auszudrücken und mitzuteilen. Die Menschen unserer Zeit zeigen sich oft von der meisterlichen Ausführung dieser frühen Kunstwerke überrascht, bedenkt man, daß jenen Künstlern nur eine kleine Auswahl wenig geeigneter Werkzeuge zur Verfügung stand.

Die Cromagnon-Menschen in Europa schmückten die Felswände ihrer Höhlen mit beeindruckenden Zeichnungen einer Anzahl von Tieren, deren Fleisch sie aßen und deren Felle sie vor der Kälte schützten. Andere Völker der Vorzeit gestalteten den Erdboden selbst; so entstanden einige der größten, je von Menschenhand geschaffenen Mensch- und Tiergestalten.

Die Kunst vereinte in sich Magie und Macht; und als Zauberer galt jener, dem eine möglichst naturgetreue Nachbildung eines Tieres gelang. Die Vermutung liegt nahe, daß es Schamanen oder Priester waren, die sich als erste künstlerisch betätigten und mit ihren Werken die Geister der dargestellten Tiere beschworen.

Als wesentlicher Bestandteil von Zeremonien und Ritualen ermöglichte die Kunst die Erzeugung von Mysterien und eine Festigung des Glaubens. Mit der ständigen Weiterentwicklung der Fertigkeiten und Techniken erhielt sie eine neue, wichtige Funktion. Durch die Kunst versuchten Persönlichkeiten, ihre Götter und ihre Mitmenschen für sich einzunehmen und zu beeindrucken. Kunstwerke sollten auch auf ewig die Erinnerung an sie bewahren; markantes Beispiel für dieses Verständnis von Kunst ist wohl die Terrakottaarmee des chinesischen Kaisers Quin Shi Huangdi *(oben)*. Obwohl die Namen der Auftraggeber zumeist in Vergessenheit gerieten, haben die ihnen gesetzten Denkmäler überdauert und zeugen heute weniger von der Größe eines Individuums als von der menschlichen Erfindungsgabe und Kreativität.

Der Zeit weit voraus

„Nichts haben wir erfunden!" soll Pablo Picasso gerufen haben, als er die berühmte Lascauxhöhle in Frankreich verließ. In der Höhle hatte er einige der erstaunlichsten Kunstwerke der Welt studiert. Diese Malereien, die heute noch ehrfürchtiges Staunen hervorrufen, sind schätzungsweise vor etwa 16 000 Jahren entstanden.

Als 1879 die ersten Höhlen mit altsteinzeitlichen Malereien im spanischen Altamira entdeckt wurden, hielten die verblüfften Betrachter diese Zeichnungen für nicht älter als 20 Jahre und für das Werk eines mäßig begabten Kunststudenten. Doch spätere Funde weiterer Höhlenmalereien in Spanien und Frankreich zwangen die Wissenschaftler, ihre Meinung zu revidieren. Bald bestaunten Fachleute die unglaublichen Leistungen, die jene Künstler vollbracht hatten. Doch nur in einem Fall sollten Höhlenmalereien die Bilder von Altamira übertreffen – und zwar die Malereien von Lascaux, die 1940 ein Junge auf der Suche nach seinem Hund zufällig entdeckte.

Hier wird das Auge von etwa 600 Malereien, beinahe 1500 Steinreliefs, vielen geheimnisvollen Punkten und geometrischen Formen gefesselt. Über Wände und Decken zieht eine endlose Herde von Urrindern, Wisenten, Hirschen, Wildpferden *(unten)* und anderen laufenden, galoppierenden oder vorstürmenden Tieren.

Während der Arbeit saßen oder standen die Künstler von Lascaux im Halbdunkeln auf wackligen Gerüsten und Stangen, die Höhle nur schwach von dem Schein tropfender Fackeln und flackernder Talglampen erleuchtet. Mit primitivsten Werkzeugen (oft diente ihnen eine Fingerspitze als Pinsel) zeichneten sie behutsam die Umrisse ihrer Tiergestalten und malten sie dann farbig aus. Selbst nach Tausenden von Jahren ist die ursprüngliche Leuchtkraft der Farben noch weitgehend erhalten. Dieses Phänomen läßt sich nicht allein dadurch erklären, daß die Bilder so lange im Dunkeln blieben. Eine Analyse ergab, daß die Künstler über fundierte Kenntnisse in der Farbherstellung verfügt haben müssen, durch die ihre Farben eine optimale Reinheit und Haltbarkeit erhielten. Sie zerrieben in einfachen Mörsern natürliche Substanzen wie Eisen- und Manganoxid, um Rot-, Schwarz- und Gelbtöne zu erzeugen, und mischten die Pulver mit Wasser, bevor sie die Farbe auf die Wände auftrugen. Sie experimentierten auch mit einer Reihe anderer Bindemittel wie Blut, Urin, Fischleim, Fett, Eiweiß und Pflanzensäften. Um die gewünschten Farbtöne zu erhalten, setzten sie die Pigmente großer Hitze aus. Das Verfahren nahm in gewisser Weise die Methoden der modernen Chemie vorweg.

Noch erstaunlicher ist die Tatsache, daß sich die Künstler mit dem Problem der Dreidimensionalität auseinandersetzten. Geschickt nutzten sie natürliche Unregelmäßigkeiten im Fels, um ihren Bildern Tiefe zu verleihen. So wurde etwa ein Vorsprung in der Wand zur plastischen Darstellung des Schenkels eines Auerochsen oder des dicken Leibes eines trächtigen Wisentweibchens genutzt. Auch durch das Übereinanderzeichnen von Körpern verschiedener Größe erweckten sie den Eindruck von Tiefe. Bei manchen Tierbildern wurde versucht, den genauen Abstand zwischen Vorder- und Hinterbeinen einzuhalten, um so ein räumliches Gefühl entstehen zu lassen. Mit diesen Methoden waren die Höhlenmaler ihrer Zeit weit voraus; viele der Techniken fanden erst nach Jahrtausenden erneut Anwendung. □

Geheimnisvolle Handzeichen

In Nordspanien, Italien und Südwestfrankreich gibt es mehr als 20 Höhlen, auf deren Wänden uns gezeichnete Hände eines längst verschwundenen Volkes zu grüßen scheinen. Es sind dies die geisterhaften Spuren von Cromagnon-Menschen, die die Abdrücke dieser Hände vor etwa 25 000 Jahren schufen. Doch was jene Menschen damit ausdrücken wollten, das weiß man bis heute nicht.

Die meisten Abdrücke finden sich in der Gargashöhle in den französischen Pyrenäen. Hier sind mehr als 150 Handsilhouetten, zumeist von Erwachsenen, manchmal auch von Kindern zu sehen. Interessanterweise handelt es sich meistens um linke Handabdrücke, doch weitaus erstaunlicher ist, daß bei fast allen Silhouetten einige Fingerglieder zu fehlen scheinen.

Die Bilder aus der Endphase der Eiszeit entstanden durch Aufspritzen von Pigmentfarben – Ocker für Rot, Braunstein für Schwarz. Wahrscheinlich wurde die pulverisierte oder flüssige Farbe mit einem Rohr, einem Schilfhalm oder einem hohlen Stengel aufgeblasen, während der Künstler seine Hand auf die feuchte Wand drückte. Diese Technik könnte nach Fachleuten das Überwiegen linker Handabdrücke erklären: Das Rohr ist in der rechten Hand, mit der man meistens geschickter arbeiten kann, gehalten worden.

Unklar ist hingegen, warum so viele Hände verstümmelt sind. Gewöhnlich fehlen bei mindestens zwei Fingern die oberen beiden Glieder; genaue Untersuchungen dieser Abdrücke lassen nur den einen Schluß zu, daß nämlich den Menschen diese Fingerglieder tatsächlich gefehlt haben müssen.

Einer Theorie zufolge werden sich die im Jungpaläolithikum lebenden Cromagnon-Menschen Erfrierungen zugezogen haben; eine nachfolgende Gangrän hat dann möglicherweise zur Verstümmelung der Hände geführt. Auch Lepra wurde als Erklärung in Betracht gezogen. Eine Untersuchung der seltsamen Löcher in den Lehmwänden und der Decke einer runden Kammer in der Gargashöhle lassen anderes vermuten. Als ein Forscher Abgüsse von diesen Vertiefungen anfertigte, stellte er fest, daß die Löcher mit den Fingern gebohrt worden waren – doch statt normal abgerundeter Fingerkuppen zeigten sich in vielen Formen die Abdrücke stumpfen Narbengewebes.

Dieser überraschende Befund kann als Beweis dafür gelten, daß die Finger vorsätzlich verstümmelt worden sind. Ähnliche Verstümmelungen praktizierten die Buschmänner Afrikas und einige Indianerstämme Nordamerikas als glückbringendes Geburtsritual oder zur Besänftigung der Jagdgötter. Möglicherweise stellten die Verstümmelungen auch eine primitive Form einer Zeichensprache dar. Die deformierten Hände könnten aber auch die Gestalt bestimmter Tiere symbolisiert haben. Vielleicht repräsentierten die verstümmelten Hände die Totemtiere und Schutzgeister eines Menschen. □

Der Schädel des Unheils

Kein Fund hat bisher so viele Kontroversen und Spekulationen ausgelöst wie der kristallene Schädel des Unheils. Allen Bemühungen zum Trotz hat man bis heute nicht herausfinden können, wo dieser lebensgroße und naturgetreu nachgebildete Kopf ursprünglich herstammt, wie er hergestellt worden ist und wie jene seltsamen Phänomene zu erklären sind, die angeblich immer in Verbindung mit dem Schädel auftauchen sollen.

Der Schädel soll in den 20er Jahren unseres Jahrhunderts unter einem Altar in den Ruinen der Mayastadt Lubaantun in Britisch-Honduras, dem heutigen Belize, entdeckt worden sein. Doch schon bald kamen Zweifel auf, ob es sich hier tatsächlich um eine präkolumbische Arbeit handelte. Zwar hat man auch andere Kristallschädel aus Mesoamerika gefunden, doch die kunstvolle Ausführung dieses Kopfes ist einzigartig. Darüber ◊

hinaus scheint der Kristall, aus dem der Schädel geformt wurde, nicht aus Mesoamerika, sondern aus Kalifornien zu stammen, wo man Bergkristalle von ähnlicher Güte und Größe kennt.

Einige Fachleute meinen, der Kopf sei von Künstlern einer jüngeren Kultur geschaffen worden; doch wirft diese Vermutung die Frage auf, wie er dann in jene Mayastadt gekommen ist. Skeptiker glauben, der britische Forscher und Archäologe Frederick Mitchell-Hedges habe den Schädel für seine Adoptivtochter und Assistentin Anna Mitchell-Hedges unter dem Altar vergraben, damit sie ihn dort an ihrem Geburtstag entdecke.

Andere wiederum sind der Ansicht, daß nie ein Schädel in Lubaantun gefunden worden sei und nicht einmal Anna sich am fraglichen Tag dort aufgehalten habe. Sie glauben vielmehr, daß Mitchell-Hedges den Schädel in den 40er Jahren von einem Engländer erworben und die Geschichte von Anna erfunden habe, um Aufsehen zu erregen. Auch Mitchell-Hedges' Behauptungen, der Hohepriester der Mayas habe den Schädel für Tötungsmagie verwendet; er stelle eine Verkörperung alles Bösen dar; Menschen, die darüber gelacht hätten, seien gestorben oder schwerkrank geworden; all dies halten jene Wissenschaftler nur für reinste Phantasie.

Doch auch wenn der Streit um den Kopf anhält, übt der Schädel des Unheils, wie Mitchell-Hedges ihn nannte, seine Faszination weiter aus. Laut Frank Dorland, einem angesehenen Kunstrestaurator, der den Kopf sechs Jahre lang untersuchte, soll der Schädel manchmal seine Farbe verändern, sich mit einem watteähnlichen Nebel füllen und einen „schwer definierbaren Duft" verströmen. Außerdem seien Bilder von Bergen, Tempeln und anderen Dingen in ihm sichtbar geworden, und einmal habe ihn ein Schein umgeben. Auch andere Menschen, die den Schädel bei Dorland sahen, berichteten von solchen Phänomenen, reagierten mit einem beschleunigten Puls, einer Anspannung in der Arm- und Beinmuskulatur oder sogar mit einem seltsamen Ziehen in den Augen.

Die Einzigartigkeit dieses Schädels mag mit dazu beitragen, daß die Betrachter ehrfürchtig vor ihm stehen. Nur an dem entfernbaren Unterkiefer finden sich leichte Werkzeugspuren. Wer immer auch diesen Schädel angefertigt hat, er muß sicherlich ein besonderer Bildhauer gewesen sein. □

Die Bolas Grandes von Costa Rica

Selbst mit heutigen Werkzeugen und Techniken ist die manuelle Herstellung einer makellosen Kugel aus Stein eine bemerkenswerte Leistung. Und dennoch wurde in Mesoamerika vor etwa 1600 Jahren diese Aufgabe von den Steinmetzen der sogenannten Bolas Grandes – der „großen Steinkugeln" – nahezu perfekt gelöst.

Die Kugeln haben einen Durchmesser von einigen Zentimetern bis 2,50 Meter, wiegen bis zu 16 Tonnen und liegen im Gebiet des feuchten Diquis-Flußdeltas, das sich im Süden Costa Ricas befindet. Mindestens 186 von ihnen sind unversehrt erhalten geblieben, und vermutlich befinden sich noch Hunderte im Erdboden, die ihrer Entdeckung harren. Unendlich viele sind dagegen schon für immer zerstört worden – von schweren Zugmaschinen, mit denen das Land umgegraben wurde, von Wind und Wetter oder von Einheimischen, die die Kugeln in dem Glauben zertrümmerten, sie würden vielleicht Gold enthalten.

Als man in den 30er Jahren unseres Jahrhunderts Teile des Dschungels rodete, um Bananenplantagen anzulegen, wurden Wissenschaftler auf die Kugeln aufmerksam und unterzogen sie einer genauen Untersuchung. Heute glaubt man, daß ihre Schöpfer sie mit Hilfe hölzerner Schablonen anfertigten. Da nahezu alle Kugeln aus ungewöhnlich hartem Granit sind, erforderte ihre Gestaltung unendlich viel Geduld. Vermutlich wurde zuerst die Kugel in groben Umrissen aus dem Stein gehauen; anschließend glättete

man die Oberfläche mit einem Schleifmittel – vielleicht mit Sand.

Mögen die Methoden der damaligen Handwerker auch noch so einfach gewesen sein, es gelang ihnen dennoch, fast perfekte Kugeln zu formen. Ein Reporter, der die Bolas Grandes genau untersuchte, hat sie als eine der herausragendsten Beispiele der Steinmetzkunst alter Zeit bezeichnet. Bei einer Kugel von etwa 2 Meter Durchmesser weicht der Umfang des Kreises nur um gut einen Zentimeter ab, was ungefähr 0,2 Prozent entspricht.

Wer die Kugeln schuf und warum er es tat, wird man vielleicht nie erfahren. Nicht einmal ihr Alter läßt sich genau festlegen, da sie zusammen mit Gegenständen aus verschiedenen präkolumbischen Kulturen gefunden wurden. Theorien sind aufgestellt worden, die Kugeln könnten als Grabsteine oder Zahlungsmittel gedient haben. Rätselhaft ist auch, woher die Indianer das Gestein holten. Das nächste Granitvorkommen liegt kilometerweit entfernt, und Spuren eines Abbaus sind dort nicht zu erkennen. □

Rätselhafte Linien

Zu den ältesten Mustern, die von Menschen entworfen worden sind, gehören Spiralen, konzentrische Kreise und komplizierte Labyrinthornamente, mit denen die Völker der Vorzeit die unterschiedlichsten Kunst- und Gebrauchsgegenstände schmückten.

Diese Muster finden sich sowohl auf sumerischen Siegeln und babylonischen Tontafeln als auf kretischen Münzen, etruskischen Weinkrügen, römischen Mosaikböden oder auf einer Säule, die in der Stadt Pompeji unter Asche begraben wurde. Besonders zahlreich sind diese Muster im Norden Europas, wo sie in Felsen, Megalithen und Grabstätten gemeißelt wurden, wie beispielsweise in einem der allerältesten Bauwerke der Welt, das 5000 Jahre alte Ganggrab von Newgrange in Irland *(S. 86-87).* Und auch in Asien und der Neuen Welt gibt es sie. Zweifellos sind sie für die Menschen von damals von tieferer Bedeutung gewesen, doch den Sinn dieser Muster kennt man heute nicht mehr. Einige Fachleute meinen, sie seien weniger Verzierung als eine Art Denksport gewesen. Tatsächlich führen in allen Kulturen bei den meisten Spiralornamenten und Labyrinthen überaus komplizierte Wege zur Mitte hin oder aus ihr heraus.

Diese Münzen aus Kreta sind mit labyrinthartigen Ornamenten verziert. Ein ähnliches Muster findet sich auf einem großen Felsen auf den Britischen Inseln.

Die Erdkünstler

Die Gelehrten haben keine Mühe gescheut, den verborgenen Sinn dieser Dekors zu entschlüsseln; ein Wissenschaftler hat sogar 104 verschiedene Theorien hierzu entwickelt. Wahrscheinlich standen die Spiralen symbolhaft für Fruchtbarkeit, waren bildlicher Ausdruck für die Gebärmutter und den Vorgang der Zeugung; sie können auch das Erdinnere dargestellt oder vielleicht jene Höhlen repräsentiert haben, in denen die ersten Menschen wohnten und ihre Götter verehrten. In manchen Fällen mögen die Spiralen sogar als einfache astronomische Hilfsmittel gedient haben, mit denen jene Priester von damals Tagundnachtgleichen, Sonnenwenden und Mondbewegungen studierten, in der Hoffnung, somit die Elemente besser beherrschen zu können.

Man vermutet, daß die komplizierteren Labyrinthe sowohl ein Symbol für Bestattung als auch für spirituelle Wiedergeburt gewesen sein können oder sogar hypothetische „Landkarten" von der Unterwelt. Darüber hinaus mögen Labyrinthe, aus denen ja nur ein Weg hinausführt, Ausschließlichkeit symbolisiert haben. Jene, die das Geheimnis eines Labyrinthes kannten, konnten auf direktem Weg hinein- oder hinausgehen. Nichteingeweihte aber nahmen falsche Abzweigungen, bevor sie ihr Ziel erreichten. Im Christentum stellte das Labyrinth oft den schwierigen und entmutigenden Pfad in den Himmel dar, den Gläubige auf dem Weg durch das Leben zu nehmen hofften. □

Zu den erstaunlichsten Kunstwerken, die je geschaffen wurden, gehören jene, die Völker vor langer Zeit auf den Erdboden malten oder aus Erde formten – gewaltige Hügel in Tiergestalt, rätselhafte Linien, geometrische Ornamente und gigantische Figuren wie beispielsweise der 130 Meter hohe Riese in Chile, der vor 2000 Jahren in einen Berghang in der Atacama-Wüste geschabt wurde. Tatsächlich sind viele dieser Erdbilder von einer solch enormen Größe, daß sie nur aus der Luft oder aus weiter Entfernung völlig sichtbar werden.

Als rätselhafte Zeugen von Kulturen, die im Laufe der Zeit untergegangen sind, findet man sie in der Neuen und Alten Welt und besonders häufig in England, im Westen der Vereinigten Staaten und in Südamerika.

Am bekanntesten sind vermutlich die sogenannten Scharrbilder von Nazca in Peru, stilisierte Darstellungen von Affen, Vögeln, Echsen, Spinnen, Blumen und geometrischen Figuren mit 30 bis 8000 Meter Länge. Sie wurden vor mehr als 1500 Jahren in den dürren Weiten der Wüste von Nazca von indianischen Künstlern geschaffen, die eine dunklere Deckschicht aus verwittertem Gestein abtrugen, um den darunterliegenden, wesentlich helleren Boden freizulegen.

Häufig haben die berühmten Scharrbilder von Nazca die nicht weniger beeindruckenden Erdbilder in Chile in den Hintergrund gedrängt. Hier findet man 100 Meter große Krieger wie den Atacama-Riesen, Lamas, Spiralen, Kreise, Kondore, einen Menschen, der zu fliegen scheint, und einen eigenartig geformten Kandelaber.

Es sind diverse Theorien aufgestellt worden, um die südamerikanischen Erdbauten erklären zu können. Die phantasievollste These lautet, die Gebilde würden nicht von Indianern stammen, sondern von Außerirdischen, denen sie als Landeplätze für Raumschiffe dienten. Weit wahrscheinlicher aber ist es, daß die Linien für ihre Schöpfer eine magische Bedeutung hatten und vielleicht mit den Mysterien der Jagd oder Fruchtbarkeit in Zusammenhang standen. Andere Fachleute wiederum meinen, es seien möglicherweise Wege, die heilige Orte verbanden, astronomische Hilfsmittel oder sogar ein riesiger Kalender.

Zahlreiche weniger bekannte, aber ebenso eindrucksvolle Erdbauten finden sich in den Vereinigten Staaten, vor allem in den Wüstengebieten des Südwestens. Mehr als 270 liegen entlang einer 250 Kilometer langen Strecke zwischen Bullhead City und Yuma in Arizona, und immer wieder werden in den entlegenen Wüstengebieten neue Funde gemacht. Die nordamerikanischen Indianer bedienten sich häufig der gleichen Technik wie die Bewohner Südamerikas, legten aber auch bestimmte Muster aus Steinen an. Auf diese Weise entstanden riesige Menschen, Schlangen, Pumas und andere Tiere wie auch abstrakte Ornamente. So windet sich eine Steinschlange, die 5000 Jahre alt sein könnte, etwa zwei Kilometer durch das südöstliche Kalifornien.

Aufgrund von Werkzeugen, die an verschiedenen Orten entdeckt wurden, und dem Verwitterungsgrad der verwendeten Steine, ist der Archäologe Jay von Werlhof zu dem Schluß gekommen, daß einige der Erdbauten etwa 10 000 Jahre alt sind. Um ihre Bedeutung ergründen zu können, befragte er einheimische Indianer, die ◊

Im Hintergrund sind hier die Marching Bear Mounds von Iowa gezeigt. Vorn befinden sich von oben links im Uhrzeigersinn: Der Fisherman bei Parker in Arizona, der Long Man of Wilmington im englischen East Sussex, das Erdbild einer Schlange nordöstlich von El Centro in Kalifornien, der Rock Eagle nahe Eatonton in Georgia und der Atacama-Riese im Norden von Chile.

die Bilder immer noch als heilig betrachten. Seine Forschungen lassen vermuten, daß die Plastiken von Schamanen oder Medizinmännern geschaffen wurden, um den Stamm zu schützen oder die Aufmerksamkeit jener Götter zu erregen, die dem Stamm in schwiergen Zeiten beistehen sollten. Es wird sogar vermutet, daß die Indianer entlang der Linien, die die Figuren bildeten, tanzten oder sie auch abschritten, damit auf diese Weise die Kraft des Tieres oder Symbols auf sie übergehen würde.

Die Erdbilder sind aber keineswegs auf den amerikanischen Südwesten beschränkt, sondern kommen auch im Mittelwesten und Süden vor. Die Künstler dieser Regionen bauten Hügel in Gestalt von Schildkröten, Panthern, Vögeln, Bären und anderen Tieren. Eines der großartigsten Gebilde ist der Great Serpent Mound nahe Chillicothe in Ohio. Er wurde von den sogenannten Adena gebaut, deren Kultur ihre Blüte zwischen 1000 v. Chr. und 200 n. Chr. erreichte. Die Schlange von Chillicothe windet sich beinahe 400 Meter durch die Landschaft. Auf einem 3 Meter hohen, 5000 Jahre alten Hügel in Eatonton, Georgia, bilden Steinbrocken die Gestalt eines 30 Meter großen Adlers mit einer Flügelspannweite von 36 Metern. Und bei McGregor in Iowa marschieren zehn Bären von etwa einem Meter Höhe hintereinander her. Heute finden sich in Iowa nur etwa 25 solcher zu Plastiken geformter Erdhügel, wo es einst noch 375 waren.

In England beherrschen Erdbilder anderer Art die Landschaft. Auf den grünen Hängen der Kreidehügel Südenglands wurden etwa 50 Monumente geschaffen, wobei die Künstler die Grasnarbe teilten, um die darunter befindlichen weißen Gesteinsschichten sichtbar werden zu lassen. Am beeindruckendsten ist der Long Man of Wilmington in East Sussex, der an Länge nur von dem Atacama-Riesen übertroffen wird. Die in einen Hügel gegrabene Gestalt hat einen 70 Meter hohen Körper und die Gliedmaßen sind so breit wie eine Straße. Niemand kennt das genaue Alter des Riesen von Wilmington, aber man vermutet, daß er vor 2500 Jahren entstand.

Ein 55 Meter langer Riese blickt über das Dorf Cerne Abbas in Dorset. Manche Experten meinen, er sei 2000 Jahre alt, andere schreiben ihm nur ein Alter von 300 Jahren zu. □

Chinas durchsichtige Spiegel

Seit Jahrhunderten haben die „Zauberspiegel" Chinas, die aus solidem Metall gearbeitet sind, die Menschen verblüfft. Wenn man die Spiegel gegen das Licht hält, scheint es hindurchzugehen, und auf weißen Wänden wird ein Bild von den getriebenen Verzierungen auf der Spiegelrückseite projiziert. Seltsamerweise ist dieses Bild im Spiegel selbst jedoch nicht zu sehen.

Die Spiegel wurden während der westlichen Handynastie, die 206 v. Chr. bis etwa 9 n. Chr. herrschte, aus Bronze hergestellt, und ihre leicht nach außen gewölbten Oberflächen waren durch ausgiebiges Schleifen und Polieren äußerst dünn. Die Spiegel verblüfften Generationen von Chinesen; doch die Gestalter dieser Kunstwerke hatten offenbar ihr Geheimnis mit ins Grab genommen. Ein Gelehrter des 11. Jahrhunderts ging in einem Aufsatz diesem Phänomen nach. Auch er konnte das Geheimnis nicht lüften, warum andere Spiegel kein Licht durchließen.

Als man im Jahre 1832 im Westen von den Zauberspiegeln hörte, beschäftigten sie sofort die Phantasie der Menschen. Wissenschaftler versuchten das Rätsel zu ergründen, doch erst 100 Jahre später sollte man dem Geheimnis auf die Spur kommen.

Die Lösung lag in der Spiegelfläche. Dort waren durch den Herstellungsprozeß kleine Unebenheiten entstanden, die mit dem erhabenen Muster auf der Rückseite des Spiegels übereinstimmten. Wenn das Licht auf die unregelmäßige Oberfläche fiel, wurde es von den winzigen Unebenheiten zurückgeworfen und gab die Verzierung als eine vergrößerte Spiegelung wieder. □

Dieser faszinierende Zauberspiegel *(links)* stammt aus dem China des 1. vorchristlichen Jahrhunderts. Oben ist zu sehen, wie das Spiegelbild auf eine glatte Oberfläche projiziert wird.

Eine unterirdische Armee

Als der chinesische Kaiser und Reichseiniger Quin Shi Huangdi (221–206 v. Chr.) an die Macht kam, ließ er Bauten errichten, wie sie die Welt noch nicht gesehen hatte. Auf seinen Befehl entstanden große Teile der Chinesischen Mauer und andere Monumente von solch unglaublichen Ausmaßen, daß sie noch heute die Menschen in ehrfürchtiges Staunen versetzen.

In seiner Hauptstadt Hsienyang ließ der Kaiser nicht weniger als 270 Paläste errichten. Allein mit dem Bau seiner Hauptresidenz, auf deren riesigen Terrassen 10 000 Untertanen Platz finden sollten, waren 700 000 Zwangsarbeiter beschäftigt. Ähnliche Ausmaße hatte sein Mausoleum, mit dessen Bau begonnen wurde, als er erst 13 Jahre alt war. Es gehörte zu einem Gebäudekomplex, der etwa sechs Quadratkilometer einnahm. Nach Aussage eines Historikers, der ein Jahrhundert nach Vollendung des Baus die Grabstätte beschrieb, befanden sich in ihr Modelle von Palästen, Tempeln und Amtsgebäuden wie auch herrliche Gefäße, Edelsteine und andere Kostbarkeiten. Alle Flüsse des Landes, auch der Gelbe Fluß und der Jangtsekiang, seien in Quecksilber nachgebildet worden, und sie würden mit Hilfe mechanischer Vorrichtungen zu einem Miniaturmeer fließen.

Obgleich die Päläste des Quin Shi Huangdi längst zu Staub zerfallen sind, ist sein Mausoleum unter einem 50 Meter hohen Erdhügel erhalten geblieben. Eines Tages wird man es genauer untersuchen; die Archäologen sind zur Zeit mit einer ganz anderen Arbeit vollauf beschäftigt.

Als 1974 in der Nähe des Hügels ein Brunnen gegraben wurde, stießen die Arbeiter auf Überreste der Statuen von Menschen und Pferden – und damit begann eine der verblüffendsten Ausgrabungen moderner Zeit. Während Archäologen behutsam die Erde entfernten, legten sie eine riesige Grube frei, die offenbar eine ganze Armee von lebensgroßen Terrakottakriegern und -pferden barg.

Bei späteren Probegrabungen in näherer Umgebung wurden zwei weitere Gruben gefunden, in denen sich ebenfalls Tonsoldaten befanden. Alle drei Gruben waren unter Erdreich verborgen, um die unterirdische Streitmacht zu verstecken, die auf ewig vor dem Mausoleum symbolisch Wache halten sollte.

Die Arbeit wurde auf die erste Grube konzentriert, und seitdem sind mehr als 1000 Figuren ans Tageslicht gekommen; man ▷

vermutet, daß noch etwa 5000 weitere Statuen unter der Erde verborgen liegen. Vorn stehen drei Reihen mit 70 finster blickenden Kriegern und hinter ihnen 38 Kolonnen Infanteristen, die in elf Gruppen unterteilt sind. Die Terrakottafiguren tragen Rüstungen, und in den Händen hielten sie einst Speere, Schwerter und Armbrüste. Die metallenen Waffen fielen zu Boden, als die Holzgriffe faulten, doch die Schneiden sind immer noch so scharf wie an jenem Tag, als die Gestalten der Dunkelheit übergeben wurden.

Bei den anderen beiden Gruben wurden bisher nur einige Vorarbeiten durchgeführt, aber sie geben bereits Hinweise darauf, daß auch hier kostbares Kriegsgerät verborgen liegt. In der zweiten Grube vermutet man weitere 1000 Soldaten sowie 80 Wagen, die von 400 Pferden gezogen werden. Die dritte Grube, in der sich weit weniger Figuren befinden, stellte möglicherweise das Hauptquartier dieser ungewöhnlichen Schutzarmee dar.

Das Besondere an der Terrakottaarmee ist sicherlich ihre detailreiche Ausführung: Die Uniformen und Kopfbedeckungen unterscheiden sich nach militärischen Rängen und waren ursprünglich bunt bemalt. Jedes Gesicht trägt individuelle Züge; so liegt die Vermutung nahe, daß reale Soldaten für die Figuren „Modell saßen".

Die Herstellung solch beeindruckender Statuen – die Krieger sind etwa 175 Zentimeter groß – erforderte größtes technisches Können. Selbst heute wäre die Fabrikation sehr aufwendig und würde Metall- oder Holzrahmen notwendig machen, damit die Figuren während des Brennens gestützt werden und sich nicht verformen. Und obwohl sich die Ausgrabungsarbeiten noch über Jahre hinziehen werden, ist die Armee des Kaisers jetzt schon als das Achte Weltwunder bekannt. □

Giganten aus Stein

Es gibt wenige Orte auf der Welt, die so abgeschieden wie die Osterinsel liegen. Dennoch fanden vermutlich im 4. Jahrhundert n. Chr. Männer, Frauen und Kinder aus Polynesien zu diesem 118 Quadratkilometer großen Flecken im Pazifik, der über 3700 Kilometer westlich von Chile und 2000 Kilometer östlich von der Pitcairn-Insel entfernt ist, und begründeten eine Kultur, die erstaunliche Dinge vollbrachte. Die Bewohner der Osterinsel entwickelten nicht nur ein einzigartiges Schriftsystem, sondern auch eine komplizierte Methode der Sonnenbeobachtung. Sie schufen kunstvolle Fels- und Höhlenmalereien und fertigten über einen Zeitraum von 900 Jahren schätzungsweise 1000 Steinköpfe an, die sogenannten *moai*, die die Insel so berühmt gemacht haben.

Die Moai wurden aus Vulkangestein gemeißelt und erhielten zylindrische rote Steinkronen. Man richtete sie landeinwärts blickend auf Plattformen, *ahu* genannt, auf, die vermutlich die Grabstätten von Königen, Anführern und anderen wichtigen Personen kennzeichneten. Als die ersten Europäer im 18. Jahrhundert die Insel erreichten, säumten Hunderte dieser Steinköpfe die Küste. Vielleicht aus religiösen Gründen oder wegen wachsender Rivalität und Aggressivität unter den Bewohnern der Insel waren viele dieser Giganten bereits umgestürzt worden. Und bis zur Mitte des 19. Jahrhunderts hatte auch die übrigen Steinbüsten dieses Schicksal ereilt.

Bis heute sind ungefähr 30 der Monolithen von Archäologen wieder aufgestellt worden. Die anderen liegen noch dort, wo sie umstürzten oder un-

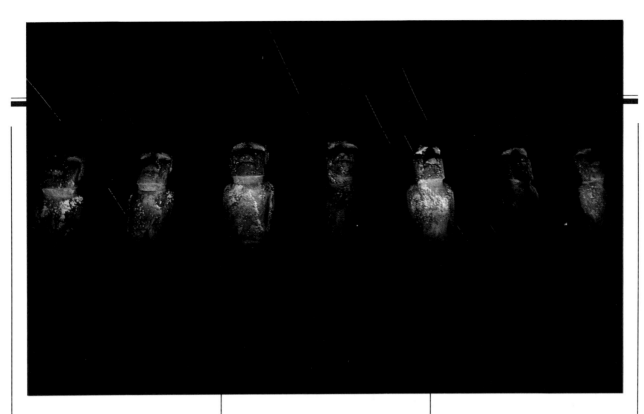

fertig zurückgelassen wurden. Die aufgerichteten Steinbüsten sind zwischen 3,50 und 7,50 Meter hoch, der größte der umgestürzten Monolithen mißt etwa 9,50 Meter und hat ein Gewicht von zirka 80 Tonnen. Er wurde über 8 Kilometer weit, von dem Steinbruch bis zu seinem heutigen Platz, transportiert, dann aufgerichtet und schließlich mit einer 12 Tonnen schweren Steinkrone versehen. Die mit Abstand größte Büste aber ist noch mit dem vulkanischen Felsen verbunden, aus dem sie gehauen wurde. Sie hat gut 20 Meter Höhe und wiegt schätzungsweise 270 Tonnen. Aufgerichtet wäre sie so hoch wie ein sechsgeschossiges Gebäude gewesen.

Angesichts der ehrfurchtgebietenden Dimensionen jener Steinkolosse bezweifelten die Wissenschaftler zunächst, daß die Inselbewohner sie mit ihren primitiven Werkzeugen behauen oder gar von dem Steinbruch an die entfernten Plätze, wo sich die Büsten heute befinden, transportiert haben konnten. In darauffolgenden Jahren erklärten einige Schwärmer, die Köpfe seien das Werk einer untergegangenen Zivilisation gewesen, vielleicht von Atlantis *(S. 130-131)*, oder würden von galaktischen Besuchern stammen.

Seriöse Forscher lehnen solche Theorien ab, nach denen außerirdische Gäste die Steinköpfe auf der Osterinsel errichtet haben sollen. Wahrscheinlich sind die Büsten, nachdem man sie von der Felswand gelöst hatte, mit dem Gesicht nach unten auf Schlitten gelegt und mit Hilfe einer hölzernen Vorrichtung, die mit Seilen am Hals befestigt war, Zentimeter für Zentimeter vorwärts bewegt worden. Zum Aufstellen häuften die Inselbewohner Steine unter den Köpfen auf und hebelten sie dann mit Baumstämmen in eine aufrechte Position.

Als der Wunsch nach Macht und Ansehen stärker wurde, wuchs unter den Bewohnern anscheinend auch das Bedürfnis, immer größere Steinköpfe zu errichten. Zweifellos hatten jene Gruppen, die die beeindruckendsten Moai besaßen, auch die Ressourcen der Insel unter Kontrolle, insbesondere die Landwirtschaft. Ein starkes Anwachsen der Bevölkerung – vermutlich lebten in der Folgezeit bis zu 15 000 Menschen auf der Insel – überforderte schließlich die Wirtschaft. Immer mehr Land wurde urbar gemacht, die einstmals dicht bewaldete Insel fast vollkommen gerodet. Ohne Holz konnten die Einheimischen weder ihre Steinbüsten transportieren und errichten noch seetüchtige Kanus bauen, um der drohenden Übervölkerung der Insel durch Auswanderung zu entgehen.

Die Kultur der Osterinsel erlosch um 1750, als zahlreiche Kriege zu einer starken Abnahme der Bevölkerung geführt hatten. Zwischen 1859 und 1862 brachten Sklavenhändler 2000 Bewohner nach Südamerika. Einige wenige Rückkehrer, die die Jahre der Sklaverei überlebt hatten, schleppten Seuchen und Krankheiten ein, gegen die die Einheimischen keine Abwehrkräfte besaßen. 1877 war die Bevölkerung der Osterinsel auf 150 Menschen dezimiert worden, und als diese letzten Statthalter der alten Traditionen starben, nahmen sie die Geheimnisse der Moai mit sich ins Grab. □

Die rätselhaften Steinkugeln Schottlands

Seit Jahren schon werden in Schottland Steinkugeln gefunden, die mit größter Perfektion gemeißelt worden sind. Sie sind mindestens dreitausend Jahre alt, und ihre Herkunft und einstige Funktion geben den Wissenschaftlern Rätsel auf. Bis heute sind mehr als 350 solcher Kugeln aufgetaucht, meistens in der Umgebung von Aberdeenshire und Angus.

Sie haben einen Durchmesser von etwa 2,5 bis 8 Zentimetern, und einige sind mit Spiralen, konzentrischen Kreisen und anderen geometrischen Formen verziert oder haben Auswölbungen. Manche dieser Kugeln weisen starke Verschleißspuren auf, andere wiederum sind auffallend glatt. Vermutlich wurden sie für besonders wertvoll gehalten und häufig berührt.

Man hat alle möglichen Theorien aufgestellt, um eine Erklärung für diese alten Kugeln zu finden. Zuerst hielt man sie für Waffen, die möglicherweise mit Lederriemen an Griffen befestigt waren oder an den Enden von Lederriemen saßen. Nach einer anderen Theorie wurden die Kugeln vielleicht bei sportlichen Betätigungen benutzt, aber nur wenige weisen größere Beschädigungen auf. Einige Wissenschaftler deuten die Kugeln wegen ihrer glatten Oberfläche als Symbole der Macht, einem Wappen ähnlich. Da sie relativ klein und auch recht leicht sind, haben die Herrscher sie wahrscheinlich in Ledertaschen, die an der Taille befestigt waren, immer mit sich getragen und sie von Generation zu Generation vererbt. Diese Hypothese würde auch den Umstand erklären, warum solche Steinkugeln nie in Gräbern gefunden worden sind. □

ASTRONOMEN

Die Himmelserkundung mit Hilfe von hochentwickelten Teleskopen auf der Erde und im Weltraum hat den modernen Astronomen das Universum in einem Maße erschlossen, wie man es noch vor wenigen Jahrzehnten für unmöglich gehalten hatte. Und doch verblassen die Errungenschaften der Gegenwart ein wenig neben den Leistungen der Himmelsbeobachter von einst – den Priestern, Schamanen und Philosophen längst versunkener Kulturen. Durch genaue, systematische Beobachtung, Intuition oder andere, in Vergessenheit geratene Methoden gewannen jene Weisen der Frühzeit eine Fülle von Erkenntnissen über den Lauf von Sonne, Mond, Planeten und Sternen, die sie auf die großen Zyklen der Menschheit anzuwenden versuchten, auf den ewigen Rhythmus von Saat und Ernte, Geburt und Tod.

Heute weiß man nicht mehr, wann oder warum die Menschen erstmals die Bewegung der Gestirne zu beobachten und aufzuzeichnen begannen. Einer der Gründe war sicherlich die Vorstellung, daß Zeit eine Dimension des Lebens ist und die Sterne in einem scheinbaren Chaos einer primitiven Welt für Ordnung sorgten. Jedenfalls deutet alles darauf hin, daß unsere Vorfahren lange vor Beginn der Geschichtsschreibung in so gut wie jeder Region der Erde und mit den unterschiedlichsten Geräten und Verfahren einen tiefen Einblick in eine Reihe komplexer Himmelsphänomene gewannen. Einige konnten anscheinend Sonnen- und Mondfinsternisse vorhersagen; andere müssen offenbar gewußt haben, daß die Erde keine Scheibe, sondern eine Kugel ist.

Die in den 60er Jahren entstandene Archäoastronomie versucht aus den Artefakten und Überlieferungen prähistorischer Völker zu ermitteln, was die frühen Gemeinschaften über Himmelserscheinungen wußten, wie und warum sie diese Einsichten auf Ackerbau, Philosophie und Religion anwandten. Allerdings leidet die Arbeit der Forscher unter der entmutigenden Tatsache, daß ein Großteil dessen, was sie ans Licht zu bringen versuchen, unwiderruflich verloren ist. Die Astronomen der Vorzeit werden viele ihrer Geheimnisse bis in alle Ewigkeit bewahren.

Ein Sonnenstrahl für die Toten

Etwa 50 Kilometer nördlich von Dublin befindet sich eines der gewaltigen Astronomie-Monumente aus der Frühzeit Europas. Auf einem langgestreckten Kamm oberhalb des Boyne-Tales errichteten prähistorische Ackerbauer einen Erdhügel von rund 80 Meter Durchmesser und 10 Meter Höhe. Eine Mauer aus glitzerndem weißem Quarz faßt das dem Fluß zugewandte Südende ein. In der Mitte dieser Mauer, von einem riesigen Stein mit kunstvoll eingeschnittenen Spiralmustern bewacht, liegt der Eingang zu einem der frühen Meisterwerke megalithischer Baukunst. Dahinter öffnet sich ein knapp 19 Meter langer Gang, der von 43 Steinblöcken gesäumt wird – die meisten davon mehr als mannshoch und jeder einzelne etwa zehn Tonnen schwer. Am Ende des Ganges bilden mächtige, zum Teil mit Symbolen verzierte Steine eine kreuzförmige Kammer, deren Gewölbe eine Höhe von mehr als 6 Meter erreicht. In den Boden der einzelnen Zellen sind große, flache Steinschalen eingelassen, sogenannte Bassin- oder Beckensteine. Hier wurden einst die Toten bestattet, deren Gebeine im Laufe der Zeit längst zu Staub geworden sind. Rillen im Kragsteingewölbe leiten das Wasser von der Kammer ab; die Ritzen sind mit kittartiger Masse aus verbrannter Erde abgedichtet.

Das Ganggrab von Newgrange ist das größte und am weitesten entwickelte von drei Hügelgräbern, die irische Ackerbauer der Neusteinzeit hier im Boyne-Tal errichtet hatten. Es entstand ein Jahrtausend vor Stonehenge und ein paar hundert Jahre vor den ägyptischen Pyramiden. Aber Newgrange ist mehr als nur ein Haus der Toten: Es scheint als Kultstätte für die Kraft der Sonne erbaut worden zu sein.

Bei Wiederinstandsetzungsarbeiten an dem Hügelgrab, die im Jahre 1960 begannen, stießen die beiden irischen Archäologen Michael und Claire O'Kelly zwischen den Tragsteinen über dem Eingang von Newgrange auf einen senkrechten Spalt. In diese Öffnung war ein mit Ornamenten geschmücktes, nach oben offenes Gebilde eingelassen, dem sie die Bezeichnung Dachkasten gaben. Einer Eingebung folgend, begaben sich die O'Kellys am 21. Dezember des Jahres 1969 am frühen Morgen in den Gang des Hügelgrabes. Es war die Zeit der Wintersonnenwende, wenn die Sonne auf der nördlichen Hemisphäre ihren Umkehrpunkt erreicht und die kurzen, dunklen Tage zum Frühjahr hin allmählich wieder heller und länger werden.

Genau vier Minuten nach dem Sonnenaufgang, so stellten die O'Kellys zufrieden fest, „fiel der erste feine Sonnenstrahl direkt durch den Dachkasten ein und durchwanderte die gesamte Länge des Ganges, bis er die Vorderkante des Beckensteins in der letzten Grabkammer erreicht hatte. Als sich das schmale Lichtbündel verbreiterte ... und den Boden der gesamten Kammer erfaßte, tauchte es das Grab in dramatische Helligkeit."

Kurz darauf begann der Lichtstrahl sich wieder zu verengen; 17 Minuten nachdem er erstmals durch die Öffnung des Dachkastens eingedrungen war, verschwand er ganz, und es herrschte das übliche Dunkel in der Kammer. Wie die O'Kellys feststellten, begannen die unterirdischen Lichtspiele etwa eine Woche vor der

Wenn die Sonne ihren südlichsten Punkt am Himmel erreicht, fallen ihre Strahlen durch einen Spalt über dem Eingang von Newgrange und erhellen die Grabkammer am Ende des langen Hauptganges.

Wintersonnenwende und endeten eine Woche danach. Während dieser kurzen Spanne im Jahr fing der Erdhügel von Newgrange das Sonnenlicht in einem Ort ein, wo nur die Toten es hätten sehen können.

Während viele Gelehrte diese exakte Ausrichtung des Baus nach der Sonne für puren Zufall hielten, glaubten andere fest daran, daß sie beabsichtigt war. Mit einem überzeugenden Beweis untermauerte Tom P. Ray, ein Astrophysiker am Dublin Institute for Advanced Studies, letztere These, als er sich 1988 genauer mit Newgrange befaßte und errechnete, daß der leicht gekrümmte Mittelgang exakt auf die Wintersonnenwende vor 5150 Jahren ausgerichtet gewesen war. Damals hatte das schmale Lichtbündel die Totenkammer nicht vier Minuten nach, sondern genau zum Zeitpunkt des Sonnenaufganges erhellt. Offenbar hatten die Erbauer des Grabhügels eine derartige Übereinstimmung nicht durch bloßen Zufall erzielt.

Rays Entdeckung war von großer Bedeutung für das bessere Verständnis der neolithischen Bewohner Irlands, die nichts außer ihre Grabbauten hinterließen. Ihre Kultur scheint sich mit dem Aufkommen des Ackerbaus vor etwa 10 000 Jahren entwickelt zu haben und verschwand noch vor Beginn der Geschichtsschreibung. Die Archäologen gehen heute davon aus, daß die Grabhügel das Werk einer kleinen Volksgruppe waren. Die komplexen Ganggräber beweisen, daß jene prähistorische Kultur weit höher entwickelt war, als man ursprünglich angenommen hatte. Aber allem Anschein nach stellte sie ihre Fähigkeiten und Talente ganz in den Dienst der Grabbauten, und in dieser übertriebenen Beschäftigung mit dem Tod lag bereits der Keim für den Untergang der Lebenden. Newgrange war offensichtlich das Produkt eines obsessiven Totenkultes; der Ackerbau wurde vernachlässigt, und ihr Wirtschaftsgefüge zerbrach. Ein Jahrtausend nach seiner Entstehung ist Newgrange nur noch ein grasüberwachsener Hügel über dem Boyne-Tal, auf dem Siedler ihr Vieh weiden. Und einmal im Jahr bringt ein Sonnenstrahl den dort Bestatteten einen Hauch von Leben. □

Die Gestalt der Erde

Die Schlußfolgerung von Christoph Kolumbus, daß die Welt rund ist, hätte die Menschen des Altertums sicherlich nicht sonderlich in Erstaunen versetzt.

„Die Erde ist eine Kugel", erklärte der griechische Philosoph Pythagoras bereits im 5. Jahrhundert v. Chr. Etwa 200 Jahre später bestätigte Aristarch von Samos diese Erkenntnis und fügte noch hinzu, daß sich die Erde um ihre eigene Achse und – zusammen mit anderen Planeten – um die Sonne drehe. Ebenfalls im 3. Jahrhundert v. Chr. gelang es Eratosthenes, dem Leiter der Alexandrinischen Bibliothek, den Umfang und Durchmesser der Erde relativ genau zu bestimmen.

Aus alten Schriften geht hervor, daß die Weisen Indiens ungefähr ab dem 4. Jahrhundert v. Chr., die Chinesen wohl bereits vor 3000 Jahren um die Kugelgestalt der Erde wußten. □

Steine des Mondes

Wie trauernde Riesen erheben sich mächtige Felsblöcke auf einem Kamm oberhalb des Loch Roag. Die Steine von Callanish auf den zu Schottland gehörenden Äußeren Hebriden zählen zu den abgelegensten megalithischen Steinkreisen, die vor langer Zeit – manche bereits vor 5000 Jahren – zu Hunderten auf den Britischen Inseln und in der Bretagne entstanden. Und sie beweisen klarer als alle anderen Monumente dieser Art, daß die dort lebenden Menschen der Frühzeit in der Himmelskunde bewandert waren.

Die aufrecht stehenden Blöcke, etwa um 2000 v. Chr. von den Bewohnern der Insel Lewis errichtet, bilden ein nach Süden weisendes Keltenkreuz *(rechts)*: Im Zentrum der Anlage befindet sich ein über 4,50 Meter hoher und 5 Tonnen schwerer Megalith aus Gneis, umgeben von einem Ring von 13 etwas kleineren Steinen. Nach Norden führt eine knapp 80 Meter lange, fast schnurgerade Doppelreihe von Steinpfeilern, die sogenannte Avenue oder Allee. Eine einzelne, kürzere Steinpfeilerreihe erstreckt sich vom Kreis südwärts. Einige scheinbar zufällig verteilte Steinblöcke liegen zwischen dem Kreis und den nach Süden ausgerichteten Megalithen. Bei näherem Hinsehen erkennt man, daß die Anlage von Callanish auf einem genauen astronomischen Plan basiert.

Nach neuesten Erkenntnissen dienten die Steine von Callanish unter anderem dazu, die höchste und tiefste Stellung des Mondes bei seinem Auf- und Untergang zu kennzeichnen. Der

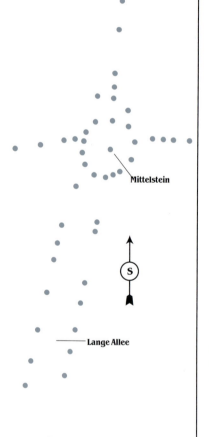

Sonne ähnlich – die Jahr für Jahr auf ihrer scheinbaren Himmelsbahn zwischen den Solstitien wandert und dabei ihren höchsten nördlichen oder südlichen Abstand vom Himmelsäquator erreicht –, aber unregelmäßiger verlaufend, verschiebt sich auch die Mondbahn ganz allmählich gegen Norden und Süden; zu maximalen Abweichungen kommt es in Abständen von jeweils 18,61 Jahren. Da sich die Mondbahn nie weiter als bis zu diesen nördlichen und südlichen Extremen erstreckt, bezeichnet man das Phänomen mitunter fälschlich als „Mondstillstand", obwohl der Erdtrabant seine tägliche Wanderung über den Himmel keineswegs unterbricht.

Die komplexen Orbitalschwankungen, die diesen Effekt erzeugen, wurden erstmals im 17. Jahrhundert von Sir Isaac Newton, ausführlicher von den brillanten Astronomen des 18. Jahrhunderts, untersucht. Höchstwahrscheinlich war dieser lange Mondzyklus – den selbst der moderne Mensch bestenfalls viermal in seinem Leben beobachten kann – bereits einem neolithischen Volk bekannt, das dieses Phänomen wohl nur ein einziges Mal in einer Generation zu Gesicht bekam.

Callanish hatte nämlich allem Anschein nach den Zweck, jenes seltene Mondereignis sichtbar zu machen, das nur im hohen Norden und nur alle 18,5 Jahre für kurze Zeit während

Alle 18,61 Jahre erhebt sich der Mittsommer-Vollmond über Callanish, streift Himmel die Hügel am Horizont und geht fast genau im Süden des Megalith-Monuments unter *(ganz oben)*. Offenbar wurden die Steine so ausgerichtet *(oben)*, daß sie diese Stellung des Mondes markierten.

der Winter- und Sommersonnenwende beobachtet werden kann. So ist eine Pfeilerreihe, die vom Zentrum des Kreuzes ausgeht, auf einen Punkt am südwestlichen Horizont ausgerichtet, wo der Mittsommermond bei einer solchen Extremphase untergeht. Wenn das geschieht, streift der Vollmond auf seiner Wanderung über den Himmel die Kämme des Hügelzugs südlich des Sees, verschwindet, taucht wieder auf und verschwindet erneut. Von der langen Allee aus betrachtet, huscht der Mond wie ein schimmernder Geist durch die Megalith-Reihen und wird abwechselnd von den Steinen verdeckt und wieder freigegeben.

Einen Menschen der Neuzeit beeindruckte dieses Schauspiel so nachhaltig, daß er versuchte, dem Rätsel der Steine auf die Spur zu kommen. Als Alexander Thom, Professor für Maschinenbau an der Oxford University, 1934 sein Boot in den Loch Roag steuerte, bot sich ihm ein Bild, das sein ganzes Leben verändern sollte: die Silhouetten der Steine von Callanish vor dem im Osten aufsteigenden Mond. An Land bemerkte er, daß die einzelne, kurze Reihe von Steinpfeilern oberhalb des Querbalkens des Kreuzes direkt zum Polarstern wies – dem Mittelpunkt der scheinbaren Himmelsdrehung. Der gespenstische Mondaufgang und die Position der Steine, die kaum ein bloßer Zufall sein konnte, bewegten ihn tief. „Von da an wußte ich, daß ich es mit einer hochentwickelten Kultur zu tun hatte", schrieb Thom später. „Und alles, was ich seitdem entdeckt habe, bestärkt mich in dieser Ansicht."

Wenngleich Thom als einer der ersten zu dem Schluß gelangte, daß die Anlage von Callanish einst dazu gedient hatte, den Mondstillstand zu markieren, hatten andere schon zwei Jahrhunderte vor ihm diesen Megalith-Monumenten eine astronomische Bedeutung zugeschrieben. Allerdings gehörte Thom zu den entschiedensten Verfechtern dieser Theorie. Mit seinem Sohn Archibald, einem Ingenieur, bereiste er die entlegensten Gebiete Großbritanniens, um die Megalith-Anlagen unter astronomischen Aspekten zu untersuchen.

Seine jahrzehntelangen Forschungen bestätigten die Vermutung, daß die Erbauer der Steinkreise weit mehr als primitive Ackerbauer gewesen sein mußten. Allem Anschein nach hatten sie den Himmel über Generationen hinweg systematisch beobachtet, um die Positionen des Mondstillstands genau bestimmen zu können. Thoms Theorie könnte eine Erklärung für die Megalithen von Callanish bieten.

Weiterhin bleibt rätselhaft, was die Steinzeitmenschen bewog, solche gigantischen Felsblöcke in jahrelanger Arbeit zurechtzuhauen, zu transportieren und aufzurichten. Der britische Astronom Gerald Hawkins gelangte zu dem Schluß, daß solche Megalith-Monumente primitive Zählwerke und Rechenmaschinen darstellten, mit denen sich Sonnen- und Mondfinsternisse vorhersagen ließen – jene Himmelsereignisse, die in der Vorzeit als Unheilverkünder galten. Thom interpretierte Callanish sowie eine Reihe anderer Steinsetzungen ebenfalls als das Werk neolithischer Astronomen.

In der Tat stehen Sonne, Mond und Erde während des Mondstillstandes in einer Linie, so daß der Mondzyklus von 18,61 Jahren stets mit einer Periode gehäufter Finsternisse zusammenfällt. So konnten unsere Vorfahren mit Hilfe ihrer „Computer" die Zeiträume berechnen, in denen Gefahr durch solche Himmelsereignisse drohte. Die düstern Steinriesen stellten vielleicht ein Frühwarnsystem für jene Nächte dar, in denen die Dunkelheit den Vollmond über dem Moor von Callanish verschlingen würde. □

Oinopides von Chios, ein griechischer Philosoph aus dem 5. Jahrhundert v. Chr., ermittelte vermutlich als erster die Neigung der Erdachse. Er kam auf einen Winkel von 24° gegenüber der Erdbahnebene und wich damit nur um einen halben Grad von den heute allgemein akzeptierten 23,5° ab.

Astronomie des Unsichtbaren

Sirius, der Hauptstern im Großen Hund, ist der hellste Stern am Erdhimmel und spielt seit langem eine Rolle in der Kosmologie und Mythenwelt der Menschen. 1836 entdeckte der deutsche Astronom Friedrich Bessel eine minimale Schwankung der Siriusbahn, die auf einen fremden Gravitationseinfluß schließen ließ. Allem Anschein nach besaß der Hundsstern einen leuchtschwachen Begleiter, der ihn einmal in 50 Jahren umrundete.

Der dunkle Begleitstern, der die Bezeichnung Sirius B erhielt, blieb unsichtbar, bis ihn im Jahre 1862 der amerikanische Fernrohrhersteller Alvan Clark zufällig bei der Erprobung eines 48-cm-Refraktors entdeckte – dem seinerzeit stärksten Teleskop der Welt. 50 Jahre später ermittelten Astronomen am Mount Wilson Observatory in Kalifornien, daß es sich bei Sirius B um einen neuen, extrem dichten Sterntyp, einen sogenannten Weißen Zwerg, handelte – eigentlich um den Überrest eines Sterns, dessen Materie kollabiert und zu einem winzigen Ball zusammengepreßt worden war.

Aber der verblüffendste Aspekt von Sirius B wurde 1950 von zwei bekannten französischen Anthropologen verkündet, die kurz zuvor aus dem Gebiet der heutigen Republik Mali zurückgekehrt waren. Nach den Erkenntnissen von Marcel Griaule und Germaine Dieterlen spielte der für das bloße Auge unsichtbare Weiße Zwerg schon seit Jahrhunderten eine Schlüsselrolle in der Kosmologie eines afrikanischen Volkes.

Die beiden Anthropologen waren 1931 in den seinerzeit französischen Sudan gegangen, um das Leben der im Süden der Sahara lebenden Dogon zu studieren. Griaule gewann das Vertrauen des Stammes und wurde im Jahre 1946 in die Glaubenswelt der Dogon eingeweiht. Vor den Augen des Franzosen zeichneten die Stammesältesten mit Stöcken ein einfaches ovales Diagramm des Himmels in den Sand. Bald darauf konnte Griaule den Hundsstern in der Skizze ausmachen, umgeben von einer Ellipse, auf der ein Begleiter und ein weiterer, bis heute von den Astronomen nicht entdeckter Himmelskörper ihre Bahn zogen. Nach den Worten der Dogon war der Orbit ein Symbol der Fruchtbarkeit – das „Ei der Welt". Der Begleitstern umrunde seinen großen Bruder einmal in 50 Jahren, sei sehr klein und bestehe aus einem Metall namens *sagala*, das heller als Eisen und so schwer sei, daß es „alle Erdenwesen zusammen nicht hochheben können".

Wie Griaule herausfand, stimmte der Kosmos der Dogon auch noch in anderen Punkten mit den Erkenntnissen der modernen Astronomie überein. So glauben sie zu Recht, daß der Jupiter vier Monde besitzt, Saturn von einem Ring umgeben ist, die Erde um die Sonne wandert und die Sterne sich um ihre eigene Achse drehen.

Wie konnten die Stammeslegenden, die älter als die Erfindung des Fernrohrs waren, der astronomischen Realität so nahe kommen? Für manche Forscher ist die hochentwickelte Himmelskunde der Dogon ein Rätsel, das sie sich nur dadurch erklären können, daß sie ihnen übernatürliche oder parapsychologische Fähigkeiten unterstellen. Andere sind der Ansicht, daß

die Dogon weder so primitiv noch so unberührt von der modernen Welt seien, wie manche Berichte uns vorzumachen versuchen. Ihre Dörfer liegen entlang den großen Handelsstraßen, die einst Westafrika mit Ägypten verbanden, oder säumen den Niger, eine der wichtigsten regionalen Verkehrsadern. Ganz in der Nähe befindet sich die Universitätsstadt Timbuktu, die vor 400 Jahren eines der großen geistigen Zentren des Islam war. Und die Dogon hatten seit 1907 die Möglichkeit, die französischen Schulen ihrer Region zu besuchen. Eine Reihe von Gelehrten sind daher zu der Überzeugung gelangt, daß die erstaunlichen astronomischen Kenntnisse des Stammes auf Zivilisationseinflüssen beruhen – oder daß es sich hier einfach um einen Schwindel handelt.

Obwohl die Berührung mit anderen Kulturen einige Details ihrer Kosmologie erklären könnte, bereitet die weitgehende Übereinstimmung zwischen dem Siriussystem und dem mythischen Konzept der Dogon den Forschern immer noch Kopfzerbrechen. Für die Dogon liegt der Fall klar auf der Hand. Vor langer Zeit seien Amphibienwesen vom Siriussystem gekommen, hätten den Dogon ihr Wissen von den Sternen übermittelt und seien wieder heimgekehrt. Außer den Dogon glaubt das wohl niemand. Aber keiner kann erklären, wie die Afrikaner Sterne beschreiben können, die sie nie zu Gesicht bekommen haben. □

Der Diskos von Phaistos

An einem Abend des Jahres 1971 betrachtete der wohlhabende, von der Philologie begeisterte Leon Pomerance die Simulation des Sternhimmels, so wie er sich 4000 Jahre früher über der Insel Kreta gewölbt hatte. Neben ihm stand Kenneth Franklin, ein Astronom, der an der Entdeckung der Jupiter-Radioemissionen mitgewirkt hatte und nun am Hayden-Planetarium des American Museum in New York arbeitete. Franklin hatte den Projektor des Planetariums so programmiert, daß er die Konstellationen der Antike zeigte. Für Pomerance war die Sternenanordnung nicht neu. Allerdings hatte er sie nicht auf einer konventionellen Himmelskarte gesehen, sondern auf den verwitterten Seiten des rätselhaften Diskos von Phaistos.

Die 1908 von dem italienischen Archäologen Luigi Pernier entdeckte Platte gehörte zu einem größeren Fund, den man bei Ausgrabungen in den Ruinen des Stadtpalastes von Phaistos gemacht hatte – einem Zentrum der minoischen Kultur, die von etwa 3000 bis 1100 v. Chr. ihre Blütezeit auf Kreta hatte. Der Diskos von Phaistos ist eine Tonplatte mit einem Durchmesser von 15 Zentimetern, auf der ungefähr 45 Piktogramme von Menschen, Tieren und Dingen eingeprägt worden sind; die Bildzeichen wiederholen sich in wechselnden Kombinationen entlang einer Spirale, die von außen nach innen verläuft.

Die Symbole – darunter Punktan- ◊

ordnungen, ein Vogel, ein Bär, eine Schlangenlinie und ein Menschenkopf im Profil – haben keinerlei Ähnlichkeit mit Linear A und Linear B, den beiden bekannten Hieroglyphensystemen der Minoer. Während man die Zeichen von Linear A und B in der Regel mit einem Schreibinstrument einritzte, scheinen die Bildsymbole des Diskos von Phaistos mit kleinen Stempeln – Vorläufer der Prägelettern – in den noch weichen Ton gepreßt worden zu sein.

Für viele Experten ist die Lösung des Rätsels ein rein linguistisches Problem. Aber sämtliche Bemühungen, die Piktogramme zu übersetzen, waren bisher vergeblich. Was ein Gelehrter vielleicht als „der Raubvogel fliegt über die Tenne der Stadt" entzifferte, legte ein anderer als „Opfertrunk" aus. Eine poetische Deutung für beide Seiten des Diskos entwickelte 1984 ein deutscher Linguist. Seiner Ansicht nach befindet sich auf der Vorderseite ein Aufruf zum Kampf gegen die benachbarten Karer und auf der Rückseite ein Gebet zum Schutz vor den Feinden. Wieder andere Gelehrte erklären unter Hinweis auf die spärlichen Bildzeichen, daß man die Inschrift sicherlich nie enträtseln werde.

Leon Pomerance jedoch sah den Diskos von Phaistos aus einem anderen Blickwinkel. Er glaubte, daß die Symbole keine Laute, sondern – ähnlich wie moderne Straßenschilder – Dinge darstellten. Ein Vergleich mit einer Sternkarte zeigte ihm, daß die Konstellationen Serpens Cauda und Aquila sowie die Gruppe der Plejaden mit einem Schlangenschwanz, einem fliegenden Vogel und einem aus Punkten zusammengesetzten Kreis auf dem Diskos von Phaistos übereinzustimmen schienen. Ein viertes Symbol, ein Kopf mit einem Strahlenkranz, hielt er für die Sonne. Pomerance vermutete, die runde Tontafel könnte das Werk von Astronomen der Antike sein, die den Weg der Sternbilder über den Himmel beobachtet und aufgezeichnet hätten.

Ein Computer der Antike

Im Hayden-Planetarium ließ Pomerance von Franklin den Himmel Kretas von 2000 v. Chr. mit dem Computer simulieren. Zuerst, etwa gegen Ende November tauchte Serpens Caude auf, der Schlangenschwanz, gefolgt von Aquila, dem Adler. Im April zeigten sich die Plejaden kurz vor Sonnenaufgang. Im Oktober hatte der Adler eine Wende vollführt und schien jetzt nach Osten zu fliegen. Pomerance hatte diese Bildfolge auf der Fläche des Diskos gesehen und folgerte, die Scheibe sei ein früher Almanach. Einige Experten haben sich dieser Deutung mit Vorbehalt angeschlossen, andere wiederum bleiben skeptisch. Heute befindet sich der Diskos von Phaistos in dem Museum von Heraklion auf Kreta und wartet darauf, als einer der ältesten Sternkalender anerkannt zu werden – und dies wird spätestens dann der Fall sein, wenn einst auf dem Meeresboden der Ägäis oder in den minoischen Ruinen ein ähnlicher Fund auftauchen sollte. □

Zwei Jahrtausende lang lag das Wrack eines griechischen Handelsschiffes unberührt in der Tiefe des östlichen Mittelmeers, halb versunken in Schlick und Schlamm. Rund um den 45 Meter langen Rumpf waren noch Reste von seinen einstigen Schätze auf dem Meeresboden verstreut: Vorratsgefäße, Skulpturen und allerlei Kleinkram, der sich nur schwer einordnen ließ. Doch dann, im Jahre 1900, stießen Taucher in einer Bucht vor der öden Insel Andikithira auf das Wrack – und revolutionierten die moderne Vorstellung von der griechischen Antike.

Das Schiff von Antikythera war der erste große Unterwasserfund der Archäologie und sorgte für beträchtliches Aufsehen in Gelehrtenkreisen. Man brachte die Gegenstände aus dem Wrack der Antike in das Archäologische Nationalmuseum von Athen, wo man sie untersuchte, katalogisierte und die Bruchstücke wieder zusammenfügte. Kleinere Fragmente wurden beiseite gelegt, falls die zugehörigen Artefakte doch noch auftauchen sollten. Darunter befanden sich auch vier stark korrodierte Bronzeklumpen. Als sich der Museumsarchäologe Valerios Staïs näher mit ihnen befaßte, stellte er fest, daß das, was er zunächst für Kratzer auf dem Metall gehalten hatte, eine Inschrift war. Und bei genauem Hinsehen entpuppten sich die Bronzefragmente als Gruppen von Zahnrädern – offensichtlich die Überreste von irgendeiner Maschine.

Nach weiteren Untersuchungen gelangte Staïs 1902 zu dem Schluß, daß die Stücke aus dem 1. Jahrhundert v. Chr. stammten und offenbar Teil eines Navigationsgerätes waren, eines frühen Astrolabiums vielleicht, das zur Positionsbestimmung von Himmelskörpern diente. 1951 wandte sich Professor Derek de Solla Price von der Yale University erneut dem inzwischen als Mechanismus von Antikythera bekannten Fund zu. Bei dem Versuch, das Gerät zu rekonstruieren, setzten Price und seine griechischen Mitarbeiter Röntgen- und Gammastrahlen ein und entdeckten Schicht um Schicht verschieden großer Zahnräder. Price ermittelte in mühsamer Arbeit die Übersetzungsverhältnisse und gelangte zu einem verblüffenden Ergebnis: Ein unbekannter Erfinder der griechischen Antike hatte einen Apparat entwickelt, mit dessen Hilfe sich die tatsächlichen Bewegungen von Sonne, Mond und Planeten in der Vergangenheit, Gegenwart und Zukunft bestimmen ließen. Der geheimnisvolle Mechanismus von Antikythera war ein 2000 Jahre alter Analogrechner!

Allem Anschein nach befand sich das bronzene Räderwerk ursprünglich in einem etwa 15 Zentimeter langen und 7,5 Zentimeter breiten Holzkasten, mit Bronzetüren auf der Vorder- und Rückseite, in die der Erfinder eine ausführliche Gebrauchsanweisung eingraviert hatte. Insgesamt drei Skalen bildeten die „Datenausgabe". Die erste enthielt zwei konzentrische Ringe, einen mit den Zeichen des Tierkreises und einen anderen mit den Namen der griechischen Monate. Mit Hilfe eines Zeigers konnte man die Position der Sonne in bezug auf den Tierkreis für jeden Tag des Jahres ablesen. Eine zweite Skala gab Auskunft über einen 18 Jahre währenden Zyklus von Sonnenfinsternissen, während eine dritte die Mondphasen abbildete.

Im Inneren des Kastens waren 39 Zahnräder, die auf parallelen Ebenen miteinander im Eingriff waren und ◊

In der Darstellung des Himmels über Kreta um das Jahr 2000 v. Chr. spiegeln die Sternbilder die Reihenfolge der Symbole auf dem Diskos von Phaistos wider. Ende November zeigt sich der Schlangenschwanz, Serpens Cauda *(hinten)*, am östlichen Horizont; es folgen im Dezember der Adler, Aquila *(Mitte)*, und im Frühjahr die Plejaden *(vorn)*.

durch eine Kurbel nur einmal pro Tag in Bewegung gesetzt wurden. Sie standen mit einem gezahnten Drehteller in Verbindung, der ähnlich wie ein Differentialgetriebe bewirkte, daß zwei Wellen mit unterschiedlicher Geschwindigkeit rotierten. Dieses Prinzip, das in der modernen Automobiltechnik eingesetzt wird, um den Drehzahlunterschied der Antriebsräder in Kurvenlage auszugleichen, galt lange Zeit als eine Erfindung des 17. Jahrhunderts. Diese These von Price faszinierte den Physiker Allan Bromley, einen Professor an der University of Sydney, und er begann mit Unterstützung des Uhrmachers Frank Percival ein Versuchsmodell des Mechanismus von Antikythera zu entwikkeln. Die beiden beschränkten sich auf Techniken, die bereits den Griechen in der Antike bekannt gewesen waren, und vollendeten 1987 eine Kopie des Gerätes, die in der Tat funktionierte und einen Großteil von Prices Theorien bestätigte.

Leider blieb die Identität des wahren Erfinders im Dunkel der Zeit verborgen. Manche Gelehrte meinen, der Mechanismus von Antikythera könne von der Insel Rhodos stammen, wo vor 2000 Jahren das kulturelle Umfeld für die Entwicklung der hierfür notwendigen Kenntnisse besonders günstig schien. Dort habe dann ein namenloser, in der Himmelskunde hervorragend bewanderter Handwerker mit vollendetem technischem Geschick eine Rechenmaschine geschaffen, die Price als eine „der größten und grundlegenden mechanischen Erfindungen aller Zeiten" bezeichnet hat.

Der nach zwei Jahrtausenden aus der Tiefe des Meeres geborgene Mechanismus widerlegte die Ansicht, die Griechen der Antike seien zwar brillante Theoretiker gewesen, hätten aber das Praktische verabscheut, da sie von Sklaven umsorgt gewesen seien. Technische Meisterschaft war ihnen offenbar nicht fremd. □

Sonnengläser

Mit dünnen Rauchkristall- oder Jadescheiben beobachteten chinesische Astronomen die Sonnenflecken – jene dunklen Stellen der Sonnenoberfläche, die durch kühlere Zonen in der Atmosphäre des Zentralgestirns verursacht werden – bereits 1600 Jahre früher als Galileo Galilei, der sie mit seinem Fernrohr entdeckte.

Historiker vermuten, daß die Sonnenbeobachtung durch semitransparente Steine eine uralte chinesische Praxis gewesen sei. Manche Gelehrte meinen, daß die Dunstschleier, die bei Staubstürmen in der Wüste Gobi entstehen, den chinesischen Astronomen ein natürliches Filter für ihre solaren Studien geliefert hätten. □

Mondsichel und Stern

Die Photomontage der Crab-Supernova, wie sie sich am 5. Juli 1054 dargeboten haben muß, zeigt große Übereinstimmung mit der im Chaco Cañon entdeckten Anasazi-Felszeichnung.

Die versunkene Kultur der Anasazi hatte ihre Blütezeit vor etwa 1000 Jahren im Südwesten der Vereinigten Staaten. Auf den felsigen Mesas der Hochlandwüste zeugen noch heute die Ruinen von Sandsteinstädten und geheimnisvollen Wegenetzen (S. 69) von der Geschicklichkeit dieses Indianervolkes. Manche Spuren auf den trockenen, rötlichbraunen Plateaus deuten darauf hin, daß die Anasazi ganz ausgezeichnete Astronomen gewesen sein müssen.

Die moderne Archäoastronomie schließt aus bestimmten Symbolen an den Wüstenfelsen, daß die Anasazi die Gestirne systematisch beobachteten und über ein großes himmelskundliches Wissen verfügten. Im Chaco Cañon von New Mexico zum Beispiel bildeten drei große Sandsteinblöcke dicht unter dem Gipfel eines hochaufragenden Felsmassivs (oben) einen Schlitz, durch den Sonnenlicht eindrang und auf geheimnisvolle Weise über zwei in die dahinterliegende Felswand eingeschnittene Spiralen glitt. Etwa 1000 Jahre lang – bis in die späten 80er Jahre unseres Jahrhunderts, als sich die Steine durch Erosionsvorgänge verschoben – markierten Lichtstrahlen exakt die Sommer- und Wintersonnenwende sowie die Tag- und Nachtgleiche im März und September. Die Gelehrten meinen, daß der sogenannte Sonnendolch ein von den Anasazi ersonnener Kalender gewesen sei.

Der Sonnendolch ist nicht das einzige Zeugnis für den astronomischen Scharfsinn der Anasazi. Möglicherweise sahen die indianischen Himmelsbeobachter sogar den Tod eines Sterns und hielten das Ereignis auf den Steinen des Chaco Cañons fest.

Unterhalb der Ruinen einer Anasazi-Siedlung namens Peñasco Blanco gibt es einen Klippenüberhang mit Felszeichnungen – eine Mondsichel, eine Scheibe mit einem Strahlenkranz und eine Hand. An der Sandsteinwand direkt darunter zeigt sich das Bild eines doppelt eingekreisten Punktes, das auch heute noch bei den Pueblo-Indianern als Symbol der Sonne gilt.

Die 1972 von Archäologen der ◊

University of New Mexico entdeckten Malereien, die den Standpunkt der einstigen Anasazi-Himmelsbeobachter zu markieren scheinen, erinnern an Zeichen, die man an ähnlichen Aussichtsorten in den damaligen Indianergebieten des Südwestens fand. Für manche Astronomen bedeuten sie nur die gelegentliche Annäherung zwischen Venus und Mond. Da jedoch die Mondsichel in den indianischen Felszeichnungen von New Mexico relativ selten auftaucht, vertreten einige Experten die Ansicht, daß die Symbole, insbesondere jene im Chaco Cañon, ein besonders spektakuläres Himmelsereignis darstellen würden. Sie sind der Meinung, daß die Scheibe mit dem Strahlenkranz eine Sternexplosion bedeuten könnte. Die Felszeichnungen im Chaco Cañon entstanden vor ungefähr 1000 Jahren. Etwa zur gleichen Zeit verzeichneten Astronomen im fernen China das Auftauchen eines „Gaststerns", womit sie vermutlich das helle Auflodern einer Supernova meinten, die den Tod eines extrem massereichen Sterns begleitete. Nach den chinesischen Berichten erschien der Gaststern im Morgengrauen des 5. Juli 1054 plötzlich am Himmel und strahlte fünf- bis sechsmal stärker als die Venus, der hellste Stern neben der Sonne. Der Überrest jener Supernova ist der Crabnebel, eine riesige, immer noch expandierende Gaswolke im Sternbild des Stiers.

Zeigen die Piktogramme im Chaco Cañon vielleicht die gleiche Explosion? Um seine These beweisen zu können, bat der NASA-Astronom John Brandt 1979 einen Kollegen am U.S. Naval Observatory in Washington, D.C., um eine Reproduktion des Nachthimmels, wie er sich im Juli 1054 über den Südwesten der Vereinigten Staaten gewölbt hatte. Beide Wissenschaftler entdeckten, daß man den Erdtrabanten zu jenem Zeitpunkt als schmale, umgekehrte Sichel gesehen hatte, kaum zwei Grad von dem Crabnebel entfernt – genau, wie es das Felsbild im Chaco Cañon zeigte.

Wenn man diesem Beweis glauben darf, hielt vor knapp 1000 Jahren ein Anasazi im Morgengrauen an der Klippe unterhalb von Peñasco Blanco nach der Sonne Ausschau. Während er zum östlichen Horizont hinüberspähte, ging der Mond auf; in seinem Gefolge befand sich ein heller Stern, der sich an die schmale Sichel zu klammern schien. Fasziniert hielt der Späher den Anblick in einem Felsbild fest. □

ANTIKE SPIELE

Spiele gibt es, seit es auf der Erde den Menschen gibt. Spielend bereiten sich die Kinder auf den Ernst des Lebens vor. Das heißt natürlich nicht, daß die Spiele mit der Kindheit verschwinden; sie begleiten uns bis ins hohe Alter und verschönern uns den Alltag. Die Menschen der Vorzeit dachten darüber ähnlich wie wir. Sie vergnügten sich bei Karten, Würfel- und Brettspielen, maßen ihre Kräfte im sportlichen Wettstreit und veranstalteten Schaukämpfe, die Tausende anlockten.

Für die Griechen der Antike war das Spiel ein Überlebenstraining. Einen Speer oder Stein möglichst weit zu schleudern oder den Gegner im Zweikampf zu besiegen, gehörte zu den Tugenden eines guten Staatsbürgers, und der einzige Weg, auf diesem Gebiet Ruhm und Ehre zu erlangen, war die körperliche Ertüchtigung. Die Griechen traten zum Wettstreit an, um ihre Götter zu ehren. Es war kein Zufall, daß gerade sie die Olympiade ins Leben riefen und mehr als ein Jahrtausend beibehielten, ehe der Christenkaiser Theodosius I. die Spiele 393 n. Chr. als heidnischen Kult verbot. Was bei den Griechen im wesentlichen eine gesunde Schulung von Körper und Geist war, artete allerdings bei anderen Völkern des Altertums mitunter in einen grausamen Zeitvertreib aus. Die Römer entwickelten eine Vorliebe für blutrünstige Spektakel, bei denen sie Tiere gegen Menschen oder Berufsfechter hetzten und bis zum Tod kämpfen ließen. Gladiatoren, die sportlichen Heroen von damals, hatten ein regelrechtes Waffenarsenal zu ihrer Verfügung, und Boxer trugen Eisenstachel an den Fäusten. Jenseits der Meere pflegten die Mayas ähnlich brutale Sportarten. So wurden bei einem Ballspiel die jeweiligen Verlierer enthauptet, um die Götter zu versöhnen.

Tödliches Kinderspiel

In der Arena standen sich ein Stier mit mächtigen Hörnern und ein unbewaffneter Mensch gegenüber. Das wilde Tier rannte auf sein vermeintliches Opfer zu, das den Ansturm gelassen und ohne eine Spur von Furcht erwartete. Im allerletzten Moment packte der Mensch die gesenkten Hörner, schlug einen Salto über den Rücken des Stieres und landete sicher hinter dem Angreifer auf dem Boden.

Es sind keine Schilderungen dieses riskanten Spiels überliefert, mit dem sich die Minoer auf der Insel Kreta um 1500 v. Chr. die Zeit vertrieben. Aber durch eine Fülle von detailgetreuen Fresken, auf denen gewaltige Stiere und winzige Menschen abgebildet sind *(unten)*, gelangten die Gelehrten zu dem Schluß, die Stierspringer seien keine erwachsenen Athleten gewesen, sondern eigens trainierte Kinder, die leicht und gelenkig genug waren, um sich über die Hörner zu schwingen.

Manche Historiker deuten das Stierspringen als religiöse Zeremonie, ein Fruchtbarkeitsritual oder eine Mannesweihe. Andere sehen darin eine sportliche Darbietung zu Ehren der Götter. Fest steht, daß dieser Sport nichts mit den modernen Stierkämpfen zu tun hatte. Man benutzte keine Waffen, und in Gefahr begaben sich hier nur die Menschen. Einige kretische Fresken stellen Szenen dar, in denen die akrobatischen Springer von den Stierhörnern durchbohrt werden. □

Der vergoldete Siegeskranz

Die modernen Olympischen Spiele beschwören den Geist des Friedens und des Sportes um seiner selbst willen – Werte, die in der langen Geschichte der antiken Olympiaden gelegentlich verlorengingen. Die in den Sportanlagen der griechischen Stadt Olympia abgehaltenen Wettkämpfe boten bald ein breites Betätigungsfeld für Professionalismus, Korruption, faule Tricks und politische Intrigen.

Die Ursache dafür steckte vermutlich bereits in dem Wort *Athlet*, das nichts anderes als „Preissucher" bedeutete. Die Griechen nahmen das wörtlich und überschütteten ihre olym-

Figuren griechischer Athleten schmücken diesen „Siegespokal" aus dem 5. Jahrhundert v. Chr. Bei den olympischen Wettkämpfen überreichte man den Gewinnern bis zu sechs dieser Gefäße, die mit dem kostbaren Olivenöl gefüllt waren.

pischen Helden mit Geschenken. Obwohl der offizielle Siegespreis ein schlichter Kranz aus den Zweigen des wilden Ölbaums war, erhielten die Gewinner reichen Lohn von ihrem jeweiligen Heimatstaat: Geld, freie Unterkunft und andere Privilegien. Dagegen gingen Teilnehmer, die keinen Sieg errangen, leer aus.

Bei diesem Klima konnte es nicht ausbleiben, daß schon wenige Jahrhunderte nach der ersten historisch belegten Olympiade im Jahre 776 v. Chr. reine Berufssportler bei den Spielen auftauchten. Die griechischen Stadtstaaten kauften und verkauften Athleten, und die Athleten wechselten die Fahne je nach Angebot.

Berühmte Athleten wurden mit hohen Prämien für ihre Teilnahme an lokalen Wettkämpfen belohnt. Die höchste Summe, die jemals bekannt wurde, lag bei 300 Pfund Silber. In Athen erhielt ein Läufer für einen Wettlauf etwa 1200 Drachmen; damit konnte man eine Luxusvilla oder 100 Schafe mitsamt einem halben Dutzend Sklaven erstehen. Mit der Zeit setzte sich der Professionalismus im Sport so durch, daß die Athleten sowohl in Griechenland als auch in Rom ihre eigenen Gewerkschaften ins Leben riefen.

In den meisten Fällen ahndete man Betrug während der Olympiaden mit einer hohen Geldstrafe, die der „Sponsor"-Staat für seinen Athleten bezahlte und die man dazu verwendete, den Göttern Bronzestatuen zu errichten. Athen mußte sechs Statuen stiften, als sein Olympionike Kallipos im 4. Jahrhundert v. Chr. seine Gegner im Fünfkampf zu bestechen versuchte und dabei ertappt wurde.

Den größten Betrugsskandal leistete sich der römische Kaiser Nero, der 67 n. Chr. nach Griechenland reiste, um an den olympischen Wagenrennen teilzunehmen. Es wurde ein Wettkampf mit Hindernissen. Zunächst fiel er aus seinem Wagen. Man half ihm wieder einzusteigen, und er fuhr weiter, kam jedoch nicht ins Ziel. Dennoch erklärte man den Kaiser zum Sieger. Eine Bestechungssumme von 250 000 Drachmen bewog die Kampfrichter zu dem Spruch, daß Nero den Siegeskranz verdiene, da er gewonnen hätte, wenn er ins Ziel gekommen wäre. Nach Neros Tod wurde diese Entscheidung annulliert, sein Name aus dem Register der Sieger gestrichen.

Tricks und Mogeleien scheinen jedoch die Regel gewesen zu sein. Die Olympioniken rieben beispielsweise ihre Körper mit Olivenöl ein – mit Ausnahme der Ringer, die ihre Haut pudern mußten, damit der Widersacher sie richtig zu fassen bekam. Der Dichter Aristophanes berichtet, es habe immer einige gegeben, die heimlich mit öligen Fingern über jene Körperteile gefahren wären, die der Gegner vermutlich am ehesten umklammern würde.

Die Spiele des Altertums führten auch zu politischen Intrigen und waren mindestens einmal Anlaß für einen Krieg. Im Jahre 420 v. Chr. verbündete sich der Staat Elis – zu dem Olympia gehörte – mit Athen und schloß die Spartaner von den Spielen aus. Ein Wagenlenker aus Sparta erschlich sich dennoch die Teilnahme. Er siegte, wurde jedoch erkannt und öffentlich ausgepeitscht. Die Spartaner beantworteten diesen Akt mit einem Angriff auf Elis.

Schließlich fielen die Olympischen Spiele der Politik und dem Wandel der Zeit zum Opfer. Im Jahre 393 n. Chr. schuf Kaiser Theodosius der Große im Zuge der Christianisierung die Spiele als heidnisches Relikt ab. Als sie 1500 Jahre später zu neuem Leben erweckt wurden, existierten nur noch die Ruinen der Tempel und der ausgedehnten Sportanlagen von Olympia. □

Ein olympischer Held

Milon von Kroton, der im 6. Jahrhundert v. Chr. lebte, war wohl der berühmteste Athlet des Altertums. Noch heute ranken sich unzählige Legenden um sein Leistungsvermögen und seine gewaltige Körperkraft.

Milon erwarb seinen Ruhm als Ringkämpfer. Er siegte nicht weniger als sechmal bei den Olympischen Spielen und gewann 25 weitere Meisterschaften, ehe er seine aktive Laufbahn beendete. Man sagt, er habe seine olympischen Vorbereitungen damit begonnen, daß er sich ein neugeborenes Kalb auf die Schultern legte und es täglich eine Weile umhertrug, bis es völlig ausgewachsen war.

Bei einer Olympiade gab der Ringkämpfer vor 40 000 Zuschauern eine besondere Demonstration seiner Kraft: Er trug eine vierjährige Kuh durch das Stadion und tötete sie dann mit einem einzigen Fausthieb. Nachdem man das Tier gereinigt, zerteilt und zubereitet hatte, aß er das Fleisch an einem Tag. Zu Milons täglicher Nahrung sollen 10 Kilo Getreide, 10 Kilo Brot und 10 Liter Wein gehört haben.

Wie zahlreiche große Sportler nach ihm heiratete Milon in eine vornehme Familie ein. Seine Frau war die Tochter des berühmten Philosophen und Mathematikers Pythagoras, der ebenfalls in Kroton lebte. Der Schwiegervater traf anscheinend eine gute Wahl, denn die Muskelkraft Milons rettete ihm einmal das Leben. Nach Überlieferungen soll eines Tages das Dach seines Hauses beinahe eingestürzt sein. Milon habe es eigenhändig abgestützt, gewartet, bis sich die im Haus weilenden Gäste und der Hausherr in Sicherheit befunden hätten, und sei dann völlig unversehrt unter den fallenden Trümmern hervorgetreten.

Der Tod des Helden war der Sage nach ebenso außergewöhnlich wie sein Leben. Eines Tages, so wird berichtet, als Milon die Hügel in der Nähe von Kroton durchstreifte, stieß er auf einen mächtigen Baum, den ein Holzfäller geschlagen und zur Hälfte gespalten hatte. Die Keile des Holzfällers steckten noch in dem Stamm, und das brachte Milon offenbar auf den Gedanken, das Werk mit Muskelkraft zu vollenden. Als er die Finger in den Spalt schob, um ihn zu verbreitern, fielen die Keile heraus, wie es heißt, und die zurückschnellenden Stammhälften quetschten ihm die Hände ein. Als man den Ringkämpfer schließlich fand, war er tot und sein Körper von Wölfen zerfleischt. □

Nackte Fakten

Die Männer im alten Griechenland empfanden keine Scheu, sich nackt in der Öffentlichkeit zu zeigen. Auch die Teilnehmer der Olympischen Spiele traten unbekleidet zu den Wettkämpfen an. Die Griechen vertraten stets die Ansicht, daß sie sich durch ihr Bekenntnis zum nackten Körper von den ungeschlachten Barbaren abhoben.

Vielleicht legten die Athleten aus praktischen Gründen ihre Kleidung vor dem Wettkampf ab. Jedenfalls berichtet der Dichter Homer wohl zur allgemeinen Warnung von einem Rennen, bei dem einer der Favoriten über seine rutschende Hose stolperte und auf diese Weise den Sieg vergab. Sehr viel plausibler erscheint die Erklärung, die griechischen Männer seien stolz auf ihre Körper gewesen. Bei Wettkämpfen rieben sich die Athleten von Kopf bis Fuß mit Olivenöl ein. Das betonte das Spiel der Muskeln und verhinderte, daß Schmutz in die Poren eindrang. Außerdem glaubten sie, daß das Öl, das später mit einem besonderen Schaber *(unten)* entfernt wurde, die Haut weicher machen würde. □

Am Rande der Spiele

Die Olympischen Spiele der Antike waren ein großartiges Fest mit unzähligen Zerstreuungen für Zuschauer und Athleten. Straßenhändler boten Speisen, Getränke und andere Waren an; Akrobaten, Jongleure und Taschenspieler unterhielten die Menge zwischen den einzelnen Wettbewerben. Und da die Griechen der Antike die Erzählkunst sehr schätzten, traten in den Hallen des Zeustempels Dichter auf, die aus ihren Werken vortrugen. □

Azteken und der Spaß am Spiel

Die Azteken waren berüchtigt für ihre hohen Einsätze bei Glücksspielen. Dies galt vor allem für Patolli, ein Brettspiel, bei dem die Teilnehmer sechs farbige Fähnchen auf einem kreuzförmigen Feld *(oben rechts)* vorrückten. Die einzelnen Züge wurden durch „Würfeln" mit besonders gekennzeichneten Bohnen bestimmt.

Bei einer Patolli-Partie ging es hoch her. Man lärmte, trank und wettete, und oft riskierten Spieler und Zuschauer ihr gesamtes Hab und Gut: Kleidung und Schmuck, auch Haus und Ländereien, Frauen und Kinder und selbst die eigene Freiheit.

Der Ansporn für diese extreme Spielleidenschaft war keineswegs Gewinnsucht. Im Gegenteil, das Wetten mit hohen Einsätzen galt als Ausdruck des Glaubens und war aus dem Gesellschaftsleben der Azteken kaum wegzudenken: Wer alles riskierte, zeigte, daß er blindes Vertrauen zu den Göttern hatte. Mit dem Glücksspiel konnte der einzelne in Erfahrung bringen, wie die Götter zu ihm standen; der Gewinner besaß offensichtlich ihre Gunst, der Verlierer nicht. So riefen die Spieler bei jedem Wurf der markierten Bohnen die Götter an – am häufigsten Macuilxochitl, den Gott des Tanzes, der Musik und des Spiels *(oben links)*, und Ometochtli, den Gott des Pulque, eines aus Agavensaft vergorenen Getränks, das während des Patolli-Spiels in Strömen floß.

Patolli war eng mit der aztekischen Religion und Kultur verflochten und wurde für viele Spieler zum Symbol des eigenen Lebens. Der Aztekenkalender beruhte auf einem Zyklus von 52 Jahren; da bei einem Spiel 52 Felder zu überwinden waren, konnte ein siegreicher Teilnehmer annehmen, daß der nächste Jahreszyklus erfolgreich für ihn sein würde. Sicherte der Sieg glückliche Zeiten, so signalisierte die Niederlage das Ende eines sorgenfreien Daseins. Verlor ein Spieler die Freiheit, konnte dies für ihn den Tod bedeuten, da die Azteken manchmal ihre Sklaven den Göttern opferten.

Wegen dieser religiösen Zusammenhänge versuchten christliche Missionare Patolli zu verbieten. Die Azteken spielten es heimlich weiter, und ihre Nachfahren kennen es noch heute, wenn auch in harmloser Form. □

Um 2300 v. Chr. wurde in den Provinzen Chinas, wenn es wichtige Fragen wie etwa die Wahl von Herrschern zu entscheiden galt, Wei-qi gespielt. Das uralte, später nach Japan eingeführte Brettspiel ist heute noch unter dem Namen Go bekannt und beliebt.

Blutige Schauspiele

Die berühmtesten Spiele der Römer, die tödliche Duelle zwischen den als Gladiatoren bekannten Kämpfern, entwickelten sich aus einem etruskischen Bestattungsbrauch: Bei dem uralten Ritual opferte man in Scheingefechten Menschen, um dem geliebten Toten eine bewaffnete Eskorte auf seine Reise in die nächste Welt mitzugeben.

Die ersten römischen Gladiatorenkämpfe wurden im Jahr 264 v. Chr. anläßlich der Begräbnisfeiern einiger Aristokraten auf dem Rindermarkt der Stadt abgehalten. Dort zwang man Sklaven, zu Ehren der Verstorbenen und zur Zerstreuung der Trauergäste gegeneinander zu kämpfen. Wegen der großen Menschenmassen, die diese Spektakel anzogen, verlegte man die Gefechte bald auf das große Forum Romanum. So entstanden die Gemetzel, die 600 Jahre lang ein begeistertes Publikum finden sollten.

Gladiatoren waren in der Regel Sklaven und Gefangene. Sie schützten sich mit Schild und Rüstung und kämpften mit Waffen, die vom Schwert und vom Speer bis hin zum Dreizack, dem sogenannten Trident, reichten. Man erwartete von den Kämpfern viel Mut und Angriffslust; ein Gladiator, der zauderte oder Furcht zeigte, wurde mit Gewalt in die Arena getrieben.

In der Anfangszeit trugen reiche Bürger die Kosten für diese Schaukämpfe; später übernahm dann der Staat die Spiele, die sich immer verschwenderischer und ausschweifender gestalteten. Julius Caesar etwa benutzte den gigantischen Circus Maximus in Rom als Kulisse für eine großangelegte Schlacht, bei der zwei Heere mit je 500 Fußsoldaten, 60 Reitern und 20 Kampfelefanten aufmarschierten. Um den Spielen den geeigneten Rahmen zu geben, begann man im 1. Jahrhundert n. Chr. mit dem Mammutbau des Kolosseums, eines architektonischen Meisterwerkes, das noch heute im Herzen von Rom zu sehen ist.

Um die unersättliche Sensationsgier des Publikums zu befriedigen, holte man selbst Frauen und Zwerge als Gladiatoren in die Arena. Man verpflanzte halbe Wälder ins Kolosseum, um für die Kämpfe zwischen Menschen und exotischen Raubtieren wie Tigern und Löwen die geeignete Kulisse zu schaffen. Wilde Tiere wurden ausgehungert und dann auf Verbrecher losgelassen, und so mancher Verurteilte beging Selbstmord, um der schauerlichen und entwürdigenden Hinrichtung in der Arena zu entgehen.

Aber nicht nur die Blutgier trieb die Römer zu solchen Spektakeln. Es gab Lotterien mit wertvollen Preisen, von Elefanten und Schiffen bis hin zu Häusern. Und die Rüstungen gefallener Gladiatoren wurden dem Volk auf den unteren Rängen zugeworfen, ein Brauch, der häufig Massenschlägereien zur Folge hatte.

Im Laufe der Zeit entwickelten sich die Spiele zu einem wesentlichen Bestandteil im Leben der Römer. Um die Mitte des 1. Jahrhunderts n. Chr. gab es nicht weniger als 93 Tage im Jahr, an denen die Römer nur am Morgen ihrer Arbeit nachgingen und die restlichen Stunden bei den Spielen in der Arena verbrachten. Bis zum 4. Jahrhundert hatte sich die Anzahl dieser Tage fast verdoppelt.

Die Historiker können sich die Begeisterung der Römer für diese organisierten Gemetzel nur schwer erklären. Vielleicht hätten die Spiele eine religiöse Bedeutung gehabt, meinen sie, oder dazu gedient, militärische Siege zu feiern oder das Volk zu einen. Die Römer selbst jedenfalls fanden solche Spektakel erhebend für den Geist. □

Betroffenheit: Eine Ausnahme

Nur selten in der blutigen Geschichte der römischen Spiele zeigten die Zuschauer Erbarmen mit den Tausenden von Menschen und Tieren, die nur aus Schaulust zu Tode gequält wurden. Es gab jedoch einen bemerkenswerten Fall, in dem sich das Volk auf die Seite der leidenden Opfer stellte – einer ganzen Herde sterbender nordafrikanischer Elefanten.

Man schrieb das Jahr 79 v. Chr., und die Tiere wurden gegen eine Horde von Getuliern in die Arena getrieben, afrikanische Nomaden, die mit Speeren und Schilden auf die Jagd zu gehen pflegten. Es war ein grausamer und einseitiger Kampf, auch wenn es einem bereits tödlich verwundeten Elefanten gelang, seine Peiniger anzugreifen und sie durch die Luft zu schleudern. Die Menge, die diesen Zwischenfall für eine geplante Einlage hielt, tobte begeistert. Aber nicht lange. Als die sterbenden Elefanten ihren Schmerz hinaustrompeteten, schlug die Stimmung der Zuschauer in Zorn um, und sie forderten, daß man die restlichen Tiere verschone.

Ansonsten war das Gemetzel von Tieren eher die Regel als die Ausnahme. Bei manchen Schaukämpfen streckten unbewaffnete Männer Bären mit Fausthieben nieder oder erwürgten Löwen, indem sie ihnen einen Arm in die Kehle rammten und mit der freien Hand ihre Zunge packten. Oft hetzte man auch wilde Tiere gegeneinander. Bei den Eröffnungsfeiern des römischen Kolosseums kamen 9000 Tiere um – 5000 an einem Tag. □

Dieser Ausschnitt aus einem Mosaik des 3. Jahrhunderts n. Chr. zeigt afrikanische Raubtiere, die von Jägern an Bord eines Schiffes getrieben werden. Ihr Schicksal waren die römischen Arenen, wo sie zum Zeitvertreib niedergemetzelt wurden.

Kaiserliche Vogeljagd

Manche römischen Kaiser begnügten sich damit, die Spiele zu finanzieren. Andere – darunter Commodus, der gegen Ende des 2. Jahrhunderts n. Chr. regierte – nahmen selbst an den Veranstaltungen teil. Allerdings vollbrachte Commodus in der Arena nicht gerade Heldentaten. An einem seiner erfolgreichsten Tage stand er mit Pfeil und Bogen in seiner kaiserlichen Loge im Kolosseum und erlegte an die hundert wehrlose Strauße. □

Menschenjagd

Die Etrusker, die während des 7. und 6. Jahrhunderts v. Chr. den Westen Italiens beherrschten, erhoben die Menschenjagd zum grausamen Sport. Die etruskische Grabmalerei oben zeigt, wie ein Hund an der Leine einen mit einer Keule bewaffneten Sklaven anfällt, der jedoch nichts sehen kann, da man ihm eine Kapuze über den Kopf gezogen hat. Von hinten nähert sich ein bärtiger Jäger, um den Sklaven zu töten, wohl durch Erdrosseln mit der Hundeleine. Dieser brutale Zeitvertreib wurzelte vielleicht in älteren Ritualen von Menschenopfern. □

Fußballspiele

Im China der Handynastie (207 v. Chr. bis 220 n. Chr.) kannte man zwei dem heutigen Fußball sehr ähnliche Spiele. Bei einem davon mußten die Teilnehmer einen Ball durch Jonglieren, Dribbeln oder Passen weitergeben, ohne ihn mit den Händen zu berühren. Bei dem anderen schossen sie den Ball auf ein bestimmtes Ziel. □

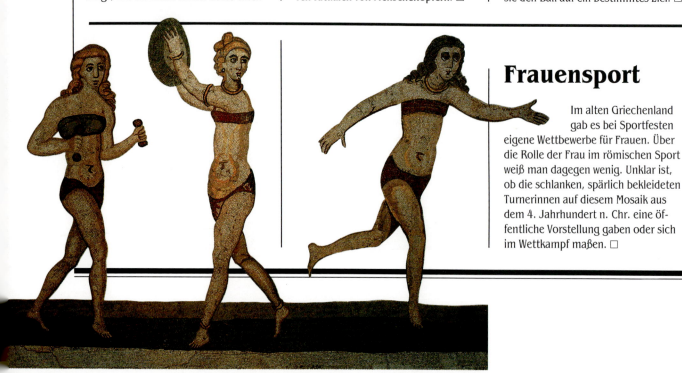

Frauensport

Im alten Griechenland gab es bei Sportfesten eigene Wettbewerbe für Frauen. Über die Rolle der Frau im römischen Sport weiß man dagegen wenig. Unklar ist, ob die schlanken, spärlich bekleideten Turnerinnen auf diesem Mosaik aus dem 4. Jahrhundert n. Chr. eine öffentliche Vorstellung gaben oder sich im Wettkampf maßen. □

Eine Seemacht zu Lande

Die römischen Kaiser waren ständig auf der Suche nach neuen Nervenkitzeln für ihre Spiele. Unter anderem ließen sie berühmte Schlachten nachstellen – darunter auch Seegefechte, für die sie Kriegsschiffe in Originalgröße verwendeten. Bis zum 2. Jahrhundert n. Chr., als man unter der Arena Raubtierkäfige baute, fanden auch im Kolosseum solche Seeschlachten statt.

Allerdings blieb der Umfang der Seegefechte auf die Größe des Kolosseums beschränkt. Deshalb wurden riesige Bassins ausgehoben, die die größten Kriegsschiffe aufnahmen. Kaiser Augustus befahl den Bau eines 20 Quadratkilometer großen Teiches, der von einem 19 Kilometer langen, eigens errichteten Aquädukt gespeist wurde. Einmal inszenierte man dort eine Seeschlacht, an der etwa 3000 Gladiatoren teilnahmen, und versorgte anschließend mit dem abgelassenen Wasser die Brunnen der Stadt.

Man scheute keine Kosten, um die Kampfschauplätze naturgetreu nachzubilden. So errichtete man auf einer Insel inmitten eines Bassins eine Festung der „Syrakuser", die von Schiffen der „Athener" angegriffen wurde. Andere Schlachten erforderten Brücken, auf denen Gladiatoren um Leben und Tod kämpften, zur Kurzweil des Publikums, das die Ufer säumte. □

Die Statuette aus dem 8. Jahrhundert zeigt einen Maya, der im schlichten Gewand eines adligen Gefangenen auf den Beginn eines tödlichen Ballspiels wartet. Die Blutstropfen auf seiner Stirn deuten auf einen rituellen Aderlaß hin.

Ein tödliches Ballspiel

Hernán Cortés suchte nach Gold, als er zu Beginn des 16. Jahrhunderts mit einer Handvoll spanischer Abenteurer Tenochtitlán betrat, die aztekische Hauptstadt, an deren Stelle sich heute Mexico City erhebt. Statt dessen fand er zahllose Totenschädel, zur Schau gestellt in der Nähe eines großen, ummauerten Hofes, auf dem ein lebensgefährliches Ballspiel stattfand: Die Verlierer wurden meistens geköpft. In ähnlicher Form kannte man dieses blutrünstige Spiel überall im präkolumbischen Mittelamerika, und einige Historiker verfolgen seinen Ursprung bis zur Olmekenkultur zurück, die ihre Blütezeit um 2000 v. Chr. hatte. Es soll ein Sinnbild für den ewigen Kampf zwischen den Kräften des Lichtes und der Finsternis gewesen sein, eine Art Moralität auf sportlicher Ebene – wobei jedoch das Böse mitunter über das Gute triumphierte.

Genaue Regeln sind nicht überliefert, aber bei den Mayas im Süden Mexikos fand der Wettkampf offenbar auf einer breiten Treppe statt. Man vermutet, daß die Verlierer mit Stricken zu einer Art Ball zusammengeschnürt, die Stufen hinuntergerollt und unten an der Treppe vom Henker in Empfang genommen wurden.

Häufiger trug man das Spiel in einem von hohen Mauern eingefaßten Hof aus. Zwei Mannschaften mit jeweils bis zu sieben Teilnehmern versuchten, mit einem Hartgummiball die Steinringe in der Mauer zu treffen und so Punkte zu erzielen. Dabei durften die Spieler den Ball nur mit den Hüften und Knien berühren und nicht auf den Boden fallenlassen.

Die Ringe waren klein und hoch, ▷

so daß es fast nie gelang, den Ball direkt durchzuschießen; die Mannschaft, die dieses Kunststück fertigbrachte, wurde sofort zum Sieger erklärt. Ansonsten konnte man Punkte sammeln, wenn man den Rand der Ringe traf oder den Ball in bestimmte Felder des Hofes manövrierte. Manchmal stand der Ausgang eines Spiels allerdings schon vorher fest: Man ließ die Siegermannschaft gegen Gefangene spielen, die man zuvor durch Aushungern oder Foltern absichtlich geschwächt hatte.

Aber das Spiel barg nicht nur für die Verlierer Gefahren: Ein mit Wucht geschmetterter Ball konnte tödlich sein, wenn er einen Teilnehmer direkt an Kopf oder Magen traf. Deshalb polsterten die Spieler die Hüftpartie mit einem hufeisenförmigen Joch aus Holz, Weidengeflecht oder Binsen und befestigten daran einen flachen Stein, der den Magen schützte. Knieschützer aus Stein *(oben)* und ein Gürtel mit den nachgebildeten Köpfen der Gegner vervollständigten ihre Ausrüstung.

Bei späteren Zeremonien wurden kunstvoll gearbeitete Steinnachbildungen dieser Joche getragen; gelegentlich dienten sie auch als Grabbeigaben für jene Toten, die man den Göttern als Opfer dargebracht hatte.

Den für ihre große Wettleidenschaft bekannten Azteken *(S. 101)* boten die Spiele Gelegenheit, hohe Einsätze zu riskieren. In einem Fall setzten zwei Azteken-Herrscher ihr jeweiliges Herrschaftsgebiet auf den Ausgang eines einzigen Spiels. Allerdings weigerte sich der Verlierer danach, seine Wettschulden einzulösen und ließ statt dessen den Gewinner ermorden.

Obwohl die spanischen Missionare alles taten, um das altamerikanische Ballspiel auszurotten, hat es sich in abgewandelter Form bis heute in einigen abgelegenen mexikanischen Dörfern erhalten. Die moderne Version *ulama* ist allerdings weniger gefährlich als das aztekische *ullamalitzli*: Die Spieler der Verlierermannschaft müssen nicht mehr befürchten, geköpft zu werden. □

Uralte Kartenspiele

Die ersten Spielkarten stammen aus China und wurden irgendwann vor dem 9. Jahrhundert n. Chr. entwickelt. Das Spiel mit den schmalen Streifen aus festem Papier galt bei den Chinesen als vortreffliche Zerstreuung. So lobte ein früher Anhänger diesen Zeitvertrieb mit den etwas rätselhaften Worten, Karten könnten von einer Viererguppe gespielt werden, „ohne lästige und doch nur störende Konversation und vor allem ohne all diese Mühen, die das Schachspiel oder die Meditation begleiten". □

ENTDECKER

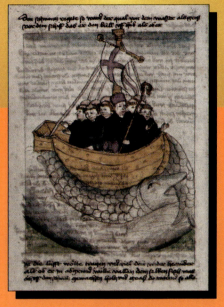

Die Entwicklung der Zivilisation beschäftigt die Wissenschaft seit langem und hat die Gelehrten in zwei Lager gespalten. Die eine Seite vertritt die Theorie, daß die einzelnen Zivilisationen unabhängig voneinander entstanden und sich ihr Aufstieg verhältnismäßig isoliert vollzog. Wie sie meinen, weisen benachbarte Kulturkreise zwar gewisse Gemeinsamkeiten auf, aber ein globaler Austausch mit gegenseitiger Befruchtung fand ihrer Ansicht nach erst durch die großen Entdeckungsreisen im 15. und 16. Jahrhundert statt. Wenn sich vor diesem Zeitpunkt geographisch weit voneinander entfernte Völker in eine ähnliche Richtung entwickelt hätten, so sei dies zwar zufällig geschehen, aber es gäbe einleuchtende Gründe dafür. Denn der menschliche Geist bliebe sich gleich, unabhängig davon, in welchem Umfeld er sich befände. Und mit ähnlichen Problemen und Herausforderungen konfrontiert, könnte ein Bewohner der arktischen Tundra durchaus die gleichen Lösungen entwickeln wie beispielsweise ein Einheimischer der amerikanischen Wüstenregionen oder der asiatischen Steppenlandschaft.

Die zweite These zur Entwicklung der Zivilisation weist spekulative Züge auf und stützt sich auf Spuren, die über die ganze Welt verstreut sind — ähnliche Bräuche bei Stämmen, die Tausende von Kilometern entfernt voneinander leben; Pflanzen, die weit weg von ihrem Ursprungsgebiet anzutreffen sind; Artefakte, die nicht in die Gegend passen, in der man sie gefunden hat. All dies scheint darauf hinzuweisen, daß schon in grauer Vorzeit ein Kulturaustausch über die Meere hinweg stattgefunden haben muß.

Heute weiß man, daß die Wikinger vor Kolumbus nach Amerika kamen. Aber einiges spricht dafür, daß Jahrhunderte vor ihnen buddhistische Mönche aus Asien in einer neuen Welt landeten, die sie Fu Sang nannten und der sie ihren Stempel aufprägten. Nach einem deutschen Manuskript aus dem Mittelalter *(oben)* soll nach ihnen ein irischer Heiliger namens Brendan den Atlantik in einem Boot aus Rindsleder überquert haben.

Demnach habe die gegenseitige kulturelle Befruchtung schon vor der Renaissance begonnen. Die Zivilisationen hätten sich durch Einflüsse von außen weiterentwickelt – ein Prozeß, der durch zahlreiche, historisch nicht belegte Reisen in der fernen Vergangenheit ausgelöst worden sei.

Der Stein von Kensington

Die Inschrift auf einem grauen, 90 Kilogramm schweren Sandsteinblock, der angeblich von einem Acker in Minnesota stammt, erzählt eine seltsame Geschichte. Im Jahr 1362, so lautet der Bericht, segelte eine Gruppe von Nordmännern – acht Schweden und 22 Norweger – über den Atlantik, um Nordamerika zu erkunden. Sie landeten sicher und drangen westwärts bis in die Gegend des heutigen Minnesota vor, doch dort ereilte sie ihr Geschick. Eines Tages, während 20 Männer auf Fischfang waren, wurden die restlichen zehn Entdecker von Indianern überfallen und ermordet. Als die Fischer heimkehrten, fanden sie ihre Gefährten tot auf und flohen entsetzt.

Aber handelt es sich bei dem düsteren Abenteuer um eine historische Tatsache oder um einen Betrug? Der Fall wurde erstmals bekannt, als ein schwedischer Einwanderer namens Olof Ohman an einem Novembervormittag im Jahr 1898 mit seinem zehnjährigen Sohn Edward ein Wäldchen auf dem Gelände seiner Farm bei Kensington in Minnesota rodete. Die beiden entdeckten im Wurzelgeflecht einer Espe einen Stein, der unten und an einer Seitenfläche eine merkwürdige Inschrift trug.

Als die Nachricht von dem Fund an die Öffentlichkeit drang, reagierten die Menschen fast ebenso freundlich darauf wie die einheimischen Indianer auf die nordischen Entdecker. Gelehrte, die man zu Rate zog und bat, den Stein von Kensington in Augenschein zu nehmen, spotteten über die Vorstellung, daß er ein echtes Relikt aus dem 14. Jahrhundert sein könnte, in das nordische Entdecker eine Botschaft in der alten Runenschrift ihres Volkes geritzt hätten. Wäre der Stein nämlich ein echtes Relikt gewesen, hätte er bewiesen, daß die Skandinavier nicht nur lange vor Christoph Kolumbus Amerika erreichten, sondern auch Hunderte von Kilometern ins Landesinnere vordrangen. Aber die Experten – darunter Kapazitäten von amerikanischen und skandinavischen Universitäten – bezeichneten den Stein als eine grobe Fälschung. Vor allem Linguisten stellten fest, daß die Inschrift eine Reihe von grammatikalischen Ungereimtheiten enthalte.

Olof Ohman geriet rasch in den Verdacht, er selbst habe die Inschrift in den Block graviert. Empört über die Anschuldigungen, nahm der stille

Schwede den Stein wieder an sich und verwendete ihn von da an als Türschwelle für seine Kornkammer. Dort befand er sich auch noch im Jahre 1907, als der norwegische Schriftsteller und Dozent Hjalmar Rued Holand den Farmer besuchte. Im Gegensatz zu den Experten vertrat Holand die Ansicht, der Stein von Kensington sei authentisch. Über ein halbes Jahrhundert, bis zu seinem Tod im Jahre 1963, versuchte er die Welt von der Echtheit der Inschrift zu überzeugen.

Trotz einer Reihe kritischer Stimmen konnte Holand die Smithsonian Institution dazu bewegen, den Stein 1948 und 1949 auszustellen. Ein Museumsdirektor nannte den Block „den bislang vermutlich bedeutendsten archäologischen Fund in Nordamerika". Allerdings erhielt er mit dieser Einschätzung keinen ungeteilten Beifall. Kritiker stellten unter anderem fest, daß die Inschrift in Anbetracht ihres hohen Alters kaum verwittert sei.

Aber das Interesse an dem Stein war wieder erwacht, und der Meinungsstreit, an dem sich Wissenschaftler wie Laien beteiligten, führte zu einer Überfülle von Büchern und Artikeln zu dem Thema. So verteidigt Robert Hall, emeritierter Professor für Linguistik an der Cornell University, in seinem 1982 erschienenen Buch *The Kensington Rune-Stone Is Genuine* die Echtheit des Steines. Ein weiterer Befürworter, der dänische Amateurlinguist Richard Neilsen, hat in Fachzeitschriften eine Reihe sorgfältig recherchierter Artikel veröffentlicht, in denen er behauptet, daß nach neuesten linguistischen Erkenntnissen sämtliche Runen des Kensington-Steines authentische Formen des 14. Jahrhundert seien.

Inzwischen ruht der Stein von Kensington in einem kleinen Museum in Alexandria, Minnesota, und hütet auch weiterhin sein Geheimnis. □

Kolumbus ade!

Eine primitive Weltkarte auf Pergament, die von einigen als „die aufregendste kartographische Entdeckung des Jahrhunderts", von anderen als raffinierte Fälschung bezeichnet wird, könnte möglicherweise der Schlüssel zu der Frage sein, wer nun Amerika wirklich entdeckt hat.

Das abgenutzte, als Vinland-Karte bekannte Werk wurde nach Ansicht mancher Experten von einem Schweizer Mönch um das Jahr 1440 angefertigt. Sein Name bezieht sich auf eine lateinische Inschrift in der linken oberen Ecke, die besagt, daß der legendäre Wikinger Leif Eriksson „ein neues, ungemein fruchtbares Land entdeckte, eine Insel, auf der selbst Wein gedieh und die man Vinland nannte". Trotz der vereinfachten Umrisse ist unverkennbar, daß es sich bei der als Vinilanda Insula markierten

Insel um Nordamerika handeln muß. Sollte die Karte echt sein, ist sie das einzige bekannte Dokument, das die geographische Lage Amerikas vor der Entdeckung durch Christoph Kolumbus im Jahr 1492 genau bestimmt.

1957 kaufte der Antiquar Laurence Witten aus New Haven, Connecticut, die Karte für 3500 Dollar einem europäischen Händler ab. Sie war einem ◊

Manuskript mit dem Titel *The Tartar Relation* beigeheftet worden, einem aus dem 13. Jahrhundert stammenden Bericht über eine Reise durch Zentralasien. Später erhielt Witten dann das Fragment einer mittelalterlichen Enzyklopädie, die aus der Feder desselben Verfassers zu stammen schien wie *The Tartar Relation*. Als er nun die drei Manuskripte aufeinanderlegte, sah er zu seiner Verblüffung, daß die Wurmlöcher in den drei Werken genau übereinstimmten – ein Hinweis darauf, daß sie früher einmal gemeinsam gebunden worden waren. Wenn man die Karte, so argumentierte Witten, zusammen mit Schriften aus dem 13. Jahrhundert aufbewahrt hatte, war sie ebenfalls alt – und mit Sicherheit echt.

Wittens Fund blieb mehr oder weniger unbeachtet, bis die Yale University 1965 die Authentizität der Karte bestätigte. Ein anonymer Käufer hatte die Karte und die beiden dazugehörigen Manuskripte von Witten erworben und sie der Universität gestiftet, deren Gelehrte sie untersuchen und feststellten, daß die Vinland-Karte in der Tat aus dem 15. Jahrhundert stamme. In einem Buch mit dem Titel *The Vinland Map and Tartar Relation* gelangten sie zu dem Schluß, daß das Dokument „die älteste erhaltene Karte mit den Landgebieten Amerikas" sei.

Das Buch machte Schlagzeilen rund um die Welt. Zwar gab es eine Reihe nordischer Sagen, die von einem fernen Vinland berichteten, und viele Experten waren bereits überzeugt davon, daß die Wikinger Amerika lange vor Kolumbus entdeckt hatten, aber die von Witten erworbene Pergamentkarte stellte den ältesten graphischen Beweis für diese Theorien dar.

Bestand nun wirklich kein Zweifel mehr an der Echtheit des Dokuments? Nach den Veröffentlichungen von Yale untersuchten unabhängige Fachleute die Karte und fanden heraus, daß die Tusche Spuren des Titandioxids Anatas enthielt, das es erst seit etwa 1920 gab. Folglich wurde die Vinland-Karte von dem Team der Wissenschaftler für eine Fälschung erklärt.

1985 prüften Wissenschaftler vom angesehenen Crocker Nuclear Laboratory der University of California das Dokument erneut und fertigten 159 Röntgenspektralanalysen an. Dabei stellten sie fest, daß die Tests von 1974 fehlerhaft seien und „die frühere Interpretation, der zufolge die Karte ein Machwerk des 20. Jahrhunderts ist, neu überdacht werden muß".

Die Vinland-Karte befindet sich weiterhin in Yale – ein Hinweis, kein Beweis dafür, daß Nordmänner die Neue Welt vor Kolumbus entdeckt hatten. □

Täuschende Ähnlichkeiten?

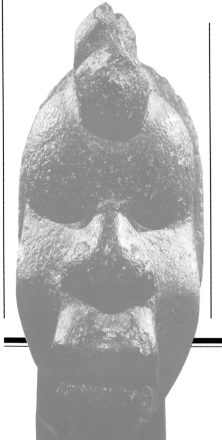

Die kräftigen Züge des etwa 15 Zentimeter hohen Kopfes aus Marmor links haben einen starken afrikanischen Einschlag. Aber die Plastik, die etwa um 600 n. Chr. entstand, ist das Werk eines mexikanischen Künstlers.

Vom Typus her wirken viele solcher präkolumbischen Kunstwerke entweder afrikanisch oder mongolisch, und einige Forscher sehen darin einen Hinweis, daß in ferner Vergangenheit Schiffe aus Afrika und Asien bis in den Golf von Mexiko gelangten und die dortigen Kulturen beeinflußten. Da es aber keine zwingenden Beweise für diese Annahme gibt, halten die meisten Archäologen solche Deduktionen für nicht gerechtfertigt. Sie betonen, daß die Völker sämtlicher Kulturkreise ein breites Spektrum individueller Merkmale besäßen, die man mitunter einer anderen, weit entfernten Rasse zuordnen könnte. Und da sich die Künstler früher wie heute von ihrer Phantasie und ihrem Geschmack leiten ließen, würden ihre Bilder oder Skulpturen die Realität nicht unbedingt detailgetreu wiedergeben. □

Das Rätsel um den „weitgereisten" Mais

Die allseits bekannte Maispflanze hat unter Gelehrten eine hitzige Diskussion ausgelöst, in deren Mittelpunkt die Frage steht, ob bereits in der Vorzeit Schiffe die großen Meere überquerten. Botaniker wissen, daß sich Mais nicht von selbst verbreitet; sein Vorkommen muß also mit den Reisen der Menschheit in Verbindung stehen. Sie wissen außerdem, daß die Pflanze ihren Ursprung in der Neuen Welt hatte. Dennoch glauben einige Forscher nachweisen zu können, daß es den Mais an vielen Orten lange vor den großen Entdeckungsfahrten gab, die doch das Bindeglied zwischen Alter und Neuer Welt bildeten.

So gibt es Berichte, daß man in Ostafrika den Mais bereits vor der Ankunft der Europäer gegen Ende des 15. Jahrhunderts kannte. Auf welchem Wege er dorthin gelangt war, vermochten die Einheimischen nicht zu sagen; sie wußten nur, daß er seit Generationen angebaut wurde. So deuteten die Bewohner von Westafrika nur sehr vage nach Norden und Osten, wenn man sie nach dem Ursprung ihrer Maispflanzen fragte – und die Spur verlor sich im Sand der Sahara.

Aber auch in Asien scheint die Körnerfrucht lange vor der Entdeckung Amerikas durch Kolumbus heimisch gewesen zu sein. So gibt es in Südindien steinerne Tempelfiguren aus dem 11. Jahrhundert, die den Göttern nach Ansicht mancher Pflanzenzuchtexperten Maiskolben darbieten *(rechts)*. Andere Forscher behaupten dagegen, daß es sich hier eher um Granatäpfel oder Perlenschmuck handle. Vielleicht läßt sich die Frage eines Tages lösen, aber im Moment bleibt der Weg, den die Maispflanze um die Welt genommen hat, im ungewissen.□

Rituelle Gesten

Obwohl den chinesischen Buddha aus dem 6. Jahrhundert *(unten links)* eine halbe Welt von dem Maisgott der Mayas aus dem 8. Jahrhundert *(unten rechts)* trennt, ist die Gestik der beiden Statuen – wenngleich spiegelverkehrt – doch die gleiche.

Im Orient nennt man solche Gesten von meist ritueller Bedeutung *mudras*. Es gibt in der buddhistischen und hinduistischen Religion Dutzende von Hand- und Körperstellungen mit symbolischem Charakter, und die alten Mudras haben sich bis in die Gegenwart erhalten. So begrüßen sich gute Freunde häufig mit gefalteten Händen, einer Mudra der Ehrerbietung und des Respekts. Die Mudras in religiösen Abbildungen sind meist Zeichen göttlicher Zuwendung. Die ausgestreckte Linke dieses Buddhas verkündet, daß er eine Gabe überreicht; die erhobene Rechte bedeutet, daß die Gabe Mut ist. Bei der Maya-Statue erscheinen diese Gebärden zwar vertauscht, aber Gelehrte halten die Ähnlichkeit für zu groß, als daß sie nur Zufall sein könnte. Die Übereinstimmungen zwischen den Götterstatuen Asiens und der Neuen Welt deuten darauf hin, daß die präkolumbischen Völker Amerikas von Seefahrern aus Asien beeinflußt worden sind. □

Die Hebräer von Tennessee

Im Südosten der Vereinigten Staaten findet man in den Flußtälern verstreut Hunderte von künstlichen Erdhügeln, in denen die Indianer Nordamerikas ihre Toten zur letzten Ruhe bettern. Wenn man jedoch einigen Gelehrten glauben darf, dann enthält eines dieser Gräber auch die sterblichen Überreste von Fremden – die Gebeine von Juden, die im 1. Jahrhundert n. Chr. vor der Besetzung Palästinas durch die Römer geflohen sein sollen.

Der Fall kam erstmals ans Licht, als ein Team von Archäologen der Smithsonian Institution 1889 drei Grabhügel am Bat Creek in Loudon County in Tennessee untersuchte. Von den neun Skeletten, die man in einem der Gräber fand, lagen zwei ein Stück von den übrigen sieben entfernt. Und unter einem dieser beiden Skelette entdeckte man neben einigen seltsamen Kunstgegenständen eine Tafel, in die sieben Lettern eingeritzt waren.

Cyrus Thomas, der Leiter des Ausgrabungsprojekts, gelangte zu dem Schluß, daß die Inschrift Buchstaben des Cherokee-Alphabets enthalte, das der Cherokee-Gelehrte Sequoya etwa um 1820 entwickelt hatte. Gebeine und Tafel wurden für weitere Untersuchungen an die Smithsonian Institution geschickt. 1894 veröffentlichte Thomas seinen Bericht, und damit schien die Sache erledigt.

Mehr als ein halbes Jahrhundert danach stieß der Archäologe Joseph Mahan zufällig auf eine Abbildung der Tafel von Bat Creek, und er gelangte

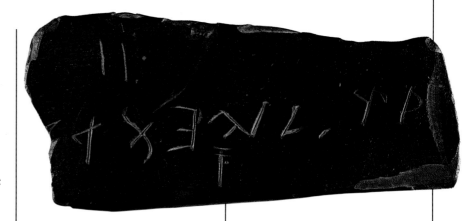

zu einem völlig anderen Schluß als Thomas. Mahan kannte das Cherokee-Alphabet und konnte, wie er später schrieb, „keinerlei Zusammenhang zwischen den Symbolen auf dem Stein und der von Sequoya entwickelten Schrift erkennen". Was Mahan dagegen sah, als er die Platte auf den Kopf stellte, war eine verblüffende Ähnlichkeit zwischen einigen der Buchstaben und der alten Schrift der Hebräer.

Da Mahan selbst kein Experte für semitische Sprachen war, schickte er eine Aufnahme des Fundes an den Sprachgelehrten Cyrus Gordon, der seine Beobachtung bestätigte. Die Zeichen, so erklärte Gordon, gehörten zu einem hebräischen Dialekt aus der Zeit um das 1. Jahrhundert n. Chr. und bedeuteten: „Ein Komet für die Juden." Bei einem der Skelette handle es sich um einen verstorbenen Anführer – den „Kometen", an den diese Gedenktafel offenbar erinnern sollte.

Andere, die nicht nur die Symbole der Cherokee und der alten Hebräer, sondern auch das englische Alphabet zu Rate zogen, meinen, daß die Inschrift englischen Zeichen etwa ebenso ähnlich wie indianischen Zeichen sei – daß sie jedoch, wie bereits Gordon festgestellt hatte, wesentlich näher an Hebräisch herankomme. Unterstützt wird Gordons These auch durch die radioaktive Altersbestimmung von Holzfasern, die man bei den Skeletten fand. Diese Tests ergaben, daß die Toten im 1. oder 2. Jahrhundert n. Chr. bestattet wurden.

Dennoch bleiben viele Fragen offen. Die übrigen Artefakte in den Grabhügeln von Bat Creek sind eindeutig indianischer Herkunft. Und in jüdischen Sagen und Überlieferungen findet sich kein einziger Hinweis auf hebräische Vorfahren, die vor 1900 Jahren ihre Heimat verließen, um unter den Indianern Tennessees zu leben. □

In jüngster Zeit mehren sich Hinweise, daß es Völkern des Altertums trotz ihrer kleinen Boote möglich gewesen sei, die Meere zu überqueren. So wurde der Atlantik in den letzten Jahren von zwei Flößen, zwei Kanus, zwei kleinen Fischerbooten, mehreren mit Segeln ausgerüsteten Flachbooten und einem nur knapp zwei Meter langen Segelboot bezwungen.

St. Brendans wundersame Seefahrt

Die Chronik des heiligen Brendan, die zu den Meisterwerken irischer Erzählkunst gehört, berichtet von einem Abt und 17 Mönchen, die auf der Suche nach „der Insel, die Land der Verheißung und Land der Heiligen genannt wird", sieben Jahre lang in einem Lederboot die Meere durchkreuzten. Das in lateinischer Sprache verfaßte Manuskript „Die Seefahrt des Heiligen Abtes Brendan" *(Navigatio Sancti Brendani Abbatis)* entstand im 9. oder 10. Jahrhundert, etwa 300 bis 400 Jahre nach Brendans Tod. Die meisten Gelehrten halten die Geschichte für eine Allegorie. Manche Historiker vermuten jedoch, daß sich dahinter ein wahrer Kern verbirgt – ein Hinweis darauf, daß Brendan zur Vorhut irischer Seefahrer zählte, die als erste Europäer die Neue Welt erkundet hatten.

Es ist durchaus denkbar, daß die Boote des Abtes und seiner Zeitgenossen den Strapazen dieser Reise gewachsen waren. Sie bestanden in der Regel aus Rinderhäuten, die man über Holzgestelle spannte und mit Tierfett einrieb, um sie wasserdicht zu machen. Anscheinend waren diese Schiffe sehr robust, denn man weiß, daß in Brendans Tagen irische Seeleute dem stürmischen Meer rund um die britischen Inseln trotzten und sich bis nach Island wagten. Und es gibt Hinweise, die besagen, daß der heilige Brendan selbst zu jenen tollkühnen Seefahrern gehörte.

Daß man mit den irischen *curraghs* den Atlantik überqueren kann, bewies der englische Segler Timothy Severin, als er 1977 die 4000 Kilometer zwischen Irland und Neufundland in einem knapp 11 Meter langen, mit Ochsenhaut bespannten Boot zurücklegte *(rechts)*, das nach mittelalterlichen Vorlagen gebaut worden war und den Namen *Brendan* trug.

Brendans eigene Seefahrt war, wenn man der reich ausgeschmückten lateinischen Schilderung glauben darf, ein Abenteuer ohne Ende. Die Osterfeste von fünf Jahren feierten der Heilige und seine Mönche mit einer Messe auf dem Rücken eines mächtigen Walfisches. Sie besuchten eine Insel, auf der riesige Schafherden weideten, und eine andere, auf der Scharen von schneeweißen Vögeln in ihre Psalmengesänge einstimmten. Einmal verharrten die Brüder 20 Tage bei Windstille auf einem „geronnenen Meer", und ein anderes Mal segelten sie acht Tage lang in so durchscheinend klarem Wasser, daß sie bis zum sandigen Grund sehen konnten, wo Fische wie Katzen zusammengerollt lagen, so daß die Schwänze ihre Köpfe berührten.

Die Mönche stießen auf Ungeheuer, eine Säule aus Kristall und die Insel der Höllenschmiede, aber Brendans Gebete retteten sie aus jeder Gefahr.

Das älteste bisher bekannte Wrack stammt aus der Zeit um 1500 v. Chr. Das mit Waren aus Griechenland, Zypern und Phönikien beladene Schiff sank vor der türkischen Küste und wurde im Jahre 1984 entdeckt.

Für manche Historiker enthält die Erzählung Hinweise darauf, daß der Heilige in der Tat ferne Länder besucht hat. Eine durchscheinend klare See könnte er in der Nähe der Bahamas angetroffen haben. Mit der Insel der Höllenschmiede ist vielleicht Island gemeint, das nachweislich von irischen Mönchen besiedelt wurde. Die Kristallsäule war eventuell ein Eisberg, das geronnene Meer die von späteren Seefahrern wegen des treibenden Seetangs so gefürchtete Sargassosee.

Unterstützt werden diese Thesen durch gewisse Dokumente aus der Zeit kurz vor Kolumbus. Die damaligen Karten verzeichneten Brendans verheißenes Land oft westlich der Kanarischen Inseln. Und Spanier und Portugiesen schickten bis ins 16. Jahrhundert Expeditionen auf die Suche nach Brendans Insel der Seligen.

Die Seefahrer der Renaissance kamen zu dem Schluß, daß die Mönche bis zum St. Johns River bei St. Augustine in Florida gelangt seien, wo auch der Spanier Ponce de León nach dem ewigen Born der Jugend suchen sollte. Skeptiker beharren jedoch darauf, daß die wundersame Seefahrt des Brendan nur eine spannend erzählte Fabel sei – ebenso wie Ponce de Leóns trügerischer Jungbrunnen. □

Rätsel um Mönche und Megalithen

Auf einer felsigen Anhöhe bei North Salem in New Hampshire befindet sich eine Gruppe von höhlenartigen Gebilden. Sie zählen zu den ungelösten archäologischen Rätseln Amerikas und sind für manche Leute der Beweis, daß sich lange vor Kolumbus Europäer in der Neuen Welt ansiedelten.

Der später als Mystery Hill bezeichnete Ort hatte noch keinen Namen, als sich im Jahr 1826 der Farmer Jonathan Pattee dort niederließ. Er war auch namenlos, als Pattee 1848 starb, aber unter den Einheimischen kursierten bereits die ersten Gerüchte. Pattee habe in den Höhlen entlaufene Sklaven versteckt, munkelten die einen; andere vermuteten darin ein Lager für illegal hergestellten Whisky. Beide Spekulationen gingen am eigentlichen Rätsel des Hügels vorbei: Was stellten die sogenannten Höhlen dar, und wer hatte sie wohl errichtet?

Genaugenommen handelte es sich nämlich nicht um Höhlen, sondern um Strukturen aus riesigen Felsblöcken, die an megalithische Ruinen erinnerten. 22 solcher Steinsetzungen drängten sich auf einem knappen Morgen Land zusammen, während im Umkreis von weiteren acht Morgen viele Einzelsteine verstreut lagen. Auf dem Areal im Zentrum lagen tonnenschwere Kolosse auf vertikalen Steinsäulen, und kleinere Blöcke bildeten Gewölbe, die mit einer Erdschicht bedeckt waren. Bei den einzelnen Steinen befand sich eine flache Steinplatte *(oben)*, die nach Ansicht mancher Betrachter an einen Opferaltar erinnerte.

In Großbritannien sowie anderswo

in Europa sind Megalith-Monumente nichts Ungewöhnliches, aber in der Neuen Welt gibt es nur wenige solcher Anlagen. Kein Wunder also, daß die Steine auf Pattees einstigem Besitz immer wieder Neugier weckten und schließlich bei einem Amateurarchäologen namens William B. Goodwin einen wahren Begeisterungstaumel auslösten. Als der wohlhabende pensionierte Versicherungsbeamte aus Hartford, Connecticut, den Ort 1933 besichtigte, erklärte er sofort, die Steine seien die Ruinen eines Klosters aus dem 10. Jahrhundert, errichtet von irischen Mönchen, die vor den Einfällen der Wikinger aus ihrer Heimat geflohen seien. Diese Ansicht erregte in akademischen Kreisen und in der Presse großes Aufsehen.

Wenig später kaufte Goodwin das Grundstück und machte sich daran, seinen ursprünglichen Zustand „wiederherzustellen". Eine Menge Schutt wurde weggeräumt – und mit ihm vermutlich Artefakte, die dazu hätten beitragen können, den wahren Ursprung der Steine festzustellen. Man ordnete die Steinkolosse neu und besserte die Räume aus. Mit seinen weitreichenden und dilettantischen Veränderungen

machte Goodwin, der die öffentliche Aufmerksamkeit auf die Stätte gelenkt hatte, selbst jede Chance zunichte, die Wahrheit über den Ursprung der Steine herauszufinden.

So blieb der Ort ein Geheimnis und erhielt offiziell den Namen Mystery Hill, als er nach Goodwins Tod 1957 in den Besitz von Robert E. Stone, ebenfalls Antiquar, überging.

Spätere Grabungen, die wesentlich sorgfältiger durchgeführt wurden als die von Goodwin, förderten keine Artefakte der Vorzeit zutage, und Versuche, die Steinsetzungen zu datieren, lieferten ebenfalls kein eindeutiges Ergebnis. Da die C-14-Methode bei Stein versagt, testete man mit ihrer Hilfe einige Holzkohlereste, die man auf dem Areal fand. Eines der Stücke, das man unter einem Steinwall entdeckt hatte, stammte aus der Zeit um 1500 v. Chr. Allerdings konnte es sich dabei um das Nebenprodukt eines einstigen Waldbrandes oder um die Überreste eines prähistorischen Lagerfeuers handeln. Man führte acht weitere Tests durch. Zwei erbrachten prähistorische Daten, während die sechs anderen aus der jüngeren Geschichte – dem 18. und 19. Jahrhundert – stammten.

Barry Fell, ehemaliger Professor der Biologie an der Harvard University, hat sich vor allem auf obskure Symbole konzentriert, die er auf einigen der Steine zu erkennen glaubt. Nach Fells Ansicht entsprechen die Zeichen einer alten keltischen Schrift, der sogenannten Oghamschrift. Das würde bedeuten, daß die Anlage von Mystery Hill zwischen dem 8. Jahrhundert v. Chr. und dem 3. Jahrhundert n. Chr. entstand – jedenfalls wesentlich früher als Goodwins irisches Kloster aus dem 10. nachchristlichen Jahrhundert.

Die meisten Archäologen halten nur wenig von diesen Thesen. Sie gelangten zu dem eher nüchternen Schluß, die Steinkammern seien von Farmern aus New Hampshire errichtet worden – vielleicht in der Kolonialzeit oder auch später von Pattee selbst – als Lagerräume für Rüben und Gemüse oder Unterstände für das Vieh. □

Die Reisen des Pytheas

Von seinen Zeitgenossen wurde der griechische Seefahrer Pytheas verspottet. Heute verehrt man ihn als einen der größten Geographen, Astronomen und Mathematiker der Antike.

Bereits Anfang des 3. Jahrhunderts v. Chr. hatte der aus Massalia (Marseille) stammende Pytheas Britannien umfahren und vermessen, Land und Leute erforscht, die Techniken der Landwirtschaft und des Zinnabbaus beschrieben und astronomische Berechnungen durchgeführt.

Pytheas beobachtete erstmals die Bewegung des Polarsterns um den exakten nördlichen Himmelspol, erkannte den Zusammenhang zwischen Mond und Gezeiten und berechnete die geographische Breite Marseilles.

Dennoch blieben seine Erkenntnisse über Generationen unbeachtet. Griechische und römische Gelehrte, wie Strabo, Polybius und Plinius, bezeichneten ihn einfach als Lügner.

Wahrscheinlich war Pytheas ein zu genauer Beobachter, der alles berichtete, was er sah und hörte. Er sah Eis im Meer schwimmen – für Mittelmeerbewohner eine groteske Vorstellung. Noch absurder fanden sie seinen Hinweis, er habe von Inseln gehört, die im Norden von Britannien lägen und deren Nächte im Sommer höchstens zwei bis drei Stunden dauern sollten.

Nach seiner Reise vergingen nahezu 200 Jahre, ehe sich die nächsten Seefahrer aus dem Mittelmeerraum bis nach Britannien wagten. Doch als sie aufbrachen, ließen sie sich unterwegs von Pytheas' Berichten leiten. □

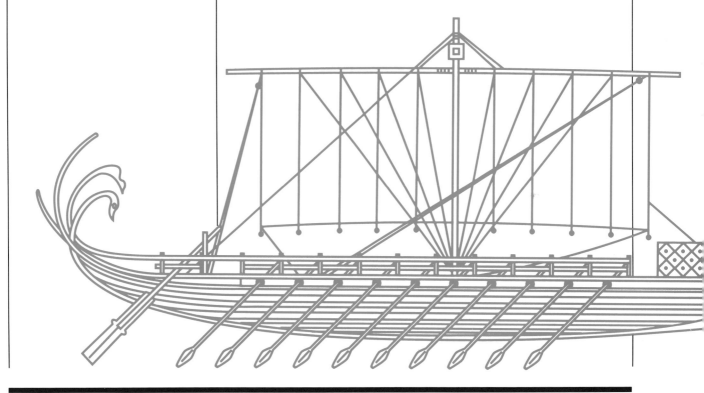

Phöniker in Amerika?

„Wir sind die Söhne Kanaans aus Sidon", beginnt das Manuskript in phönikischer Sprache, wie sie etwa 500 Jahre v. Chr. gebräuchlich war. In nur acht Zeilen wird eine Reise um Afrika mit Stürmen, Menschenopfern und der Errettung an der Küste des heutigen Brasiliens geschildert.

Wenn dieser Text tatsächlich von einem phönikischen Seefahrer stammen sollte, so dokumentiert er, was manche Gelehrte seit langem vermuten – daß Schiffe der Phöniker in der Antike bis in die Neue Welt gelangten. Doch die sogenannte Paraíba-Inschrift könnte eine der raffiniertesten Fälschungen der Welt sein.

Im Jahre 1872 erhielt Ladislau Neto, der Leiter des brasilianischen Nationalmuseums in Rio de Janeiro, von einem Kollegen die Kopie eines Briefes. Der Verfasser, der nie gefunden werden konnte, beschrieb darin eine Steintafel, die Arbeiter auf einer Plantage in Paraíba – dem heutigen João Pessoa – an der Ostspitze Brasiliens ausgegraben hätten. Nach etlichen vergeblichen Versuchen, das Original der Tafel und den Briefschreiber ausfindig zu machen, schob Neto seine anfänglichen Zweifel beiseite und veröffentlichte 1874 den Text.

Die Inschrift wurde von Experten für phönikische Sprachen prompt als Fälschung gebrandmarkt und führte zu einem lange schwelenden öffentlichen Meinungsstreit. Nach zehn Jahren war Neto des Kämpfens müde und nahm seine Behauptung zurück, daß es sich um einen authentischen Text handle.

Der Fall schien erledigt und geriet in Vergessenheit, bis ihn sehr viel später ein amerikanischer Experte für semitische Sprachen wieder aufgriff. Cyrus Gordon studierte den Text gegen Ende der 60er Jahre und erklärte ihn für echt – ironischerweise zum Teil aus den gleichen Gründen, die man ein knappes Jahrhundert zuvor gegen die Inschrift angeführt hatte.

Die Wort- und Grammatikfehler, die den Kritikern von 1874 aufgefallen waren, entpuppten sich 1968 als Dialektabweichungen. Ähnlichkeiten zum Althebräisch, die im 19. Jahrhundert als Beweis für die Fälschung herhalten mußten, waren nach neueren Erkenntnissen bei den Phönikern normal: Das Seefahrervolk hatte mehrfach Anleihen bei fremden Kulturen gemacht.

Gordons Analyse ergab auch, daß sich in der Inschrift anscheinend drei Kryptogramme verbergen. Wie bei vielen alten Texten enthält eines davon Zahlen, die addiert das vom Verfasser genannte Datum bestätigen. Die beiden anderen schildern das Geschehen noch einmal aus der Sicht eines kanaanitischen Heiden sowie eines jüdischen Seemanns. Die Kryptogramme, so erklärte Gordon, seien ein Zeichen für die Echtheit des Textes, da sich Fälscher kaum solche Mühe mit ihrer Arbeit gemacht hätten.

Natürlich hat Gordons eingehende Interpretation nicht alle Zweifel beseitigen können, und die Kontroverse um die Paraíba-Inschrift wird vermutlich weitergehen – falls nicht irgendwann das Original auftauchen sollte. □

Die wagemutigen Polynesier

Als Europäer im 18. Jahrhundert erstmals die Südsee zu erforschen begannen, entdeckten sie, daß sie nicht zu den ersten zählten, die in die Inselwelt des Pazifiks eingedrungen waren. Selbst auf winzigen Atollen und einsamen Vulkanfelsen, wo sich niemand zu ihrer Begrüßung einfand, stießen die Seefahrer aus England, Spanien und Portugal auf die verlassenen Hütten und Tempel früher Siedler.

Die polynesischen Inseln liegen weit verstreut innerhalb eines riesigen Dreiecks, das von Hawaii, der Osterinsel und Neuseeland begrenzt wird. Die meisten sind völlig isoliert und mitunter durch Tausende von Kilometern voneinander getrennt. Trotz dieser äußerst ungünstigen Verhältnisse hatten die Polynesier zu jenem Zeitpunkt, als die ersten Europäer dort eintrafen, ihre Inselwelt offensichtlich bereits seit Jahrhunderten befahren.

Voller Bewunderung erzählten die Europäer von dem seemännischen Geschick der Inselbewohner und den langen Reisen, die sie bis in die fernsten Winkel des Pazifiks geführt hätten. Spätere Generationen betrachteten diese Berichte jedoch mit Skepsis. Sie gaben zu bedenken, daß die Polynesier weder Seekarten noch Kompaß, Sextant und all die anderen Navigationshilfen besessen hatten. Mehr noch, wenn die Inselbewohner, wie man heute allgemein vermutet, ursprünglich vom asiatischen Festland gekommen waren, dann mußten sie es irgendwie verstanden haben, gegen die Passatwinde und die vorherrschenden Weststrómungen anzusegeln.

So versuchte der neuseeländische Sportsegler David Lewis in den Jahren 1968 und 1969 den Nachweis zu erbringen, daß die Insulaner der Vorzeit in der Tat überragende Seefahrer gewesen waren. Neun Monate kreuzte Lewis mit zwei polynesischen Führern ohne Kompaß und sonstige Instrumente durch die Südsee. Und auch bei späteren Fahrten zeigte sich immer wieder das außergewöhnliche seemännische Können der Polynesier.

Von Generation zu Generation überliefertes astronomisches Wissen hilft den einheimischen Navigationskünstlern, sich auf hoher See zurechtzufinden. Sie ermitteln die Position und den Weg ihrer Boote durch Anpeilen bestimmter Leitsterne, von denen sie Hunderte auswendig kennen. Auch ihre Seekarten haben sie im Kopf: Sie erinnern sich bis ins kleinste Detail an Inseln, Untiefen, Strömungen und Riffe. Sie spüren die Dünung, die von kilometerweit entferntem Land ausgeht, oder sie richten sich nach den Wolken und dem Flug der Meeresvögel. Auf diese Weise können sie selbst gefährliche Fahrrinnen meistern oder Inseln ansteuern, die irgendwo in der Weite des Ozeans liegen.

Bei ihrem Kampf gegen Strömungen und Passate verlassen sich die Polynesier auf ihre Wetterkenntnisse. Sie wissen, daß sich bei den über dem Pazifik vorherrschenden Wettersystemen die Windrichtung manchmal bis zu einer Woche lang umkehren kann. Ein geduldiger Seefahrer wird folglich mit günstigen Winden belohnt.

Auch wenn die Streitfrage noch längst nicht entschieden ist, so erscheint es doch heute angesichts der großen Seefahrer-Tradition der Polynesier nicht mehr ausgeschlossen, daß die mutigen Inselbewohner zu irgendeiner Zeit in grauer Vergangenheit ihr Reich verließen, um in die Neue Welt und wieder zurück zu segeln. □

Gegen einen düsteren Himmel hebt sich der Nachbau eines alten polynesischen, mit Segeln ausgerüsteten Kanus ab. Polynesische Navigatoren berechneten ihren Kurs anhand der Wellen und der Dünung.

Souvenir aus Europa?

Hunderte, vielleicht sogar Tausende alter römischer Münzen sind an den verschiedensten Orten in den Vereinigten Staaten aufgetaucht – in einem Garten in Oshkosh, Wisconsin, in einem Bachbett bei Black Mountain in North Carolina und auf einem Feld am Rand von Phenix City in Alabama.

Manche Forscher führen diese Funde als Beweis dafür an, daß die Neue Welt im Altertum Besuch aus Europa erhalten hat. Skeptiker dagegen meinen, daß sich Berichte von solchen Funden besonders nach den beiden Weltkriegen gehäuft hätten – vermutlich, weil der eine oder andere aus Europa heimkehrende Soldat ein paar Münzen als Souvenir mitgebracht und sie dann verloren habe. □

Ein makabrer Hinweis auf frühe Pazifiküberquerungen

Das Blasrohr – präzise, lautlos und tödlich – wird in vielen Teilen der Welt als Waffe verwendet. Allerdings sind sich die in den tropischen Gebieten Asiens und Südamerikas gebräuchlichen Ausführungen so ähnlich, daß manche Anthropologen meinen, das Blasrohr sei vor etwa 6000 Jahren von seinen asiatischen Erfindern in die Neue Welt gebracht worden. Hauptverfechter dieser These ist Stephen C. Jett, ein Geograph an der University of California in Davis. In einer Studie, die sich über einen Zeitraum von etwa 30 Jahren erstreckte, untersuchte Jett Hunderte von Berichten, in denen sich Forschungsreisende und Anthropologen mit dem Blasrohr befaßten. Und obwohl manche Wissenschaftler die Ergebnisse des Geographen mit Zurückhaltung betrachten, vermochte es bisher keiner, die Erkenntnisse von Jett zu widerlegen.

In seiner einfachsten Form besteht das Blasrohr nur aus einem zusammengerollten Blatt; in der Regel ist die Konstruktion der Waffe wesentlich komplizierter. Jett entdeckte, daß die von den alten Völkern in Asien und Südamerika verwendeten Blasrohre äußerst kunstvoll ausgeführt und vielgestaltig waren – und in all ihren Varianten eine bemerkenswerte Ähnlichkeit von Kultur zu Kultur aufwiesen.

Die Länge der Blasrohre reichte von knapp 50 Zentimetern bis zu 7 Metern. Manche bestanden aus einem ganzen Satz sorgfältig ineinandergepaßter Bambusrohre; andere wurden aus Palmstengeln hergestellt, die man in der Mitte spaltete, aushöhlte, anschließend wieder zusammenleimte und mit Rinde umwickelte.

Insgesamt verglich Jett etwa 95 Herstellungs- und Gebrauchsmerkmale von Blasrohren und fand dabei heraus, daß praktisch alle Typen dieser Waffe auf beiden Seiten des Pazifiks verwendet wurden – in ähnlicher Weise und für ähnliche Zwecke.

Sowohl die asiatischen als auch die südamerikanischen Blasrohre besaßen Zielvorrichtungen; die größten Modelle hatten meist gekrümmte Rohre, um das unvermeidliche Absacken des langen Laufes auszugleichen. Schnitzereien, Farben und Einlegearbeiten schmückten gelegentlich die Blasrohre beider Hemisphären. Wo immer man die Waffen fand, waren sie mit diversen Mundstücken ausgerüstet, die ihre Wirkung noch verstärkten. In Asien und Amerika benutzte man die unterschiedlichsten Geschosse – darunter in Pflanzengift getauchte Pfeile.

Jetts Meinung nach sprechen die Übereinstimmungen für sich selbst: 68 Prozent der Merkmale von südamerikanischen Blasrohren findet man auch in Asien. Entweder entwickelte sich die amerikanische Blasrohrtechnik parallel zur asiatischen oder – und das hält Jett für sehr viel wahrscheinlicher – die südamerikanischen Indianer wurden von asiatischen Lehrmeistern unterrichtet, die es irgendwie geschafft hatten, den Pazifik zu überqueren. □

Das Kaninchen im Mond

Schon immer haben die Menschen zum Mond aufgeblickt und in seiner Schattenlandschaft bestimmte Bilder gesehen. Tatsächlich gibt es in den verschiedenen Kulturen mindestens 30 Tiere und Gegenstände, die mit dem Muster der Mondberge und -täler in Zusammenhang gebracht werden.

Für den modernen Menschen westlicher Prägung besitzen die dunklen Flecken des Mondes wohl kaum Ähnlichkeit mit dem unscheinbaren Kaninchen. Und doch stellten sie für alte Kulturvölker auf beiden Teilen des Erdballs genau dieses Tier dar – eine Tatsache, die einige als Beweis dafür werten, daß es schon früh Kontakte zwischen den Völkern in Asien und Mittelamerika gegeben haben muß.

In der Zeitspanne zwischen Christi Geburt und der Ankunft der Spanier im 16. Jahrhundert war das Motiv vom Kaninchen im Mond in der Kunst der mesoamerikanischen Kulturen allgegenwärtig. In China tauchte das Bild vor allem in der Handynastie auf, die von 207 v. Chr. bis 220 n. Chr. währte, und die Chinesen hatten es allem Anschein nach von noch älteren indischen Kulturen übernommen.

Zwar ist das Vorkommen eines Symbols in mehreren Zivilisationen an sich noch kein schlüssiger Beweis für transozeanische Kontakte. Was Anthropologen jedoch überrascht, ist die Tatsache, daß die diversen Kaninchen im Mond bei sämtlichen Kulturen gemeinsame Züge aufweisen.

Auf beiden Seiten der Erde gibt es verblüffend ähnliche Mythen, die sich um das Motiv ranken: In China bekam das Kaninchen von Buddha einen Platz auf dem Mond, zum Dank dafür, daß es sich dem Heiligen als Speise geopfert hatte. Den aztekischen Legenden nach wurde das Kaninchen ebenfalls von einem Himmelsherrscher, nämlich einem erzürnten Gott, auf den Mond geschickt, der das Licht einer zweiten Sonne zu verdunkeln suchte. Das Kaninchen erfüllte den Auftrag, und aus der zusätzlichen Sonne wurde der Mond.

Ferner wurde das Kaninchen in der Alten und Neuen Welt mit Rauschmitteln in Verbindung gebracht. Chinesische Steinreliefs zeigen Hasen, die Pilze für ein Rauschgift mit einem Mörser zerstoßen. Der indische Mondgott Soma war der Patron berauschender Getränke, die aztekische Mondgöttin Mayauel die Beschützerin der Zecher.

Manche Gelehrte behaupten, diese Übereinstimmungen seien weit mehr als reiner Zufall. Das Kaninchen im Mond gehöre zu einer ganzen Reihe von Hinweisen, daß asiatische Seefahrer bereits um das 1. Jahrhundert n. Chr. bestimmte Bräuche und Glaubenslehren nach Mesoamerika gebracht hätten. □

Vermutlich waren viele Kulturen der Frühzeit in der Lage, den Kurs ihrer Schiffe zu berechnen. So benutzte bereits im 6. Jahrhundert v. Chr. eine Reihe von seefahrenden Völkern die Sterne als Navigationshilfe.

Das Kaninchen im Mond war nicht nur im alten China *(ganz oben)*, sondern auch in Mesoamerika *(oben)* ein beliebtes Motiv. Manche folgern daraus, daß es Kontakte zwischen den beiden Kulturen gab.

Eine Papierspur von Asien nach Amerika

Wo immer auf der Erde Menschen in der Nähe von Tropenwäldern gelebt haben, scheinen sie früher oder später dahintergekommen zu sein, wie man aus Holz Papier oder Stoffe herstellt. Die wesentlichen Arbeitsgänge – das Abziehen, Aufweichen, Trocknen und Verarbeiten der Rinde – sind verhältnismäßig einfach, aber sie können Dutzende von äußerst komplizierten Varianten aufweisen.

Vor einigen Jahrzehnten begann der Anthropologe Paul Tolstoy sich mit den weitverbreiteten, aber doch so unterschiedlichen Formen dieser Technik zu befassen. Er trug alle Berichte zusammen, die von der Stoff- und Papierherstellung der einstigen Tropenbewohner handelten, und kam nach einem gründlichen Studium von Relikten alter Kulturen zu dem Ergebnis, daß anscheinend Seefahrer aus Südostasien die Kunst der Papierherstellung vor langer Zeit in Mittelamerika eingeführt hatten.

Zur Untermauerung seiner These listete Tolstoy die 119 besonderen Merkmale bei der Papierproduktion aus Baumrinde auf und verglich sie mit den Praktiken von 59 frühen Zivilisationen. Er notierte die Ähnlichkeiten und Unterschiede und legte dar, in welchem Ausmaß sie jeweils vorhanden waren. So entdeckte er dann schließlich eine Verbindung zwischen bestimmten Orten in Zentralmexiko und Dörfern auf Celebes (heute Sulawesi), einer Insel Indonesiens.

Tolstoys Statistik war äußerst verblüffend: Die frühen Kulturen von Zentralmexiko und der indonesischen Insel hatten 92 der insgesamt 119 Papierherstellungsmerkmale gemeinsam. Darüber hinaus waren zwei Drittel dieser Charakteristika in anderen Teilen der Erde nahezu unbekannt.

So kochte man sowohl in Mexiko als auf Celebes die Rinde in einem Laugensud aus Wasser und Holzasche. Dieser Verarbeitungsschritt ist bei anderen Völkern, die Papier aus Baumrinde benutzten, verhältnismäßig selten, und die Verwendung des gleichen Gemisches scheint nicht nur bloßer Zufall gewesen zu sein. Für das anschließende Flachklopfen besaßen beide Kulturen flache, gerillte Steine mit Griffen. Und sowohl in Asien als auch in Amerika verband man die Rindenstücke, indem man ihre Ränder übereinanderlegte und so lange walkte, bis sich die Fasern verfilzten.

Dem Laien würden vermutlich bereits diese Gemeinsamkeiten reichen, um einen Zufall auszuschließen. Der gründliche Wissenschaftler Tolstoy gab sich jedoch immer noch nicht zufrieden. Bei dem gleichen Endprodukt, so argumentierte er, sei es immerhin möglich – wenn auch nicht sehr wahrscheinlich –, daß zwei weit voneinander entfernt lebende Kulturen für die wichtigsten Arbeitsgänge die gleichen Werkzeuge und die gleichen Techniken entwickelt hätten.

Deshalb wandte er sich eher trivialen oder willkürlichen Faktoren bei der Gewinnung von Papier zu – Prozessen, die man nach Belieben auf die eine oder andere Weise gestalten konnte, ohne die Qualität des Produkts oder den bequemen Ablauf bei der Herstellung zu beeinträchtigen. Aber auch bei dieser strengen Prüfung überwogen die Ähnlichkeiten: Die beiden Kulturen hatten offenbar selbst in den nebensächlichsten Bereichen identische Prozeduren angewandt. So gebrauchten beide eine besondere Unterlage zum

Die Ähnlichkeit zwischen den Rindenklopfern aus Celebes *(rechts)* und Mexiko *(links)* ist unverkennbar. Beide sind rechteckig und oben und unten gerillt; beide besaßen ursprünglich einen Griff. Auch der Papierherstellungsprozeß, in dem diese Werkzeuge Verwendung fanden, war nahezu identisch.

Walken der Rinde, obwohl sich jedes normale Brett dafür geeignet hätte.

Neben der Methode scheint auch die zeitliche Einordnung Tolstoys Argument zu stützen, daß die Technik der Papiergewinnung aus Rinde von Asien nach Zentralmexiko gelangte. Die ältesten in Asien entdeckten Funde gehen auf die Zeit zwischen 2000 und 1000 v. Chr. zurück; in Mexiko tauchen solche Zeugnisse 1000 Jahre später auf.

Das große Ansehen, das Paul Tolstoy als Professor für Anthropologie an der University of Montreal genießt, hat dazu beigetragen, daß seine These in Fachkreisen inzwischen weitgehend Unterstützung findet. Tolstoy selbst meint bescheiden: „Ich würde meine Theorie nicht als erwiesen bezeichnen. In unserem Fach sind Beweise nun mal schwer zu erlangen." □

Römer in Brasilien

Halbversunken im Schlamm der Hafenbucht von Rio de Janeiro liegen die Trümmer von über 100 englischen, französischen und portugiesischen Schiffen aus der Zeit der Kolonialherrschaft. Unter diesen Wracks scheint sich aber ein Außenseiter zu befinden, der die allgemein akzeptierte Geschichte von der Entdeckung Südamerikas durch die Spanier und Portugiesen ins Wanken bringen könnte: Es handelt sich, wie manche glauben, um das Wrack eines römischen Schiffes aus dem 3. Jahrhundert n. Chr.

1976 kam ein brasilianischer Taucher in der etwa 25 Kilometer von Rio entfernten Guanabara-Bucht mit zwei großen Amphoren an die Oberfläche, mit hohen Tonkrügen, wie sie den mediterranen Seefahrern der Antike zum Aufbewahren von Wasser, Öl und Getreide dienten. Die Regierung beschlagnahmte die Gefäße, worauf der Taucher sich weigerte, die Stelle preiszugeben, an der er sie entdeckt hatte.

1982 zeigte er einem amerikanischen Archäologen namens Robert Marx den Fundort. Der Wissenschaftler barg Tausende von Tonscherben und die Hälse von mehr als 200 Amphoren aus dem Schlick. Aufgrund von Photographien ordnete Elizabeth Will, Professorin für Altertumskunde an der University of Massachusetts in Amherst und Expertin für Amphoren, die Fragmente dem 3. Jahrhundert n. Chr. zu und führte ihre Herkunft auf eine römische Siedlung an der marokkanischen Küste zurück.

Marx untersuchte die Hafenbucht mit Sonar und ortete unter einem Wrack aus dem 16. Jahrhundert die Reste eines Holzrumpfes – vermutlich des römischen Handelsschiffes.

Aber noch ehe man genauere Nachforschungen anstellen konnte, stoppte die brasilianische Regierung das Vorhaben, da einheimische Historiker mit starken emotionalen Bindungen an Brasiliens Mutterland Portugal protestierten. Die Portugiesen behaupten, der erste Europäer, der brasilianischen Boden betreten habe, sei Pedro Álvars Cabral gewesen, während die Spanier diese Tat ihrem Landsmann Vicente Yáñez Pinzón zuschreiben. Beide Entdecker landeten um 1500.

Spanien und Portugal beschuldigten Marx, ein Agent der italienischen Regierung zu sein, die darauf erpicht sei, einen Beweis für die Entdeckung der Neuen Welt durch die Römer zu erhalten. Brasilianische Archäologen, die die Amphoren für griechisch oder phönikisch gehalten hatten, brandmarkten Robert Marx als Glücksritter.

Andere Archäologen weisen darauf hin, daß man römische Wracks westlich bis hin zu den Azoren gefunden habe; selbst in jüngerer Zeit seien Hunderte von Schiffen durch ungünstige Winde über den Atlantik getrieben worden. Vielleicht hätten einige römische Schiffe auf ihren Fahrten entlang der afrikanischen Küste das gleiche Schicksal erlitten. □

Umstrittene Scherben

Im Jahre 1956 begann Emilio Estrada, ein junger Geschäftsmann aus Ecuador mit großem Interesse für die Vorgeschichte seines Landes, eine Abfallgrube zu untersuchen, die noch von den prähistorischen Bewohnern des Fischerdorfes Valdivia stammte. Die Ausgrabung brachte neben Artefakten aus Knochen, Muscheln und Stein 36 000 Tonscherben ans Licht – und führte zu einer endlosen Kontroverse über die Bedeutung des Fundes.

Estrada selbst ging das Problem der Herkunft langsam und sorgfältig an. Er katalogisierte über einen Zeitraum von mehreren Jahren hinweg die Ausbeute der Abfallgrube und ließ für Holz- und Knochenfragmente eine radioaktive Altersbestimmung durchführen. Dabei stellte sich heraus, daß die Scherben 4000 bis 5000 Jahre alt waren – zu jener Zeit die ältesten bekannten Töpferwaren in Südamerika. Noch verblüffender aber waren die Verzierungen der Gefäße. Er stellte eine bemerkenswerte Ähnlichkeit mit den Arbeiten der Dschomon-Kultur fest, die etwa zu der gleichen Zeit eine halbe Welt entfernt in Japan ihre Blüte gehabt hatte.

Estrada folgerte daraus, daß japanische Seefahrer in die Neue Welt gesegelt waren und nicht nur ihre eigenen Gefäße mitgebracht, sondern auch das bis dahin unbekannte Töpferhandwerk eingeführt hatten. Vielleicht, so überlegte er, seien jene Fremden Fischer gewesen, die ein Sturm im Pazifik von ihrem Kurs abgebracht habe. Weniger wahrscheinlich sei die Annahme, daß es sich um Abenteurer gehandelt habe, die Neuland besiedeln wollten.

Ein Vergleich der Artefakte von Valdivia mit den Keramikerzeugnissen der Dschomon-Kultur ergab große Ähnlichkeiten. Experten der Smithsonian Institution bestätigten, daß sich 24 von 28 Merkmalen der Scherben von Valdivia auch bei Dschomon-Gefäßen fänden. Zu den verblüffendsten Übereinstimmungen gehörten die Verzierungen sowie Aufbau der Tüllen.

Damit war der Meinungsstreit jedoch noch nicht entschieden. Kritiker stellten die Genauigkeit der radioaktiven Altersbestimmung in Frage. Außerdem kamen bei späteren Ausgrabungen in Kolumbien Tongefäße zum Vorschein, die etwa 1000 Jahre älter sind als die Funde von Valdivia und Zweifel an der These wecken, daß die Japaner das Töpferhandwerk nach Ecuador gebracht hätten. Doch die Befürworter der Dschomon-Verbindung hoffen, daß sie eines Tages in der Abfallgrube von Valdivia einen schlüssigen Beweis für ihre Theorie finden werden. □

Die Kerbmuster auf den Tonscherben aus Japan *(ganz links)* und Ecuador *(links)* haben große Ähnlichkeit. Anthropologen glauben, daß die beiden Kulturen in alter Zeit Kontakt gehabt haben könnten.

PRÄHISTORISCHE KULTUREN

Die Idee ist einfach, auch wenn sie den Funden und Erkenntnissen von Historikern und Archäologen zuwiderläuft: Irgendwann in grauer Vorzeit hat es Zivilisationen gegeben, die auf einer höheren Entwicklungsstufe standen als jene im alten China, Ägypten, Griechenland oder Rom – und vielleicht sogar unserer eigenen Kultur voraus waren. Es gebe weder Aufzeichnungen noch Ruinen aus jener fernen Vergangenheit, erklären die Anhänger dieser These, weil die Reiche von einst durch eine Katastrophe zerstört worden seien. Aber ein paar Menschen hätten die Vernichtung überlebt und beim Aufbau einiger der uns bekannten frühen Hochkulturen mitgeholfen.

Im Mittelpunkt dieser Überlegung steht der Gedanke, daß die uns bekannten Zivilisationen zu fortschrittlich waren, um sich von selbst – ohne die Weisheit und Inspiration irgendwelcher ferner Vorfahren – entwickelt zu haben. Worin die Quelle der Weisheit bestand, ist jedoch nicht klar. Einige Verfechter dieser Theorie, unter ihnen zum Beispiel der Autor Erich von Däniken, versteigen sich zu der Aussage, Besucher von einem fremden Stern hätten die Saat der Zivilisation auf die Erde gebracht. Natürlich nehmen Wissenschaftler solche Theorien nicht ernst, und ihre Anhänger tun sich schwer, stichhaltige Beweise zu liefern. Einige verweisen auf Legenden des versunkenen Kontinents Atlantis, andere auf den uralten Mythos einer gewaltigen Flutkatastrophe. Und wieder andere bieten ein Sammelsurium merkwürdiger Zeichen und Artefakte auf – wie einen Metallhammer mit Holzgriff und eine Zündkerze, beide angeblich fest in alten Gesteinsschichten eingebettet.

Berichte von solchen Funden sind faszinierend. Aber solange wir keine handfesten Beweise für die Existenz einer Hochkultur in grauer Vorzeit haben, sollte man die Tatsache akzeptieren, daß die Menschheit den Aufstieg von der Barbarei zur Zivilisation aus eigener Kraft geschafft hat.

Eine Karte der alten Seekönige?

1929 stießen Arbeiter bei Aufräumungsarbeiten im Harem des Topkapi-Palastes, der bis 1839 Sultansresidenz gewesen war, zufällig auf eine staubige, zerfledderte Karte, die allem Anschein nach die Küsten von Afrika, Spanien und Südamerika wiedergab. Eine nähere Betrachtung sollte indes zeigen, daß sie mehr als das war: Manche Forscher sahen in ihr den Beweis, daß die Seefahrer einer uralten Zivilisation die Antarktis vor Jahrtausenden entdeckt und auf einer Karte eingetragen hatten.

Die auf Gazellenhaut gemalte Karte stammte aus dem Jahr 1513 und war das Werk des türkischen Admirals und ehemaligen Seeräubers Piri Re'is. Niemand weiß, wie sie mehr als vier Jahrhunderte verschollen bleiben konnte, aber ihre Wiederentdeckung sorgte für eine Sensation. Was Kartographen und Historiker zunächst verblüffte, war eine Inschrift, aus der hervorging, daß die Karte zum Teil auf einer Zeichnung von Christoph Kolumbus beruhte. Manche vermuteten in der Piri-Re'is-Karte ein Bindeglied zu der berühmten Verlorenen Karte von Kolumbus, einer Skizze, die der italienische Seefahrer angeblich von den Westindischen Inseln angefertigt haben soll. Und so begannen die Regierungen der Vereinigten Staaten und der Türkei nach Karten zu forschen, die mit dem Pergament aus

Die Piri-Re'is-Karte *(oben)* **zeigt Teile der afrikanischen Westküste und der südamerikanischen Ostküste. Manche Wissenschaftler glauben, daß der südlichste Ausläufer des amerikanischen Kontinents exakt der Nordwestküste der Antarktis entspreche, die auf der modernen Karte links am unteren Bildrand erscheint.**

dem 16. Jahrhundert in Zusammenhang stehen könnten.

Die Suche war erfolglos, und die Begeisterung über die Karte ließ nach, obwohl eine Reihe wichtiger Fragen offenblieb: Wie hatte es der Admiral beispielsweise fertiggebracht, 200 Jahre vor Erfindung des Chronometers die Längengrade von Afrika und Südamerika nahezu korrekt zu bestimmen? In den nächsten 25 Jahren jedenfalls hörte man von der Piri-Re'is-Karte nur wenig. Das änderte sich 1956, als Arlington Mallery eine Kopie des Werkes studierte. Der Archäologe, Ingenieur und Experte für alte Karten, bekannt als Verfechter der Theorie, daß die Wikinger Amerika lange vor Christoph Kolumbus erreicht hätten, gelangte zu einem erstaunlichen Schluß.

Mallery behauptete, daß die Region, die man zunächst für das äußerste Ende von Südamerika gehalten hatte – auf der Karte ein Archipel, der sich südostwärts bis unterhalb von Afrika erstreckt –, in Wahrheit die Buchten und Inseln der antarktischen Nordküste darstelle. Bis dahin war allgemein angenommen worden, die Antarktis sei erst zu Beginn des 19. Jahrhunderts entdeckt worden. Falls Mallery recht behielt, dann hatte irgend jemand die nördlichen Umrisse des Kontinents im 16. Jahrhundert oder – je nach den Quellen, die Piri Re'is benutzte – sogar noch früher gekannt.

Ein Hinweis, wie weit diese Quellen möglicherweise zurückreichen, ergibt sich aus einer weiteren verblüffenden Besonderheit der Piri-Re'is-Karte. Geologen vermuten, daß die Antarktis seit zwei Millionen Jahren unter einer Eisdecke begraben liegt. Dennoch enthält die Karte offenbar Gebirgszüge, die heute unter Gletschern begraben sind. Außerdem stimmen die topographischen Angaben der Karte genau mit einem Geländeprofil überein, das 1949 mit seismischen Messungen erstellt worden ist. Diese Faktoren scheinen darauf hinzudeuten, daß ein Kartograph der Vorzeit zumindest einen Teil des Kontinents im eisfreien Zustand gesehen und skizziert hat.

Natürlich glaubt niemand im Ernst, daß die Antarktis vor zwei Millionen Jahren Besuch von Entdeckern erhielt. Aber es sind Spekulationen im Gange, daß eine globale Erwärmung sehr viel jüngeren Datums vorübergehend Teile der nördlichen Antarktis vom Eis befreit und den Seefahrern des Altertums zugänglich gemacht habe.

John G. Weihaupt von der University of Colorado, ein Spezialist für Seismologie und Planetargeologie, gehört zu den überzeugten Anhängern dieser Theorie. Der Wissenschaftler, der an mehreren Forschungsstationen in der Antarktis Untersuchungen durchgeführt hat, erklärt, die Erde sei vor 6000 bis 9000 Jahren wärmer als heute gewesen, und meint, daß sich die Gletscher, die gegenwärtig den südlichsten Kontinent bedecken, ein Jahrtausend lang auf dem Rückzug befunden hätten. Vermutlich sei das antarktische Eis damals am Rande des westlichen Archipels geschmolzen – in jenem Teil also, der angeblich auf der Piri-Re'is-Karte abgebildet ist.

Der Wissenschaftler, der sich eingehend mit dem Für und Wider des Expertenstreites befaßt hat, bezweifelt die Echtheit der Piri-Re'is-Karte. Es gebe aber ein paar ähnlich alte Karten, die authentisch seien; deshalb vermute er, daß manche Seefahrer die Antarktis bereits vor 1500 entdeckt hätten. Obwohl die Quellen dieser Karten aus der Renaissance unbekannt sind, hält es Weihaupt für denkbar, daß Kaufleute, die entlang der afrikanischen Küste Handel trieben, in jener Epoche der globalen Erwärmung bis zur Antarktis vorgedrungen seien.

Was Weihaupt als Arbeitshypothese anbietet, stellte für den inzwischen verstorbenen Charles H. Hapgood eine Tatsache dar. Der Kartograph und Historiker am Keene Teachers College in New Hampshire befaßte sich sieben Jahre lang mit Mallerys Thesen zur Piri-Re'is-Karte. Nachdem Hapgood die geographischen Merkmale des Piri-Re'is-Pergaments und anderer alter Abbildungen verglichen und auf moderne Karten übertragen hatte, entdeckte er viele Übereinstimmungen. In seinem 1966 erschienenen Buch *Maps of the Ancient Sea Kings: Evidence of Advanced Civilization in the Ice Age* erklärte er, die alten Karten seien der erste Beweis, daß es vor unserer Geschichtsschreibung hochentwickelte Zivilisationen gegeben habe. Und er meinte ferner: „Auch wenn es unglaublich erscheinen mag, so weist alles darauf hin, daß einige Völker der Vorzeit die Antarktis erforschten, als ihre Küsten frei von Eis waren."

Viele Experten hegen Zweifel an Mallerys Theorie und halten Hapgoods Schlußfolgerungen für übertrieben. Einige bestreiten die Authentizität der Karte; andere geben zu bedenken, daß die Kartographen des 16. Jahrhunderts häufig der Symmetrie wegen einen „imaginären" Südkontinent in ihre Bildwerke eingetragen hätten. Sollte es sich bei der Antarktis von Piri Re'is um ein Phantasieprodukt handeln, so ist ihre Ähnlichkeit mit der Realität verblüffend. Die Kontroverse um das rätselhafte Pergament hält an, und es wird wohl sein Geheimnis auch in naher Zukunft nicht preisgeben. □

Land im Süden

Im Gegensatz zur Piri-Re'is-Karte *(S. 126–127)*, deren Echtheit manche Wissenschaftler anzweifeln, stammt eine andere Karte, die ebenfalls einen Kontinent am Südpol verzeichnet, eindeutig aus dem 16. Jahrhundert – und kommt damit der neuzeitlichen Entdeckung der Antarktis um 300 Jahre zuvor. Außerdem ist diese zweite Karte *(unten)* genauer als die von Piri Re'is, da sie den Kontinent vollständig und bereits annähernd in seiner korrekten Form abbildet. Weiterhin zeigt sie Gebirgszüge und Flüsse, die nach Ansicht einiger Experten mit der unter Gletschereis verborgenen Topographie des Kontinents übereinstimmen.

Die 1531 entstandene Weltkarte ist eine Arbeit des Franzosen Orontius Fineus, der zu seiner Zeit ein hohes Ansehen als Kartograph genoß. Fineus schuf das Werk in Holzschnitt-Technik, und die ersten Drucke erschienen in einem Band über Seereisen. Auf den ersten Blick stellt man eine große Ähnlichkeit zu modernen Darstellungen der Antarktis fest. Allerdings zeigt ein Maßstabsvergleich, daß der Südkontinent von Fineus erheblich größer ist als in Wirklichkeit. Bei näherer Betrachtung fallen weitere Diskrepan-zen ins Auge: Die Rotation des Kontinents ist auf der Fineus-Karte um etwa 20 Grad verschoben, und der lange Ausläufer der Antarktischen Halbinsel ist nicht eingezeichnet worden.

Dennoch betrachtete der Historiker Charles Hapgood die Ähnlichkeit zwischen dem auf der Fineus-Karte eingezeichneten Land und der Antarktis als weiteren Beweis für seine Theorie, daß „Seekönige der Vorzeit" einst den Kontinent am Südpol besucht und kartiert hätten, ehe ihre Zivilisation auf geheimnisvolle Weise unterge-

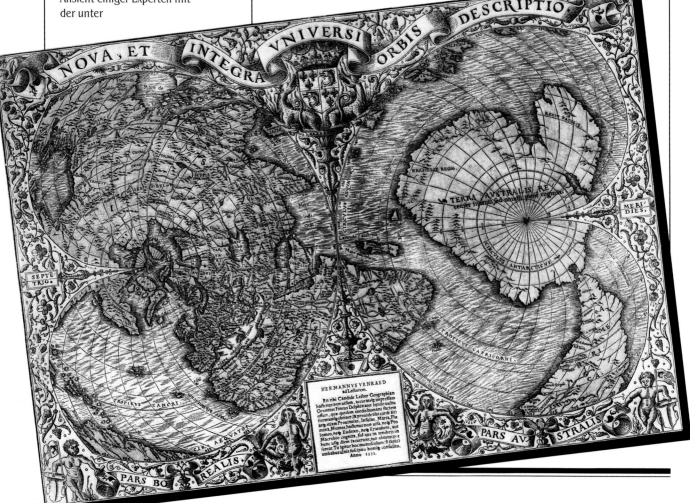

gangen sei. Hapgood behauptete, es gebe eine Reihe von Gemeinsamkeiten zwischen dem alten Holzschnitt und den modernen Karten der Antarktis. Er verwies vor allem auf die Gebirge der Fineus-Karte, die mit erst kürzlich entdeckten und unter dem Gletschereis verborgenen Bergketten der Antarktis übereinstimmen würden.

Seine These fand durchaus ihre Anhänger. 1961 beispielsweise befaßte sich Captain Lorenzo W. Burroughs, ein Kartograph der U.S. Air Force, mit der Karte und bestätigte ihre Richtigkeit. „Ohne den leisesten Zweifel", erklärte Burroughs, sei die Fineus-Karte „nach genauem Quellenmaterial über die Antarktis angefertigt". Im großen und ganzen betrachtet die Wissenschaft Hapgoods Thesen allerdings mit Zurückhaltung. Ähnlichkeiten zwischen der alten Karte und modernen Versionen sind nach Ansicht der Kritiker reiner Zufall oder Glückstreffer.

Skeptiker meinen, daß Hapgood zwar lautere Absichten gehabt habe, sich aber von der Begeisterung für seine Theorie zu Fehlschlüssen habe hinreißen lassen. So erklärt der Kartenhistoriker und Geographieprofessor David Woodward, Hapgood habe die vorhandenen Ähnlichkeiten zwischen der Fineus-Karte und modernen Wiedergaben stark übertrieben, die Abweichungen dagegen nicht beachtet.

Außerdem stellen die Kritiker fest, daß die Kartographen des 16. Jahrhunderts im allgemeinen mit der Existenz eines Kontinents am Südpol gerechnet hätten; in der Tat gehe diese Vermutung bis in die Antike zurück. In vielen Karten der frühen Renaissance tauche eine Terra Australis, ein „Südliches Land", auf, und sei es nur, um der Weltkugel eine gewisse Symmetrie zu verleihen. Als der portugiesische Seefahrer Ferdinand Magellan 1520 die Meerenge durchfuhr, die heute seinen Namen trägt, nahmen die meisten Geographen fälschlicherweise an, daß es sich um eine schmale Passage zwischen dem heutigen Südamerika und dem lange gesuchten Land im Süden handelte. So wurden zu dem Zeitpunkt, da Fineus seine Weltkarte anfertigte, erneut Spekulationen über die Theorie von der Existenz eines südpolaren Kontinents angestellt.

Bei den Bergen und Flüssen habe Hapgood die Ähnlichkeit gewaltig übertrieben. „Er beachtete nicht, daß man damals unbekannte Küstenlinien häufig mit Flüssen und Landspitzen darstellte", führt Professor Woodward aus und meint, daß Hapgood sich bei seinem Vergleich zwischen der Fineus-Karte und dem realen, durch seismische Untersuchungen ermittelten Gelände-Relief der Antarktis einige geographische Freiheiten genommen habe. Und David Jolly, Herausgeber eines Handbuchs für den Handel mit seltenen Karten, stellt fest, daß es im 16. Jahrhundert üblich gewesen sei, Länder zu verzeichnen, die man vom Hörensagen kannte, und sie sogar mit Phantasiestädten auszuschmücken.

Trotz dieser Einwände bleibt die Fineus-Karte für Kartographen im höchsten Maße interessant. Selbst wenn die Ähnlichkeit zwischen dem alten Holzschnitt und modernen Karten rein zufällig sein sollte, so ist der Zufall doch bemerkenswert. Wenn sich Fineus beim Entwurf seines Südpolkontinents von Intuition leiten ließ, muß man ihm zumindest bescheinigen, daß er genau geraten hat. □

Die geheimnisvolle Zündkerze

Als der Steinesammler Mike Mikesell am 13. Februar 1961 seinem Hobby in den Coso Mountains bei Olancha in Kalifornien nachging, stieß er auf ein Gebilde, das er zuerst für eine Druse – einen mit Kristallen ausgekleideten Gesteinshohlraum – hielt. Einen Tag später schnitt er seinen Fund auf und machte dabei eine einzigartige Entdeckung: im Innern des Gesteinsbrockens befand sich keine Druse, sondern allem Anschein nach die Überreste eines mechanischen Teils: ein Stift aus Porzellan und Metall, der einer modernen Zündkerze ähnelte.

Das Artefakt von Coso, wie es bald genannt wurde, sorgte in der Tat für ausgiebigen Zündstoff, obwohl – oder gerade weil – es nie von unabhängigen Experten aus der Nähe begutachtet worden ist. Die Außenschicht des geologischen Materials, das manche eher für harten Ton als für Stein halten, ist dem Vernehmen nach mit fossilen Schalen und Fragmenten durchsetzt, deren Alter eine halbe Million Jahre betragen soll. Ferner enthalte sie zwei Objekte, die wie ein Nagel und eine Unterlegscheibe aussähen.

Für einige ist das Artefakt von Coso eindeutig das technische Relikt einer unbekannten, längst versunkenen Zivilisation. Andere weisen auf die zahlreichen verlassenen Bergwerksschächte in den Coso Mountains hin und meinen, daß der rätselhafte Fund eine Zündkerze sei, die von einem beim Bergbau eingesetzten Motor stamme. Im Laufe der Jahre, so vermuten sie, habe Schlamm und fossilhaltiges Geröll das Teil umhüllt und sich zu einer gesteinsartigen Masse verkrustet. □

Hammer aus Texas

Bei einem Ausflug in der Nähe der texanischen Ortschaft London stießen Emma Hahn und ihre Familie im Juni 1934 auf einen Felsbrocken, der äußerst ungewöhnlich aussah: Aus seiner Oberfläche ragte ein Stück Holz. Die Hahns zerschlugen den Stein und entdeckten zu ihrer Verblüffung, daß es sich bei dem Holz um den abgebrochenen Stiel eines Hammers handelte, an dessen Ende sich noch der abgenutzte Eisenkopf befand.

Die Gesteinsformationen in der Gegend des Fundorts können zuverlässig der geologischen Ordovizium-Epoche zugeordnet werden, deren Alter etwa 500 Millionen Jahre zurückreicht. Einige Leute sind sich sicher, daß es sich bei dem Werkzeug, das die Hahns gefunden haben, um ein Produkt aus jener Zeit handeln muß.

Man hat jedoch bis heute keinen Teil des Gerätes genauen Tests unterzogen. Und die meisten mit dem Fall des Hammers von Texas befaßten Wissenschaftler sind davon überzeugt, daß sie es mit einem natürlichen Akkreszenzprozeß zu tun haben. Wenn nämlich mineralreiches Wasser verdampft, hinterläßt es Rückstände, die rasch anwachsen, bis sie einen Gegenstand umschließen. Das kann manchmal recht schnell erfolgen. Im Pazifik hat man Artefakte aus dem Zweiten Weltkrieg gefunden, die völlig in Gestein eingebettet waren. Vermutlich hat ein Bergmann im 19. Jahrhundert den Hammer weggeworfen, der dann von Mineralstoffen umhüllt wurde, die das Wasser aus den nahen Ordovizium-Schichten gespült hatte. □

Eine Straße nach Atlantis

Anhänger der These, daß es in grauer Vorzeit eine hochentwickelte Kultur gab, forschen schon seit langem nach Spuren des versunkenen Kontinents Atlantis. Die legendäre Landmasse im Atlantik wird erstmals im 4. Jahrhundert v. Chr. von dem griechischen Philosophen Plato erwähnt, der sich auf ältere ägyptische Quellen beruft. Angeblich hätten die Bewohner von Atlantis eine ungemein fortschrittliche Zivilisation entwickelt und versucht, ihre Herrschaft über die ganze Welt auszudehnen. Etwa 9000 Jahre vor Platos Zeit sei der gesamte Kontinent durch gewaltige Vulkaneruptionen und Flutkatastrophen zerstört worden.

Für viele Kritiker, angefangen bei Aristoteles, war und ist Atlantis ein Mythos, den Plato selbst ins Leben rief, um seine politischen Thesen darzulegen. Dieser Ansicht treten vor allem in der heutigen Zeit Befürworter mit dem Argument entgegen, daß ja auch Troja eine Legende gewesen sei, bis Heinrich Schliemann im Jahr 1870 beim Hügel des Hisarlik in der Türkei eine Zitadelle aus der Bronzezeit entdeckte und anhand späterer Ausgrabungen nachweisen konnte, daß es sich bei dem Ort in der Tat um den Stadtstaat handelte, der den griechischen Dichter Homer zu seinem großen Werk inspiriert hatte.

Relikte der minoischen Kultur, die man um 1900 bei Ausgrabungen auf der Insel Kreta entdeckte, deuten darauf hin, daß die große Handelsmacht einer Reihe von verheerenden Vulkaneruptionen zum Opfer fiel. Diese und andere Parallelen legen den Schluß nahe, daß der Ursprung für Platos Atlantis-Sage entstellte Berichte über den Untergang des minoischen Reiches gewesen sein müssen.

Die Gegner dieser Theorie räumen zwar ein, daß allem Anschein nach ein Vulkanausbruch der minoischen Kultur um 1500 v. Chr. ein Ende bereitet habe, weisen aber darauf hin, daß Platos Atlantis Jahrtausende vor dieser Katastrophe versank. Manche Experten führen die zeitliche Unstimmigkeit auf einen Fehler bei der Übersetzung der alten ägyptischen Texte zurück; andere dagegen beharren darauf, daß Platos Zeitrechnung stimme und daß es jenseits des Mittelmeers tatsächlich Spuren von Atlantis gebe.

Vorhersagen des 1945 verstorbenen amerikanischen Heilers Edgar Cayce stützen diese Ansicht. Cayce, der nach eigenen Angaben mit den Seelen verstorbener Bewohner von Atlantis in Kontakt stand, verkündete, daß sich Ende der 60er Jahre Teile des versunkenen Kontinents vor der Küste der Bahamas wieder aus dem Meer erheben würden. Tatsächlich entdeckten Taucher 1968 einen knappen Kilometer westlich der Insel North Bimini eine Anzahl merkwürdiger Steinquader, die in 6 Meter Tiefe auf dem Meeresgrund lagen. Die Blöcke bildeten Reihen, deren längste sich über 500 Meter erstreckte und in einem 90-Grad-Winkel endete.

Einige Betrachter schlossen aus der regelmäßigen Anordnung der Steine, daß sie es mit den Überresten einer alten Straße oder Mauer zu tun hätten, eine Ansicht, die auch J. Manson Valentine, Zoologe und Amateurarchäologe aus Miami, teilte. Er behauptete, daß die Anlage eindeutig das Werk von Menschen darstelle, obwohl Geologen darauf hinwiesen, daß die Steine eine natürliche Formation verwitterter Küstenfelsen sein könnten.

Die Geologen erklärten, daß unter bestimmten Voraussetzungen einzelne Sandkörner durch Brandungswogen von kalziumkarbonatreichem Meerwasser in relativ kurzer Zeit zu einer harten Gesteinsschicht zementiert würden; aufgrund von Temperaturschwankungen und der Erosion von Sand unterhalb der Formation würden sich dann Risse bilden, die das Gestein in regelmäßige Blöcke zerteilen. Solche Formationen seien auch anderswo auf Bimini nicht ungewöhnlich. Es gebe sie in vielen Teilen der Welt, wo ähnliche Bedingungen herrschen.

Doch die Verfechter der Atlantis-These gaben noch nicht auf. Wenn es sich um Küstengestein handle, so habe es den Vorfahren als Baumaterial gedient. Ferner wiesen sie auf kannelierte Marmorsäulen hin, die man bei den Steinen entdeckt habe. Eine Untersuchung des Meeresbodens förderte jedoch unter den Säulen die Reste einer Lattenkiste und andere Trümmer zutage, die auf ein Schiffsunglück jüngeren Datums hindeuteten. Aus den Proben, die man dem Gestein entnahm, um die innere Schichtung zu analysieren, ging eindeutig hervor, daß sich die Formation seit ihrer natürlichen Entstehung am gleichen Ort befand. Wenn es also je ein Inselreich Atlantis gegeben hatte, dann nicht vor der Küste Biminis. □

Fußspuren aus der Vorzeit

Ein neugieriger Paläontologe vom American Museum of Natural History gab der Idee von Zivilisationen in vorgeschichtlicher Zeit unabsichtlich neue Nahrung. 1938 entdeckte Robert T. Bird, der sich auf der Suche nach Fossilien im Südwesten der Vereinigten Staaten befand, in einem Kuriositätenladen von Gallup in New Mexico zwei Steinplatten, die beide den Abdruck eines knapp 40 Zentimeter langen, menschenähnlichen Fußes zeigten. Die Abdrücke waren, wie bei dem unten gezeigten Exemplar, offensichtlich erst in jüngerer Zeit in den Stein gemeißelt worden, aber der Verkäufer erklärte Bird, daß der Besitzer einen zweiten Laden in Lupton, Arizona, betreibe. Dort habe er einige Abdrücke von Dinosauriern ausgestellt, die von der gleichen Fundstelle stammten wie die vermeintlichen Fußspuren des Riesenmenschen. Auch diese Abdrücke waren Werke jüngeren Datums doch sie stimmten so genau mit der Anatomie der Urreptilien überein, daß der Wissenschaftler nach den Originalen zu suchen begann, die den Fälschern als Vorbild gedient hatten.

Seine Suche führte ihn nach Glen ▷

Diese vorzeitlichen Fußabdrücke in einem Flußbett in Texas wurden einst als „Menschenspuren" gehandelt. Doch Paläontologen haben eindeutig belegen können, daß die Spuren von Dinosauriern und nicht von Riesenmenschen stammen.

Rose in Texas, wo er eine Fülle von Dinosaurierabdrücken fand, eingebettet in 100 Millionen Jahre alte Gesteinsschichten. Später brachten ihn Einheimische an den Paluxy River, um ihm eine „Menschenspur" zu zeigen. Bird erkannte sofort, daß die Fußabdrücke ebenfalls von einem Dinosaurier stammten; allerdings waren sie so verwischt, daß sie für einen ungeübten Betrachter durchaus menschenähnlich wirken konnten.

Die Öffentlichkeit wurde auf Birds Nachforschungen aufmerksam, und irgendwie verbreitete sich das Gerücht, er habe eindeutig menschliche Fußspuren neben denen eines Dinosauriers entdeckt. Anhänger der These, daß bereits vor unserer Zeit eine hochentwickelte Menschenrasse die Erde bevölkert habe, griffen die Botschaft begeistert auf und pilgerten nach Glen Rose, wo sie weitere der angeblichen Menschenspuren entdeckten. Für sie gab es nicht den geringsten Zweifel daran, daß die Abdrücke von Vertretern jener uralten, hochentwickelten Zivilisation stammten, die später durch irgendeine erdgeschichtliche Katastrophe vernichtet worden sei.

Inzwischen haben viele der eifrigsten Befürworter ihre Ansicht über die „Menschenspuren" von Glen Rose überprüft und längst revidiert. Andere jedoch rechnen immer noch damit, in dem Gebiet eines Tages Beweise für ihre Theorien zu finden. Und wieder andere zitieren ähnliche Entdeckungen in anderen Regionen, um ihre These zu untermauern. 1884 stießen nicaraguanische Steinbrucharbeiter am Managuasee in einer Sandsteinschicht unter drei Meter scheinbar uralter Formationen auf menschliche Fußspuren. Etwa zur gleichen Zeit fand man in der Nähe von Carson City in Nevada in einer Schieferschicht menschenähnliche Abdrücke; und in Berea, Kentucky, entdeckte man 1938 in einer 250 Millionen Jahre alten Formation menschenähnliche Fußspuren.

Die Wissenschaft hat für diese Fälle andere Erklärungen parat. Die Fußabdrücke in Nicaragua befanden sich in einem Gebiet mit häufigen Vulkanausbrüchen, denen jeweils eine rasche Revegetation folgte. Demnach könnten die Ablagerungen vor 20 000 Jahren entstanden sein, in einer Zeit, die man heute als Entwicklungsperiode des Menschen in ganz Amerika ansetzt. Die Spuren von Carson City stünden vermutlich im Zusammenhang mit den versteinerten Überresten eines Faultiers, die man im gleichen Gebiet fand; es sei bekannt, daß sich die Fährten von Faultieren und Menschen stark ähneln. Die Fußabdrücke von Berea gehen nach Aussage von Anthropologen auf einen Indianerstamm zurück, der für Kulthandlungen solche Figuren in den Stein meißelte. □

Eine Auswahl kurioser Funde

Der Glaube, daß sich bereits in prähistorischer Zeit Hochkulturen entwickelt haben, reicht mindestens bis in das 19. Jahrhundert zurück. In jener Zeit sollen angeblich auch eine ganze Reihe einzigartiger archäologischer Funde gemacht worden sein, die häufig zitiert werden, um dieser Überzeugung Nachdruck zu verleihen. Doch leider lassen sich solche Argumente nicht nachprüfen, denn keines der angeblichen Artefakte oder Überreste aus der Vorzeit ist bis in die Gegenwart erhalten geblieben.

Und obwohl viele der Berichte von zuverlässigen, über jeden Zweifel erhabenen Zeugen stammen, sollte man sie mit gesunder Skepsis betrachten. Die Geologie und Paläontologie waren zu jener Zeit junge Wissenschaften, denen sowohl zuverlässige Datierungsmethoden als auch ein umfassendes Theoriengebäude zur Erklärung der Gesteinsformationen fehlten. Zudem läßt sich die Möglichkeit eines Betruges oder schlechten Scherzes nie ganz ausschließen. Dessenungeachtet sind die Berichte, schon weil sie so zahlreich sind, interessant zu lesen.

- In seinem 1822 veröffentlichten Buch *Fossils of the South Downs* gab der englische Chirurg und Amateurgeologe Gideon Mantell eine Liste von anomalen Funden wieder und verwies auf eine Reihe solcher Erwähnungen in anderen Werken. So zitierte er einen Bericht von 1791, demzufolge ein gewisser M. Leisky aus Hamburg ein Stück Feuerstein aufgebrochen und darin eine „Messingnadel aus der Vorzeit" gefunden hatte. Mantell verwies auch auf die Entdeckung von 126 Silbermünzen im dänischen Grinoe, die ebenfalls in Flintgestein eingeschlossen gewesen sein sollen.

- 1831 berichtete *The American Journal of Science and Arts* von einem merkwürdigen Fund in einem Marmorbruch etwa 20 Kilometer nordwestlich von Philadelphia. Während einige Arbeiter einen großen Block zurechtgeschnitten hätten, seien sie auf eine 3,7 mal 1,5 Zentimeter große Vertiefung in dem Stein mit zwei erhabenen Symbolen gestoßen, die rätselhafte Ähnlichkeit mit den Buchstaben *NI* gehabt haben sollen.

- Die Londoner *Times* beschrieb in ihrer Heilig-Abend-Ausgabe von 1851 den Fall eines Bergmanns, der mit einem großen Block goldhaltigen Quarzgesteins von den kalifornischen Goldfeldern heimkehrte. Als der Klumpen aus Versehen herunterfiel und zerbrach, entdeckte der Mann, daß sich im Innern des Steines ein Eisennagel befand.

- Im Juni des Jahres 1852 wandte sich die Zeitschrift *Scientific American* an ihre Leser und bat sie um Mithilfe bei der Aufklärung eines rätselhaften Fundes, den man im Jahr zuvor bei Dorchester in Massachusetts gemacht hatte. Bei der Sprengung einer Formation aus Puddingstein hätten Arbeiter darin zwei Hälften eines glockenförmigen Gefäßes gefunden. Das vielleicht elf Zentimeter hohe Objekt, das sich nach oben hin stark verjünge und mit silbernen Blütenornamenten in Einlegetechnik geschmückt sei, habe die Altertumsforscher verblüfft. Man vermute, daß es sich bei dem Gegenstand um den Flüssigkeitsbehälter einer ostindischen Wasserpfeife handle, die ein in der Nachbarschaft lebender Seekapitän im Erdboden ganz in der Nähe der Sprengstelle verloren habe.

- Im Jahre 1853 kam in Cusick's Mill, einem Steinbruch bei Zanesville im Bundesstaat Ohio, ein weibliches Skelett zum Vorschein. In dem Sandstein, der die Gebeine umschloß, war der Körperabdruck der Toten vollständig erhalten geblieben.

Der *Courier* von Zanesville berichtete außerdem von einer Vertiefung nahe dem Fundort, die eindeutig von zwei Menschenhänden geformt worden sei.

- James Parsons und seine beiden Söhne arbeiteten im Herbst 1868 in einer Tagebaugrube bei Hammondsville in Ohio, als eine Stützwand einbrach und ein glatter Schieferwall zum Vorschein kam, aus dem angeblich 25 erhabene, hieroglyphenartige Zeichen herausgemeißelt worden seien. Gelehrte konnten weder Herkunft noch Bedeutung der Symbole ermitteln.

- Im Winter des Jahres 1869 war im Miner's Saloon von Treasure City, Nevada, ein Brocken aus Feldspat ausgestellt worden, den man kurz zuvor in der nahen Abbey Mine freigelegt hatte und der eine fünf Zentimeter lange Schraube umschloß.

- 1877 fanden Prospektoren in Nevada bei der Suche in den Hügeln von Eureka einige halb in Quarzit eingebettete Knochen, die angeblich zu einem Menschenbein gehörten. Die Reste ließen auf eine Person von ungewöhnlicher Körpergröße schließen.

- In der Mai-Ausgabe des *American Antiquarian* von 1883 schrieb J. Q. Adams über einen Fingerhut in einem Lignitklumpen, der im Marshal Coal Bed, Colorado, gefunden wurde.

- Im Juni 1891 wurde in Morrisonville, Arizona, in einem Stück Kohle eine Goldkette gefunden. □

DANKSAGUNG

Für ihre Hilfe bei der Vorbereitung dieses Bandes danken die Herausgeber folgenden Personen und Institutionen:

Jan Amnehäl, Göteborgs Stad Etnografiska Museet, Göteborg; Ferdinand Anton, München; François Avril, Bibliothèque Nationale, Paris; Brigitte Baumbusch, Scala, Florenz; Robert S. Bianchi, The Brooklyn Museum, New York; Allan G. Bromley, University of Sydney; D.R. Brothwell, Institute of Archaeology, London; Onno Brouwer, University of Wisconsin, Madison; Edmund Buchner, Kommission für Alte Geschichte und Epigraphik, München; Carol R. Butler, Smithsonian Institution, Washington, D.C.; Ron Calais, Lafayette, Louisiana; Jeff Chester, National Air and Space Museum, Washington, D.C.; Cathy Crandal, Washington University, St. Louis, Missouri; Edward M. Croom, Jr., University of Mississippi; Simmi Dhanda, Neu-Delhi; Anna Maria Donadoni, Museo delle Antichità Egizie, Turin; James A. Duke, Department of Agriculture, Beltsville, Maryland; Arne Eggebrecht, Römer- und Pelisäus-Museum, Hildesheim; Clark L. Erickson, University of Pennsylvania, Philadelphia; Judith Fields, The Science Museum, London; Ben R. Finney, University of Hawaii, Honolulu; Christian Fischer, Silkeborg Museum, Dänemark; Kenneth Franklin, Port Angeles, Washington; Tim Fraser, London; Diya' Abou Ghazi, The Egyptian Antiquities Organization, Kairo; William H. Gotwald, Jr., Utica College, New York; Klaus Grewe, Volker Dünnhaupt, Rheinisches Landesmuseum, Bonn; Joel Grossman, Grossman and Associates, New York; Mark Hall, University of California, Berkeley; Ann Harmon, Laytonsville, Maryland; James A. Harrell, University of Toledo, Ohio; Michael R. Harris, Smithsonian Institution, Washington, D.C.; Lothar Haselberger, Kommission für Alte Geschichte und Epigraphik, München; Barbara Hicks, London; Whitney Hodges, Washington University, St. Louis, Missouri; H. T.Huang, The Needham Research Institute, Camridge; Lynn H. Hutto, Biopharm U.S.A., Charleston, South Carolina; Istituto Archeologico Germanico, Rom; Peter L. Jakab, National Air and Space Museum, Washington, D.C.; Michael Jansen, Forschungsprojekt Mohenjo-Daro, Aachen; Boma Johnson, U.S. Department of the Interior, Yuma, Arizona; Charalambos Karakalos, Hellenistisches Atomenergie-Komitee, Athen; Ivan Katic, Königlich-Dänische Veterinär- und Landwirtschafts-Bibliothek, Kopenhagen; Kay Kavanagh, Brüssel; David H. Kelley, Calgary, Alberta; Bob Kiener, Washington, D.C.; Mette Korsholm, Nationalmuseum von Dänemark, Kopenhagen; Glen J. Kuban, North Royalton, Ohio; Georgia Lee, UCLA Archaeology Department, Los Osos, Kalifornien; Walter H. Lewis, Washington University, St. Louis, Missouri; Liang Lien-Chu, The Needham Research Institute, Cambridge; Michael H. Logan, University of Tennessee, Knoxville; Sue Lundene, Runestone Museum, Alexandria, Minnesota; Ewan Mackie, The Hunterian Museum, Glasgow; Adel Mahmoud, Ägyptisches Museum, Kairo; Michael Marshall, Corales, New Mexico; Khalil Messiha, Universität von Kairo; Mohammad Mohsen, Ägyptisches Museum, Kairo; Robert Montgomery, National Museum of Health and Medicine, Washington, D.C.; William Morgan, Jacksonville, Florida; Musée Gaumais, Virton, Luxemburg; Joseph Needham, The Needham Research Institute, Cambridge; Dr. Larry S. Nichter, Children's Hospital of Los Angeles, Kalifornien; Charles Ortloff, FMC Corporation, Santa Clara, Kalifornien; Emmerich Pasztory, Hoechst AG, Frankfurt; Gena F. Paulk, Rock Eagle 4-H Center, Eastonton, Georgia; Margaret Ponting, Callanish, Schottland; Dories Reents-Budet, Duke University, Durham, North Carolina; Luisa Ricciarini, Mailand; Ed E. Richardson, Dumbarton Oaks, Washington, D.C.; Rudy Rosenburg, Leeches U.S.A., Westbury, N.Y.; Colette Roubet, Direktorin des Musée d'Histoire Naturelle, Paris; Jean-Loup Rousselot, Museum für Völkerkunde, München; Roy T. Sawyer, Biopharm (U.K.) Ltd., Hendy, Süd-Wales; Denise Schmandt-Besserat, University of Texas, Austin; William A. Shear, Hampton-Sydney College, Virginia; Nathan Sivin, University of Pennsylvania, Philadelphia; Duncan Spencer, Washington, D.C.; Warren E. Steiner, Smithsonian Institution, Washington, D.C.; Sayyed Tawfig, The Egyptian Antiquities Organization, Kairo; Allen Thrasher, Library of Congress, Washington, D.C.; Paul Tolstoy, University of Montreal, Kanada; Lindley Vann, University of Maryland, College Park; John W. Verano, Smithsonian Institution, Washington, D.C.; Jay Von Werlhof, Imperial Valley College Museum, Centro, Kalifornien; Jeffrey Wadsworth, Lockheed Missiles and Space Company, Palo Alto, Kalifornien; John G. Weihaupt, University of Colorado, Denver; Wilfried Werner, Universitätsbibliothek, Handschriftenabteilung, Heidelberg; Stephen Williams, Harvard University, Cambridge, Massachusetts; Bonnie Winslow, Bloomfield, New Mexico; David Woodward, University of Wisconsin, Madison.

BIBLIOGRAPHIE

Bücher

Ackerknecht, Erwin H., M.D.: *A Short History of Medicine.* Johns Hopkins University Press, Baltimore 1982

Aikman, Lonnelle: *Nature's Healing Arts: From Folk Medicine to Modern Drugs.* National Geographic Society, Washington, D.C., 1977

Alcina Franch, José: *Pre-Columbian Art.* Harry N. Abrams, New York 1983

Ascher, Marcia und Robert: *Code of the Quipu.* University of Michigan Press, Ann Arbor 1981

Ashe, Geoffrey, et al.: *The Quest for America.* Praeger Publishers, New York 1971

Asimov, Isaac: *Asimov's Biographical Encyclopedia of Science and Technology.* Doubleday, Garden City, N.Y., 1964

Auguet, Roland: *The Roman Games.* Panther Books, St. Albans, Hertfordshire, England, 1975

Aveni, Anthony F.: *Skywatchers of Ancient Mexico.* Univ. of Texas Press, Austin 1980

Baines, John, und Málek, Jaromír: *Atlas of Ancient Egypt.* Facts on File Publications, New York 1980

Benét, William Rose: *The Reader's Encyclopedia* (2. Aufl.). Thomas Y. Crowell, New York 1965

Berkow, Robert, M.D. (Hrsg.): *The Merck Manual of Diagnosis and Therapy* (14. Ausgabe). Merck, Sharp & Dohme Research Laboratories, Rahway, N.J., 1982

Berlitz, Charles: *Mysteries from Forgotten Worlds.* Doubleday, Garden City, N.Y., 1972

Blunden, Caroline, und Elvin, Mark: *Weltatlas der Alten Kulturen. China.* Christian Verlag GmbH, München 1983

Bord, Janet: *Mazes and Labyrinths of the World.* E.P. Dutton, New York 1976

Bord, Janet, und Bord, Colin:
Ancient Mysteries of Britain. Salem House, Manchester, N.H., 1986
Mysterious Britain. Granada Publishing, New

York 1974

Brecher, Kenneth, und Feirtag, Michael (Hrsg.): *Astronomy of the Ancients*. MIT Press, Cambridge, Mass., 1979

Brennan, Martin: *The Stars and the Stones: Ancient Art and Astronomy in Ireland*. Thames & Hudson, London 1983

Brooksmith, Peter (Hrsg.): *The Unexplained: Mysteries of Mind, Space and Time* (Bd. 7), Marshall Cavendish, New York 1986

Builders of the Ancient World: Marvels of Engineering. National Geographic Society, Special Publications Division, Washington, D.C., 1986

Burton, David M.: *The History of Mathematics: An Introduction*. Allyn & Bacon, Newton, Mass., 1985

Calder, Nigel: *Timescale*. Viking Press, New York 1983

Canby, Courtlandt: *The Past Displayed: A Journey through the Ancient World*. Phaidon Press, Oxford 1980

Carcopino, Jérôme: *Daily Life in Ancient Rome*. Hrsg. v. Henry T. Rowell. Yale University Press, New Haven 1940

Casson, Lionel, et al.: *Mysteries of the Past*. Hrsg. v. Joseph J. Thorndike, Jr. American Heritage, New York 1977

Castleden, Rodney: *The Wilmington Giant: The Quest for a Lost Myth*. Turnstone Press, Wellingborough, Northamptonshire, England, 1983

Cavendish, Richard:
Mysteries of the Universe. Galahad Books, New York 1981
Prehistoric England. British Heritage Press, New York 1983

Cazeau, Charles J., und Scott, Stuart D., Jr.: *Exploring the Unknown: Great Mysteries Reexamined*. Plenum Press, New York 1979

Charroux, Robert: *Forgotten Worlds*. Walker, New York 1973

Childress, David Hatcher: *Lost Cities of Ancient Lemuria & the Pacific*. Adventures Unlimited Press, Stelle, Illinois, 1988

Chippindale, Christopher: *Stonehenge Complete*. Thames & Hudson, New York 1983

Closs, Michael P. (Hrsg.): *Native American Mathematics*. University of Texas Press, Austin 1986

Coe, Michael; Snow, Dean; und Benson, Elizabeth: *Atlas of Ancient America*. Facts on File Publications, New York 1986

Cohen, Daniel: *The Encyclopedia of the Strange*. Dodd, Mead & Co., New York 1985

Corliss, William R. (Hrsg.): *Ancient Man: A Handbook of Puzzling Artifacts*. Sourcebook Project, Glen Arm, Maryland, 1978

Cornell, Tim, und Matthews, John: *Atlas of the Roman World*. Phaidon Press, Oxford 1982

DeCamp, L. Sprague und Catherine C.: *Ancient Ruins and Archaeology*. Doubleday, Garden City, N.Y., 1964

Durán, Fray Diego: *Book of the Gods and Rites and the Ancient Calendar*. University of Oklahoma Press, Norman 1971

Facts & Fallacies. Reader's Digest Association, Pleasantville, N.Y., 1988

Fischer, Steven Roger: *Evidence for Hellenic Dialect in the Phaistos Disk*. Peter Lang, Bern 1988

Fisher, Douglas Alan: *The Epic of Steel*. Harper & Row, New York 1963

Forbes, R.J.: *Man the Maker*. Abelard-Schuman, New York 1958

Fraser, Peter Marshall: *Ptolemaic Alexandria*. Oxford University Press, London 1972

Fu Tianchou: *Wonders from the Earth: The First Emperor's Underground Army*. China Books and Periodicals, San Francisco 1989

Garvin, Richard M.: *The Crystal Skull*. Doubleday, Garden City, N.Y., 1973

Gibbs-Smith, Charles H.: *A History of Flying*. B.T. Batsford, London 1953

Gordon, Cyrus H.: *Riddles in History*. Crown Publishers, New York 1974

Grant, Michael: *The Etruscans*. Charles Scribner's Sons, New York 1980

Gray, Randal; Hill, Susan; und Wood, Robin L.K. (Hrsg.): *Lost Worlds: Alastair Service*. Collins, London 1981

Großreiche der Antike (aus der Serie Spektrum der Weltgeschichte). Time-Life Bücher, Amsterdam 1988

Hadingham, Evan: *Early Man and the Cosmos*. Walker Publishing Co., New York 1984

Haining, Peter: *Ancient Mysteries*. Taplinger Publishing Co., 1977

Hall, Robert A., Jr.: *The Kensington Rune-Stone is Genuine: Linguistic, Practical, Methodological Considerations*. Hornbeam Press, Columbia, S.C., 1982

Hapgood, Charles H.: *Maps of the Ancient Sea Kings: Evidence of Advanced Civilization in the Ice Age*. Chilton Books, New York 1966

Harris, Harold A.: *Sport in Greece and Rome*. Thames & Hudson, London 1972

Hart, Olive:
The Dream of Flight. Winchester Press, New York 1972
The Prehistory of Flight. University of California Press, Berkeley 1985

Hawkins, Gerald S., und White, John B.: *Stonehenge Decoded*. Doubleday, Garden City, N.Y., 1965

Hellemans, Alexander, und Bunch, Bryan: *The Timetables of Science*. Simon & Schuster, New York 1988

Hitching, Francis: *The Mysterious World: An Atlas of the Unexplained*. Holt, Reinhart & Winston, New York 1979

Hyde, Walter Woodburn: *Ancient Greek Mariners*. Oxford University Press, New York 1947

Ifrah, Georges: *From One to Zero: A Universal History of Numbers*. Viking Penguin, New York 1985

Jackson, Ralph: *Doctors and Diseases in the Roman Empire*. University of Oklahoma Press, Norman 1988

Jones, Henry Stuart: *Companion to Roman History*. Clarendon Press, Oxford 1912

Katz, Friedrich: *The Ancient American Civilizations*. Praeger Publishers, New York 1972

Keuneman, Herbert: *Sri Lanka*. Hrsg. v. John Gottberg Anderson. APA Productions, Hong Kong 1984

Kincaid, Chris (Hrsg.): *Chaco Roads Project Phase 1*. Department of the Interior, Bureau of Land Management, Albuquerque, New Mexico, 1983

Kramer, Samuel Noah: *History Begins at Sumer: Thirty-Nine Firsts in Man's Recorded History*. University of Pennsylvania Press, Philadelphia 1981

Kreig, Margaret B.: *Green Medicine: The Search for Plants that Heal...* Rand McNally, Chicago 1964

Krupp, E.C. (Hrsg.):
Echoes of the Ancient Skies. Harper & Row, New York 1983
In Search of Ancient Astronomies. McGraw-Hill, New York 1978

Kumar, Das; Sri Surendra: *Ramayana*. Panchali Publications, Orissa, Indien, 1977

Laufer, Berthold: *The Prehistory of Aviation* (a. d. Serie Studies in Culture History). Chicago Natural History Museum, Chicago 1928

Leonard, Jonathan Norton, und die Redaktion der Time-Life Bücher: *Altes Amerika* (aus der Serie Zeitalter der Menschheit). Time-Life, Amsterdam 1982

Lewis, David: *We, the Navigators*. Australian National University Press, Canberra 1972

Leyenaar, Ted J.J., und Parsons, Lee A.: *Ulama: The Ballgame of the Mayas and Aztecs*. Spruyt, Van Mantgem & De Does, Leiden, Niederlande, 1988

Lisowski, F.P.: „Prehistoric and Early Historic Trepanation." Aus *Diseases in Antiquity*, hrsg. u. gesammelt v. Don Brothwell und A.T. Sandison. Charles C. Thomas, Springfield, Illinois, 1967

Lyons, Albert S., M.D., und Petrucelli, R. Joseph, M.D.: *Medicine: An Illustrated History.* Harry N. Abrams, New York 1978

Lyttle, Richard B.: *The Games They Played: Sports in History.* Atheneum, New York 1982

McKern, Sharon S.: *Exploring the Unknown: Mysteries in American Archaeology.* Praege Publishers, New York 1972

McMann, Jean: *Riddles of the Stone Age: Rock Carvings of Ancient Europe.* Thames & Hudson, London 1980

Magic and Medicine of Plants. Reader's Digest Association, Pleasantville, N.Y., 1986

Majno, Guido: *The Healing Hand: Man and Wound in the Ancient World.* Harvard University Press, Cambridge, Mass., 1975

Margetts, Edward L.: „Trepanation of the Skull by the Medicine-Men of Primitive Cultures." Aus *Diseases in Antiquity*, hrsg. und ges. v. Don Brothwell und A.T. Sandison. Charles C. Thomas, Springfield, Illinois, 1967

Marshack, Alexander: *The Roots of Civilization: The Cognitive Beginnings of Man's First Art, Symbol and Notation.* McGraw-Hill, New York 1972

Matthews, William Henry: *Mazes and Labyrinths.* Singing Tree Press, Book Tower, Detroit 1969 (Erstveröffentlichung 1922)

Mayr, Otto (Hrsg.): *Philosophers and Machines.* Science History Publications, New York 1976

Menninger, Karl: *Number Words and Number Symbols: A Cultural History of Numbers.* MIT Press, Cambridge, Mass., 1969

Michell, John: *Megalithomania.* Cornell University Press, Ithaca, New York, 1982

Michell, John, und Rickard, Robert J.M.: *Phenomena: A Book of Wonders.* Thames & Hudson, London 1977

Moffatt, Michael: *The Origins* (Bd. 1 von *The Ages of Mathematics*). Doubleday, Garden City, N.Y., 1977

Morley, Sylvanus Griswold, und Brainerd, George W.: *The Ancient Maya* (4. Ausgabe). Revidiert v. Robert J. Sharer. Stanford University Press, Stanford 1983

Morley, Sylvanus Griswold, und Thompson, Eric S.: *An Introduction to the Study of the Maya Hieroglyphs.* Dover Publications, New York 1975

Moscati, Sabatino: *The Phoenicians.* Abbeville Press, New York 1988

Mysteries of the Ancient Americas. Reader's Digest Association, Pleasantville, N.Y., 1986

Mystische Stätten (aus der Serie Geheimnisse des Unbekannten). Time-Life, Amsterdam 1988

Needham, Joseph:
Clerks and Craftsmen in China and the West. Cambridge University Press, Cambridge, England, 1970
Science and Civilisation in China (Bde. 3 & 4). Cambridge University Press, Cambridge, England, 1959
Trans-Pacific Echoes and Resonances; Listening Once Again. World Scientific Publishing Co., Philadelphia 1985

Neugebauer, O.: *The Exact Sciences in Antiquity.* Brown University Press, Providence, R.I., 1957

Nickell, Joe, und Fischer, John F.: *Secrets of the Supernatural: Investigating the World's Occult Mysteries.* Prometheus Books, Buffalo, N.Y., 1988

Noorbergen, René: *Secrets of the Lost Races.* The Bobbs–Merrill Co., New York 1977

Nordenskiöld, Erland: *Modifications in Indian Culture through Inventions and Loans.* Elanders Boktryckeri Aktiebolag, Göteborg, Schweden, 1930

O'Kelly, Michael J.: *Newgrange: Archaeology, Art and Legend.* Thames & Hudson, London 1982

Palmer, Martin (Hrsg.): *T'ung Shu: The Ancient Chinese Almanac.* Shambhala, Boston 1986

Parsons, Edward Alexander: *The Alexandrian Library: Glory of the Hellenic World.* Elsevier Press, New York 1952

Piggott, Stuart: *The Earliest Wheeled Transport: From the Atlantic Coast to the Caspian Sea.* Thames & Hudson, London 1983

Pomerance, Leon: *The Phaistos Disc: An Interpretation of Astronomical Symbols.* Paul Aströms Förlag, Göteborg, Schweden, 1976

Ponting, Gerald und Margaret: *New Light on the Stones of Callanish.* G & M Ponting, Callanish, Isle of Lewis, 1984

Prideaux, Tom, und die Redaktion der Time-Life Bücher: *Der Cro–Magnon Mensch* (aus der Serie Die Frühzeit des Menschen). Time-Life, Amsterdam 1974

Quest for the Past. Reader's Digest Association, Pleasantville, N.Y., 1984

Ragette, Friedrich: *Baalbek.* Noyes Press, Park Ridge, N.J., 1980

Raschke, Wendy J. (Hrsg.): *The Archaeology of the Olympics: The Olympics and Other Festivals in Antiquity.* University of Wisconsin Press, Madison, Wis., 1988

Renfrew, Colin: *Before Civilization: The Radiocarbon Revolution and Prehistoric Europe.* Alfred A. Knopf, New York 1973

Riley, Carroll L., et al. (Hrsg.): *Man across the Sea: Problems of Pre-Columbian Contacts.* University of Texas Press, Austin 1971

Robinson, David M.: *Baalbek Palmyra.* J.J. Augustin Publishers, New York 1946

Ronan, Colin A.: *Lost Discoveries.* McGraw-Hill, New York 1973

Sagan, Carl: *Cosmos.* Random House, New York 1980

Sanderson, Ivan T.: *Investigating the Unexplained: A Compendium of Disquieting Mysteries of the Natural World.* Prentice-Hall, Englewood Cliffs, N.J., 1972

Saunders, E. Dale: *Mudra: A Study of Symbolic Gestures in Japanese Buddhist Sculpture.* Pantheon Books, New York 1960

Schele, Linda, und Miller, Mary Ellen: *The Blood of Kings: Dynasty and Ritual in Maya Art.* Kimbell Art Museum, Fort Worth, Texas, 1986

Service, Alastair: *Lost Worlds.* Collins, London 1981

Shao, Paul: *Asiatic Influences in Pre-Columbian American Art.* Iowa State University Press, Ames 1976

Shirley, Rodney W.: *The Mapping of the World: Early Printed World Maps, 1472–1700.* Holland Press, London 1984

Singer, Charles, et al. (Hrsg.): *The Mediterranean Civilizations and the Middle Ages, c. 700. B.C. to c. A.D. 1500* (Bd. 2 von *A History of Technology*). Oxford Univ. Press, London 1956

Smith, J. Russell: *The Story of Iron and Steel.* D. Appleton and Co., New York 1908

Smith, William; Wayte, William; und Marindin, G.E. (Hrsg.): *A Dictionary of Greek and Roman Antiquities* (Bd. 1). John Murray, London 1914

Stefansson, Vilhjalmur: *Beyond the Pillars of Heracles: The Classical World Seen through the Eyes of Its Discoverers.* Hrsg. v. Evelyn Stefansson Nef. Delacorte Press, New York 1966

Strange Stories, Amazing Facts. Reader's Digest Association, Pleasantville, N.Y., 1981

Sullivan, John W.W.: *The Story of Metals.* American Society for Metals, Cleveland, Ohio; Iowa State College Press, Ames 1951

Swaddling, Judith: *The Ancient Olympic Games.* British Museum Publication, London 1980

Taton, René (Hrsg.): *Ancient and Medieval Science* (Bd. 1 von *History of Science*). Basic Books, New York 1963

Temple, Robert K.G.: *China: Land of Discovery.* Patrick Stephens, Wellingborough, Northamptonshire, England, 1986

Thorndike Joseph J., Jr. (Hrsg.): *Discovery of Lost Worlds.* American Heritage Publishing Co., New York 1979

Thorwald, Jürgen: *Macht und Geheimnis der frühen Ärzte.* Droemer, München und Zürich 1962

Throckmorton, Peter (Hrsg.): *The Sea Remembers: Shipwrecks and Archaeology.* Weidenfeld & Nicolson, New York 1987

Tomas, Andrew: *We Are Not the First: Riddles of Ancient Science.* Souvenir Press, London 1971

Veer, H.J.Th. van der, und Moerman, P.: *Hidden Worlds: Fresh Clues to the Past.* Souvenir Press, London 1974

Von Hagen, Victor W.: *The Desert Kingdoms of Peru.* New York Graphic Society Publishers, Greenwich, Conn., 1965

Welfare, Simon, und Fairley, John: *Arthur C. Clarke's Mysterious World.* A & W Publishers, New York 1980

Wernick, Robert, und die Redaktion der Time-Life Bücher: *Steinerne Zeugen früher Kulturen* (aus der Serie Die Frühzeit des Menschen). Time-Life, Amsterdam 1977

White, K.D.: *Greek and Roman Technology.* Thames & Hudson, London 1984

White, Randall: *Dark Caves, Bright Visions: Life in Ice Age Europe.* American Museum of Natural History, in Zusammenarbeit mit W.W. Norton & Co., New York 1986

Williamson, Ray A. (Hrsg.): *Archaeoastronomy in the Americas.* Ballena Press, Los Altos, Kalifornien, 1981

Woolf, Harry (Hrsg.): *The Analytic Spirit.* Cornell University Press, Ithaca, New York, 1981

The World Almanac Book of the Strange. New American Library, New York 1977

The World's Last Mysteries. Reader's Digest Association, Pleasantville, N.Y., 1977

Zaslavsky, Claudia: *Africa Counts.* Prindle, Weber & Schmidt, Boston 1973

Zhongmin, Han, und Delahaye, Hubert: *A Journey through Ancient China.* Gallery Books, New York 1985

Zeitschriften

Abercrombie, Thomas J.: „Young-Old Lebanon Lives by Trade." *National Geographic*, April 1958

„African Presence in Early America." *Journal of African Civilizations* (New Brunswick, N.J.), 1987

Agogino, George A.: „The Crystal Skull: Fine Fake or Authentic Artifact?" *Pursuit*, 1982, Bd. 15, Nr.3

Aikman, Lonnelle: „Nature's Gifts to Medicine." *National Geographic*, September 1974

Aufderheide, Arthur C., M. D.: „The Enigma of Ancient Cranial Trepanation." *Minnesota Medicine*, Februar 1985

Bergman, Arieh, et al.: „Acceleration of Wound Healing by Topical Application of Honey: An Animal Model." *American Journal of Surgery*, März 1983

Bird, Roland T.: „Thunder in His Footsteps." *Natural History*, Mai 1939

Bliquez, Lawrence J.: „Classical Prosthetics." *Archaeology*, September/Oktober 1983

„Bloodsuckers from France." *Time*, 14. Dezember 1981

Browman, David L.: „New Light on Andean Tiwanaku." *American Scientist*, 1981, Bd. 69

Brown, Raymond Lamont: „Medicine and Magic in Ancient Egypt." *History of Medicine*, Herbst 1972

Cahill, T.A.: „The Vinland Map, Revisited: New Compositional Evidence on Its Inks and Parchment." *Analytical Chemistry*, 15. März 1987

Carlson, John B.: „Pre–Columbian Voyages to the New World: An Overview." *Early Man*, Frühjahr 1980

Carter, George F.: „Fu-Sang: China Discovers America." *Oceans*, Mai 1978

Civil, Miguel: „The Invention of Writing." *Humanities*, Oktober 1986

Colimore, Edward: „In Peru, Unearthing Ancient Farm Methods." *Philadelphia Inquirer*, 31. März 1989

Conniff, Richard: „The Little Suckers Have Made a Comeback." *Discover*, August 1987

Cooper, Chris: „Ancient Technology: A Catalogue of Curious Finds." *The Unexplained: Mysteries of Mind, Space & Time*, Orbis (London), 1981

Cross, Frank Moore, Jr.: „The Phoenician Inscription from Brazil: A Nineteenth-Century Forgery." *Orientacia*, 1968, Bd. 37, Nr.4

Dam, Laura van: „Old Lore, New Cure." *Technology Review*, Oktober 1986

Daniel, Glyn: „The Minnesota Petroglyph." *Antiquity*, 1958

D'Errico, Francesco: „Palaeolithic Lunar Calendars: A Case of Wishful Thinking?" *Current Anthropology*, 1989, Bd. 30, Nr.1

DeWitt, David A.: „The Water-Powered Pyramid." *Pursuit*, 1984, Bd. 17, Nr.1

Efem, S.E.E.: „Clinical Observations on the Wound Healing Properties of Honey." *British Journal of Surgery*, Juli 1988

Eisner, T. und H.E.: „Mystery of a Millipede." *Natural History*, März 1965

Epstein, Jeremiah F.: „Pre-Columbian Old World Coins in America: An Examination of the Evidence." *Current Anthropology*, Februar 1980

Erickson, Clark L.: „Raised Field Agriculture in the Lake Titicaca Basin." *Expedition* (The University Museum), 1989, Bd. 30, Nr.3

„From Reckoning to Writing." *Scientific American*, August 1975

Godfrey, Laurie R., und Cole, John R.: „Blunder in Their Footsteps." *Natural History*, August 1986

Gray, Willard F. M.: „A Shocking Discovery." *Journal of the Electrochemical Society*, September 1963

Greenwood, Stuart W.: „Golden Models of Ancient Spacecraft?" *Info Journal*, Januar 1977

Habeck, Reinhard: „Electricity in Ancient Times." *Pursuit*, 1985, Bd. 18, Nr.1

Hamblin, Dora Jane: „Unlocking the Secrets of the Giza Plateau." *Smithsonian*, April 1986

Hathaway, Bruce: „The Ancient Canal That Turned Uphill." *Science 82*, Oktober 1982

Hencken, Hugh O'Neill: „What Are Pattee's Caves?" *Scientific American*, 1940, Bd. 163

Hitching, Francis: „Sirius B: Memories of a Distant Star?" *The Unexplained: Mysteries of Mind, Space & Time*, Orbis (London), 1980

Hood, M.S.F.: „The Tartaria Tablets." *Antiquity*, 1967, Bd. 41

Jett, Stephen C.: „The Development and Distribution of the Blowgun." *Annals of the Association of American Geographers*, Dezember 1970

Jolly, David C.: „Was Antarctica Mapped by the Ancients?" *Skeptical Inquirer*, Herbst 1986

Kolata, Alan L.: „Tiwanaku and Its Hinterland." *Archaeology*, Januar/Februar 1987

Lechtman, Heather: „Pre-Columbian Surface Metallurgy." *Scientific American*, Juni 1984

Lieberman, Stephen J.: „Of Clay Pebbles, Hollow Clay Balls, and Writing: A Sumerian View." *American Journal of Archaeology*, Juli 1980

Lothrop, Eleanor: „Mystery of the Prehistoric Stone Balls." *Natural History*, September 1955

McCulloch, J. Huston: „The Bat Creek Inscription: Cherokee Or Hebrew?" *Tennessee Anthropologist*, Herbst 1988

McEwan, Gordon F., und Dickson, D. Bruce: „Valdivia, Jomon Fishermen, and the Nature of the North Pacific..." *American Antiquity*, 1978, Bd. 43

Mahan, Joseph B., Jr.: „The Bat Creek Stone." *Tennessee Archaeologist*, Februar 1973

Mapes, Glynn: „In Swansea, Wales, There's a

Sucker Born Every Minute." *The Wall Street Journal*, 21. September 1989

Marshack, Alexander:
„Exploring the Mind of Ice Age Man." *National Geographic*, Januar 1975
„An Ice Age Ancestor?" *National Geographic*, Oktober 1988
„Ice Age Art." *Symbols*, Winter 1981

Maryon, Herbert: „A Note on Magic Mirrors." *Archives of the Chinese Art Society of America*, 1963, Bd. 17

Meggers, Betty J.: „Did Japanese Fishermen Really Reach Ecuador 5,000 Years Ago?" *Early Man*, 1980, Bd. 2

Mendelssohn, Kurt: „A Scientist Looks at the Pyramids." *American Scientist*, 1971, Bd. 59

Mullen, William: „An Empire to Rival Rome, Part II." *Fate*, August 1988

Murray, Julia K. und Cahill, Suzanne E.: „Recent Advances in Understanding the Mystery of Ancient Chinese 'Magic Mirrors'." *Chinese Science*, 1987, Bd. 8

Neustupny, Evzen: „The Tartaria Tablets: A Chronological Issue." *Antiquity*, 1968, Bd. 42

Nichter, Larry S.; Morgan, Raymond F.; und Nichter, Mark A.: „The Impact of Indian Methods for Total Nasal Reconstruction." *Clinics in Plastic Surgery*, Oktober 1983

„A $ 1 Million Forgery?" *Time*, 4. Februar 1974

Ortloff, Charles R.: „Canal Builders of Pre-Inca Peru." *Scientific American*, Dezember 1988

Park, Chris C.: „Water Resources and Irrigation Agriculture in Pre-Hispanic Peru." *Geographical Journal*, 1983, Bd. 149

Peterson, I.: „Ancient Technology: Pouring A Pyramid." *Science News*, 1984, Bd. 125

Price, Derek de Solla: „Gears from the Greeks." *Transactions of the American Philosophical Society* (Philadelphia), November 1974

Protzen, Jean-Pierre: „Inca Stonemasonry." *Scientific American*, Februar 1986

„Pyramids Are Not Made of Polymers, Say Experts." *Pursuit*, 1984, Bd. 17

Randi, James, „Atlantean Road: The Bimini Beach-Rock." *The Skeptical Inquirer*, Frühjahr 1981

Reinhard, Johan: „Sacred Mountains: An Ethno-Archaeological Study of High Andean Ruins." *Mountain Research and Development*, 1985, Bd. 5, Nr. 4

Richards, Douglas G.: „Archaeological Anomalies in the Bahamas." *Journal of Scientific Exploration*, 1988, Bd. 2, Nr. 2

Safer, John: „Las Bolas Grandes: An Archaeological Enigma." *Oceans*, Juli/August 1975

Salwi, Dilip: „The Enigmatic Pillar of Delhi." *New Scientist*, 3. Januar 1985

Schmandt-Besserat, Denise:
„An Archaic Recording System in the Uruk-Jemdet Nasr Period." *American Journal of Archaeology*, 1979, Bd. 83
„The Earliest Precursor of Writing." *Scientific American*, Juni 1978
„The Precursor to Numeral and Writing." *Archaeology*, November/Dezember 1986

Sheckley, Robert: „Romans in Rio?" *Omni*, Juni 1983

Sherby, O.D., und Wadsworth, J.: „Damascus Steels." *Scientific American*, Februar 1985

Shinn, E.A.: „Atlantis: Bimini Hoax." *Sea Frontiers*, 1978, Bd. 23

Stepston, Harold: „Baalbek the Mysterious." *Scientific American*, 1913, Bd. 109

Stock, Chester: „Origin of the Supposed Human Footprints of Carson City, Nevada." *Science*, 1920, Bd. 51

Sullivan, Walter:
„Artifacts in Rio Bay May Be Roman." *New York Times*, 10. Oktober 1982
„16th Century Charts Seen as Hinting Ancient Explorers Mapped Antarctica." *New York Times*, 26. September 1984

Tolstoy, Paul: „Cultural Parallels between Southeast Asia and Mesoamerica in the Manufacture of Bark Cloth." *Transactions of the New York Academy of Sciences*, April 1963

Topping, Audrey: „China's Incredible Find." *National Geographic*, April 1978

Wadsworth, J., und Sherby, O.D.: „On the Bulat-Damascus Steels Revisited." *Progress in Materials Science*, 1980, Bd. 25

Wesley, W.H.: „Footprints of Prehistoric Man." *Knowledge*, 1888, Bd. 12

Andere Publikationen

Barnard, Noel (Hrsg.): „Oceania and the Americas" (Bd. 3 von *Early Chinese Art and Its Possible Influence in the Pacific Basin*). Symposium. Intercultural Arts Press, New York 1972

Capon, Edmund: „Qin Shihuang: Terracotta Warriors and Horses" (3. Auflage). Ausstellungskatalog. International Cultural Corporation of Australia Limited, 1982

Carlson, John B., und Judge, James (Hrsg.): *Astronomy and Ceremony in the Prehistoric South*. Aufsätze des Maxwell Museum of Anthropology, Nr. 2. University of New Mexico, Albuquerque 1987

Erickson, Clark L.: „Applied Archaeology and Rural Development: Archaeology's Potential Contribution to the Future." Vortrag anläßlich der Circum-Pacific Prehistory Conference, Seattle, Wash., 2. – 6. August 1989

Jett, Stephen C.: „Further Information on the Geography of the Blowgun, and Its Implications for Early Transoceanic Contacts." Vortrag, Department of Geography, University of California, Davis, ohne Datumsangabe

Kendall, Timothy: *Patolli: A Game of Ancient Mexico*. Kirk Game Co., Belmont, Mass., 1980

Kjellson, Henry: „Letter to the Editor." *Pursuit*, 3. Quartal 1985, Bd. 18, Nr. 3

Rowe, John H.: „What Kind of Settlement Was Inca Cuzco?" *Nawpa Pacha*. Internationale Vortragsreihe für Anden-Archäologie. Institute of Andean Studies, Berkeley, Kalifornien, 1967

QUELLENNACHWEIS DER ABBILDUNGEN

Das nachstehende Verzeichnis listet die in diesem Buch verwendeten Bildquellen auf. Die Nachweise sind bei Abbildungen von links nach rechts durch Semikolon, von oben nach unten durch Gedankenstrich getrennt.

3: Colin Molyneaux/ The Image Bank, London. **7:** Bill Ross/West Light, kleines Bild, Chris Gallagher, Buckingham Collection, Peru, © 1989 The Art Institute of Chicago, alle Rechte vorbehalten. **8, 9:** The Ny Carlsberg Glyptotek, Kopenhagen – Giraudon, Paris; Pedicini, Neapel (2); Scala, Florenz. **10:** Scala, Florenz. **11:** Kat.Nr. B/8705, Foto von Perkins/Beckett, mit frdl. Gen. des Department of Library Services, American Museum of Natural History, New York. **12:** Ara Güler/Magnum (3) – John B. Carlson, Center for Archaeoastronomy, College Park, Maryland. **13:** Chris Gallagher, Buckingham Collection, Peru, © 1989 The Art Institute of Chicago, alle Rechte vorbehalten. **14:** Denise Schmandt-Besserat, The University of Texas in Austin, mit frdl.Gen. des Musée du Louvre, Abteilung für orientalisches Altertum, Paris – Scala, Florenz. **15:** Aus *Ssuyuanyüchien* von Chu Shih-Chieh, 1303 n.Chr., mit frdl. Gen. von Nathan Sivin. **16:** The University Museum, University of Pennsylvania, Nr. 55599. **17:** Photo Réunion des Musées

Nationaux – © 1978 National Optical Astronomy Observatory, Kitt Peak, Arizona. **18:** Museum für Transsylvanische Geschichte, Cluj-Napoca, Rumänien. **19:** H.D. Thoreau/West Light, kleines Bild, Barry Iverson, mit frdl. Gen. des Ägyptischen Museums, Kairo. **20:** John Becket/Adam Hart Davis, West Yorkshire, England, mit Ausnahme unten rechts, Illustrationen von Fred Holz. **21:** Giacomo Lovera, Turin, mit frdl. Gen. des Museo Egizio, Turin – Jim Harell. **22:** The Metropolitan Museum of Art, the Michael C. Rockefeller Memorial Collection, gestiftet von Nelson A. Rockefeller – Platin-Gilde International, Frankfurt, mit frdl. Gen. des Museums für Völkerkunde, Staatliche Museen Preußischer Kulturbesitz, Westberlin. **23:** MacQuitty International Photographic Collection, London. **24, 25:** The Metropolitan Museum of Art, gestiftet von George Cameron Stone, 1936 (36.25.1294a) (2) – Kat.Nr. 311244, Foto von H.S. Rice, mit frdl. Gen. der Department Library Services, American Museum of Natural History, New York. **26, 27:** Jean Vertut – Barry Iverson, mit frdl. Gen. des Ägyptischen Museums, Kairo. **28, 29:** Illustrationen von Fred Holz; Barry Iverson, mit frdl. Gen. des Ägyptischen Museums, Kairo; Smithsonian Institution, Foto-Nr. 75-6669, Washington, D.C. – Ornamente von Time-Life Books; Larry Sherer, aus *Ramayana* in Ordisi Pata Painting von Sri Surendra Kumar Das, Panchali Publications, Orissa, Indien, 1977. **30:** Smithsonian Institution, Department of Anthropology, Foto-Nr. 148148, Washington, D.C. – Biblioteca Nacional, Madrid. **31:** MacQuitty International Photographic Collection, London – Scala, Florenz. **32:** Musée Gaumais, Virton, Luxemburg – McQuitty International Photographic Collection, London. **33:** Carmelo Guadagno, mit frdl. Gen. des Museum of the American Indian, Heye Foundation, New York (2); Kat.Nr. 326744, mit frdl. Gen. der Department Library Services, American Museum of Natural History, New York – Justin Kerr. **34:** The National Museum, Kopenhagen, Department of Near Eastern and Classical Antiquities, Inventar-Nr. ABb 96. **35:** Craig Aurness/West Light, kleines Bild, Massimo Listri/FMR, Mailand. **36:** mit frdl. Gen. des San Diego Museum of Man. **38, 39:** Aus: *Seaweeds: A Color-Coded, Illustrated Guide to Common Marine Plants of the East Coast of the United States* von Charles James Hillson, The Pennsylvania State University, 1977; Massimo Listri/FMR, Mailand. **40, 41:** Aus *The Healing Hand: Man and Wound in the Ancient World* von Guido Majno, Harvard University Press, 1975 – The New York Botanical Garden, Fotos und Handkolorierung von James McInnis. **42:** Mit frdl. Gen. von William A. Shear. **43:** Mit frdl. Gen. von Biopharm, Ltd. – Mit frdl. Gen. von Dr. William H. Gotwald, Jr. **44:** The Wellcome Collection, Science Museum, London; Riccardo Villarosa/Overseas s.r.l., Mailand, aus *Gli Etruschi e il Fegato di Piacenza* von Viviano Domenici, Camillo Corvi, S.P.A., Piacenza, Italien. **45:** Louis Michel Gohel, mit frdl. Gen. des Musée de Bar Le-Duc, Frankreich. **47:** FPG International, kleines Bild, Urs F. Kluyver/Focus, Hamburg, BRD. **48:** Damm, Düsseldorf/Zefa. **49:** Illustrationen von Fred Holz. **50:** Aus *Mazes and Labyrinths: A General Account of Their History and Developments* von W.H. Matthews, Longmans, Green & Co., London 1922. **51:** Sonia Halliday, Buckinghamshire, England. **52:** Adam Woolfitt/Woodfin Camp; Nikos Kontos, Athen. **53:** Hoffman-Buchardi, Düsseldorf/Zefa; Adam Woolfitt/Susan Griggs Agency, London. **54:** Mit frdl. Gen. von Thomas und Sheila Pozorski – Urs F. Kluyver/Focus, Hamburg, BRD. **55:** Robert Frerck/Panoramic Stock Images. **56:** Mark Sherman/Bruce Coleman. **57:** Illustrationen von Fred Holz – Loren McIntyre (2). **58, 59:** Illustrationen von Fred Holz. **61:** C.M. Dixon, Kent, England. 62: Anthony Marshal/Woodfin Camp. **63:** Mit frdl. Gen. von Lindley Vann. **64:** Forschungsprojekt Mohenjo-Daro, Aachen Foto Helmes. **65:** Melville Bell Grosvenor, © 1958 National Geographic Society. **66:** Newton Morgan, mit frdl. Gen. von William Morgan Architects. **67:** Georg Gerster/Comstock. **68:** Georg Gerster /The John Hillelson Agency, London. **69:** David Brill. **70:** Aus *The Complete Encyclopedia of Illustration*, Johann G. Heck, Crown Publishers, New York, 1979. **71:** M. Angelo/West Light, kleines Bild, 1988 Lawrence Migdale/Photo Researchers. **72, 73:** Jean Vertut. **74:** Anna Mitchell-Hedges, F.R.G.S. **75:** Dr. Jevan Berrange/South American Pictures, Suffolk, England. **76:** Mit frdl. Gen. der Trustees of the British Museum, London (2) – Janet und Colin Bord, Wales. **77:** Mit frdl. Gen. von Harry Casey. **78, 79:** Mit frdl. Gen. von Harry Casey; Malcolm Aird/Robert Estall, Colchester, England; mit frdl. Gen. von Marilyn Bridges – mit frdl. Gen. von Johan Reinhard; Georg Gerster/Comstock, Hintergrund Allan Zarling, National Park Service, Negativ-Nr. 2039. **80:** Mit frdl. Gen. von Dr. Suzanne E. Cahill. **81:** Work in Progress /Luisa Ricciarini, Mailand – © 1988 Lawrence Migdale/Photo Researchers. **82:** Lino Pellegrini, Mailand. **83:** Mit frdl. Gen. von Johan Reinhard. **84:** Adam Woolfitt/Susan Griggs Agency, London. **85:** Dennis de Cicco/Sky and Telescope – The Royal Observatory, Edinburgh – Scala, Florenz. **86:** Adam Woolfitt/Susan Griggs Agency, London. **87:** Illustrationen von Fred Holz. **88, 89:** Illustrationen von Fred Holz, kopiert von Larry Sherer – Illustrationen von Time-Life Bücher. **90, 91:** Irving W. Lindelblad, mit frdl. Gen. des U.S. Naval Observatory; Bryan und Cherry Alexander, Sturminster, Newton, Dorset, England, aus *Maskentänzer von Westafrika. Die Dogon* (aus der Serie Völker der Wildnis), 1982 Time-Life Bücher; Scala, Florenz. **92:** Diskus– und Detailfotos, Scala, Florenz – Illustrationen von Fred Holz. **94:** Charalambos Karakalos, Hellenistischer Atomenergie-Ausschuß, Athen; Archäologisches Nationalmuseum, Athen – Cambridge University Library. **95:** John Carlson, Center for Archaeoastronomy, College Park, Maryland – Von Del Chamberlain, Hansen Planetarium, Salt Lake City, Utah. **96:** Aus *The Complete Encyclopedia of Illustration* von Johann G. Heck, Crown Publishers, New York, 1979. **97:** Robert Landau/West Light, kleine Bilder, Landesinstitut für Pädagogik und Medien, Dudweiler, BRD (2). **98:** Scala, Florenz. **99, 100:** Mit frdl. Gen. der Trustees of the British Museum, London. **101:** Donato Pineider, mit frdl. Gen. der Biblioteca Nazionale Centrale, Florenz. **102:** Landesinstitut für Pädagogik und Medien, Dudweiler, BRD. **103:** Erich Lessing, Archive für Kultur und Schöne Künste, Wien. **104:** Takashi Okamura, Rom – Erich Lessing, Archive für Kultur und Schöne Künste, Wien. **105:** New Orleans Museum of Art, Women's Volunteer Committee Fund. **106:** Museum of the American Indian, Heye Foundation, New York. **107:** Guy Motil/West Light, kleines Bild, Universitätsbibliothek Heidelberg, BRD, „Codex Palatinus Germanicus", 60. **108:** Minnesota Historical Society. **109:** Aus *The Vinland Map and the Tartar Relation* von R.A. Skelton, T.E. Marston und G.D. Painter, Yale University Press, 1965. **110:** Dumbarton Oaks Research Library and Collections, Washington, D.C. **111:** Mit frdl. Gen. von Carl L. Johannessen. **112:** Mit frdl. Gen. der Freer Gallery of Art, Smithsonian Institution, Washington, D.C., Ausschnitt aus 14.36 Chinesische Steinbildhauerei: Östliche Wei-Dynastie (534–550) Buddhisten-Tafel: sitzende Figur des Buddhisten Sakymuni in Hochrelief. H: 132,4 x 73,8 cm x Tiefe 38,4 cm; mit frdl. Gen. der Trustees of the British Museum, London. **113:** James H. Pickerell. **114:** Universitäts-bibliothek Heidelberg, BRD, „Codex Palatinus Germanicus", 60. **115:** Nathan Benn/Tim Severin, Brighton, England. **116:** © Janny Kowynia, 1989. **117:** Illustrationen von Time-Life Bücher. **118, 119:** Illustrationen von Time-Life Bücher; Frank Wandell, © 1976 National Geographic Society. **120:** Smithsonian Institution/National Numismatic Collection Photos, Washington, D.C. **121:** Akademische Druck und Verlagsanstalt, Graz, Österreich – Larry Sherer, aus *Jinshisuo: Illustrated Index to Ancient Bronze and Stone Tablets*, gesammelt von Yunpeng Feng und Yunyuan Feng, 1820. **122:** Öystein Brochs, mit frdl. Gen. des Göteborgs Stad Ethnografiska Museet, Göteborg, Schweden – Larry Sherer, Smithsonian Natural History Museum, Department of Anthropology, Washington, D.C. **123:** Mit frdl. Gen. von Robert F. Marx. **124:** Renee Comet, aus *Early Formative Period of Coastal Ecuador: The Valdivia and Machalilla Phases* von Betty J. Meggers, Clifford Evans und Emilio Estrada, Smithsonian Institution, Washington, D.C., 1965. **125:** Ken Rogers/West Light, kleines Bild, mit frdl. Gen. von Ron Calais. **126, 127:** Foto von Ara Güler, Istanbul, mit frdl. Gen. des Topkapi-Palastmuseums, Istanbul, außer unten links, Karte von Fred Holz. **128:** Library of Congress. **130:** Mit frdl. Gen. von Ron Calais. **131:** Aus *The Complete Encyclopedia of Illustration* von Johann G. Heck, Crown Publishers, New York, 1979; mit frdl. Gen. von Glen J. Kuban. **132:** Mit frdl. Gen. von Glen J. Kuban. **133:** Aus *The Complete Encyclopedia of Illustration*, von Johann G. Heck. Crown Publishers, New York, 1979.

REGISTER

Kursiv gedruckte Seitenzahlen verweisen auf eine Abbildung zum betreffenden Stichwort.

A

Ackerbau: Anden-Hochflächen, 56-57; Erntemaschinen, 32
Adams, J.Q., 133
Acetylsalicylsäure. *Siehe* Aspirin
Adena (Volk), 80
Adler-Felsen von Eatonton, Georgia, *79*, 80
Ägypten: Brauerei, 26; elektrisches Licht, 26-27; Fluggerät, 19, 28; Große Cheopspyramide, 48-50; Labyrinth von Amenemhet III., 50; Löffel, 12; Blutegel, 42-43; antibakterielle Wirkung von Schimmelpilzen, 42; medizinische Verwendung von Honig, 38-39; Suez-Kanal, 51; Tempel von Dendera, *26-27*; topographische Karten, 21
Aischylos, *8*, 9
Akropolis von Simbabwe, 68
Alexander der Große, 8
Alexandria (Ägypten), Bibliothek, 7-10; Vernichtung durch Araber, 10; Vernichtung durch Christen, 10
Aluminium, 24, 26
Alvars Cabral, Pedro, 123
Ameisen: Heilzwecke, *43*
Amenemhet III., 50
Amerika, Entdeckung, 107
Amphoren, *123*
Anasazi-Indianer: Astronomie, *95-96*; Straßen, *69*
Antarktis: Entdeckung, 126-127; Fineus-Karte, *128*, 129; Piri-Re'is-Karte, *126*, 127
Antikithera: Mechanismus, 93, *94*
Anton, Mark, 9
Apollo-Tempel bei Didyma, *53*
Apollonius von Perge, 10
Archäoastronomie. *Siehe* Astronomie der Vorzeit
Archimedes von Syrakus, 10
Archytas, 28
Aristarch von Samos, 10, 87
Aristophanes, *9*, 99

Aristoteles, *8*, *9*, 10, 130
Aspirin (Acetylsalicylsäure): Ursprung, 40
Astronomie: Anasazi-Indianer, *95-96*; Dogon-Kultur, 90-91; Erdkrümmung, *87*; Kometenbeobachtung, *17*; Meteorbeobachtung, 17; minoische Kultur, 91-93; neolithische Völker, 86-89; Pyramiden, 48; Vorhersage von Finsternis, 89
Atacama-Riese von Chile, *77*, 78
Atacama-Wüste: Mumie, 25
Atlantis, 130-131
Aubrey-Löcher, 60
Aufderheide, Arthur C., 37
Aufzeichnungen. *Siehe* Hieroglyphen; Piktogramme; *quipu*; Schrift
Augustus, 105
Austernzucht, 31
Azteken: Ballspiel, *105*; Patolli-Glücksspiel, *101*

B

Baalbek: Steine, *65*
Babylonier: Kometen, 17; Math., 15, 16, 18
Bagdad: Batterie, *20*
Benzochinon, 42
Bessel, Friedrich, 90
Bird, Roland T., 131
Blattern: Impfung, 37
Blutegel: Heilzwecke, 42, *43*
Brandt, John, 96
Brasilien: Seefahrten der Römer, 123
Brauereien: Ägypten, *26*
Brendan (Heiliger): Seefahrt, *114*-115
Broca, Paul, *36-37*
Bromley, Allan, 94
„Buch der unzähligen Dinge", 15
Burger, Richard, 54
Burroughs, Lorenzo W., 129

C

Caesar, Julius, 9, 102
Callanish: Steine, *88-89*
Capua: Bein, *44*

Cayce, Edgar, 131
Celsus, 46
Chaco Cañon: Astronomie, *95-96*; Große Straße nach Norden, *69*
Cheng Tang, 29
Cherokee-Alphabet, 113
Chimpu (Knotenschnüre), 11
Chimús (Volk): Kanalsystem, 58-59
China: Astronomie, 94, 96, 121; Erfindungen, *31*, *32*, 80; Literatur, 11, 15; Mathematik, 15, 16; Medizin, 35, 37-38; Quin Shi Huangdi, Mausoleum, *81-82*; Spiele, 101, 104, 106
Chinin: gegen Malaria, 41
Chirurgie. *Siehe* Medizin
Choco-Indianer: Technik der Metallbearb., 23
Chronometer, 127
Cieza de León, Pedro de, 11
Circus Maximus, 102
Clark, Alvan, 90
Commodus, 104
Computer: Antikithera, 93, *94*
Cortés, Hernán, 105
Coso, Artefakt, 129
Costa Rica: Las Bolas Grandes, *75*
Cromagnon-Rasse: Aufzeichnungen, 17; Fingermalerei und Handumrisse, *73*; Höhlenmalereien, 71
Crowder, Thomas J., 49
Culp, S.W., 133
Cuzco: Erdbeben (1950), 55; Stadtwall in Form eines Katzenkörpers, *70*
Cuzco-Katze, 70

D

Damaststahl, 24-25
Dampfmaschine: Erfinder, 10, 19, 28-29
Däniken, Erich von, 125
Darwin, Charles, 12
Davidovits, Joseph, 48
De Medicina (Celsus), 46
Deir, Kloster bei Petra, *51*
Delhi: Säule, 23

Demokratie: Sumer, 16
Demokrit, 13
Dendera: Tempel, *26-27*
Dezimalsystem, 16
Didyma: Apollo-Tempel, 53
Die Elemente (Euklid), 10
Dieterlen, Germaine, 90
Differentialgetriebe: Erfindung, 94
Diogenes von Apollonia, 17
Dogon: Kultur, *90-91*; Astronomie, *90-91*
Dorland, Frank, 74
Dschomon-Keramik, 124

E
Ecuador: präkolumbische Maske, *22*; Valdivia-Ausgrabungen, 124
Efem, S.E.E., 39
Einstein, Albert, 13
Eisenbearbeitung: rostfreie Säulen, 23, 25; Schweißtechnik, 23
Eiserne Mann von Kottenforst, 25
Elektrische Batterien, 20-21
Elektrisches Licht, *26-27*
Elvin-Lewis, Memory, 41
Endokrinologie: China, 35, 38
England: Long Man von Wilmington, *78*, 80; Silbury Hill, *62*; Stonehenge, 60, *61*, 86, 89
Eratosthenes, 10, 87
Erdaufschüttungen: Ackerbau in den Anden-Hochflächen, *56*, *57*; Atacama-Riese, *77*, *78*; Felsadler von Eatonton, Georgia, *79*, 80; Großer Schlangenhügel von Ohio, 80; Long Man von Wilmington, *78*, 80; Marching Bear Mounds von Iowa, *78-79*; Riese von Cerne Abbas, 80; Silbury Hill in England, *62*; im Südwesten der USA, *77*, *78-79*, 80; Totenhügel von Tennessee, 113. *Siehe auch* Steinmonumente
Erdbeben: Cuzco (1950), 55; Inka-Bauwerke, 55; Petra (350 n.Chr.), 51
Erde: Achsenneigung, 89; Größe, 10
Erfindungen: archimedische Schraube, 10; Batterie, 20-21; Computer von Antikythera, 94; Dampfmaschine, 10, 19, 28-29; Erntemaschinen, 32; Fluggerät, 19, 28-30; geologische Karten, 21; Getriebe, 94; Gewindeschraube, 23; Glühbirnen, *26-27*; griechische Feuerwaffe, 30; Hypokaustum-System, 31; Pferdegeschirre, 31; Schubkarren, 32; Wasserorgel, 34; Zündhölzer, *27*
Eriksson, Leif, 109
Erntemaschinen: Erfindung, 32
Estrada, Emilio, 124
Eßbestecke, *12*
Etrusker: Menschenjagd, *104*; Zahnbehandlung, *44*

Euklid, 10
Eupalinus, 52
Euripides, *8-9*

F
Fell, Barry, 117
Fineus, Orontius, 128-129
Fingermalerei: Cromagnon-Rasse, 72-73
Finsternisse: Vorhersage, 89
Fisherman von Arizona, *78*
Fledermaus-Kot: Heilzwecke, 42
Fliegen: Vorgeschichte, 19, 28-30
Fluggeräte: Erzählungen von *Ramayana*, 29
Fossils of the South Downs (Mantell), 133
Franklin, Kenneth, 91
Frankreich: neolithische Schädeltrepanation, 36-37
Frauen: Sport, *104*
Fußball: frühe Formen, 104

G
Galilei, 94
Galvanisieren, *20*, 21
Gehirnchirurgie, 36-37
Geisteskrankheiten: Behandlung, 41
Gewindeschrauben: Erfindung, 23
Gilgamesch: sumerisches Epos, 16
Gladiatoren, *97*, *102*
Gleitermodell der Vorzeit, *19*, *28*
Glücksspiele: Azteken, *101*, 106
Glühbirnen, 26-27
Goldbearbeitung: Galvanisierung, 20-21; Vergolden, 23
Goodwin, William B., 116
Gordon, Cyrus, 113, 118
Götter und Göttinnen: Anden, *54*; Hathor, 26; Macuilxochitl, *101*; Mayauel, *121*; Ometochtli, *101*; Soma, *121*; Thoth, 35
Gray, Willard M., 20
Great Serpent Mound in Ohio, 80
Griaule, Marcel, 90
Große Cheopspyramide, 47, *48-49*, 50
Große Nordstraße im Chaco Canyon, 69
Guanabara-Bucht, Wracks, 123

H
Hahn, Emma, 130
Hall, Robert, 109
Hammer von Texas, *130*
Hammurabi-Kodex, 46
Handumrisse: Cromagnon-Rasse, *73*
Hapgood, Charles H.: 127-129
Hebräer in Tennessee, 113
Heinzelin, Jean de, 17
Heizsysteme: Fußbodenheizung (Hypokaustum) der Römern, 31

Heliopolis. *Siehe* Baalbek
„Herbstmineral", 38
Herodot, 49, 50
Heron von Alexandria, 10, 19, 28
Herophilos von Thrakien, 10
Hieroglyphen: Große Pyramide, 50; Hammondsville, Ohio, 133; Limabohnen, 13
Hipparch von Nikäa, 10
Hippokrates, 37
Höhlenmalereien: Altamira (Spanien), *72*; Cromagnon-Rasse in Europa, 71; Fingermalerei und Handumrisse, Lascaux (Frankreich), 72
Holand, Hjalmar Rued, 109
Homer, 100
Honig: Heilzwecke, 38-39
Hundsstern, *90-91*
Hypogäum von Malta, *52*
Hypokaustum-System, 31

I
I-Ging, 11
Impfung: gegen Blattern, 35, 37
Indianer Nordamerikas: Totenhügel, 113
Indien: Heilmethoden, 41, 43; Ktub-Minar-Moschee, 23; plastische Chirurgie, 39-40; Säule von Delhi, 23; Tempelfigur, *111*
Inka-Kultur: Aufzeichnungen mit Hilfe von *quipus*, 11, 13; Cuzco, 70
Irland: Newgrange, *76*, 86-87

J
Japan: Dschomon-Keramik, 124
Jett, Stephen C., 120
Jívaro-Indianer: Heilpraktiken, 41
Jod: Heilzwecke, 38
Jordanien: Ruinen bei Petra, *51*
Jupiter-Tempel in Baalbek, 65

K
Kalender: Azteken, 101; China, 15; Gregorianischer, 12; der Mayas, *12*; Eiszeit, 17
Kallipos, 99
Kanäle: Anden-Hochflächen, 56-57; Chimús, 58-59; Suez-, 51; *wewas* von Sri Lanka, 63
Kaninchen im Mond, *121*
Karten: Fineus-Karte der Antarktis, *128-129*; Papyrus-Karte von Turin, *21*; Piri-Re'is-Karte der Antarktis, *126*, 127; Verschollene Karte von Kolumbus, 126; Vinland-Karte, *109*, 110
Kensington-Stein von Minnesota, *108*, 109
Kepler, Johannes, 10
Kolosseum, 105
Kolumbien: Metallbearbeitung der Choco-Indianer, 23
Kometen, 17

König, Wilhelm, 20
Königin von Saba, *67*
Konstellationen: *Siehe* Sterne und Konstellationen
Krankheiten: Augenleiden, 42; Blattern, 37; Hautgeschwüre, 39; Kropf, 38; Malaria, 41; Schilddrüsenunterfunktion, 38
Kolumbus, Christoph: verschollene Karte, 126
Kropfbehandlung, 38
Ktesibios, 34
Ktub-Minar-Moschee, 23
Kurare, 41

L

Labyrinth von Amenemhet III., *50*
Labyrinthe: Anlagen, 76-77
Larco Hoyle, Rafael, 13
Las Bolas Grandes (Große Steinkugeln), 75
Lascaux, Höhlenmalerei-Ausschnitt, *72*
Lavoisier, Antoine, 17
Lewis, David, 119
Lewis, Walter H., 41
Libanon: Steine von Baalbek, *65*
Limabohnen: Hieroglyphen, 13; Ornamente, 13
Loch Roag, 88-89
Long Man von Wilmington, England, *78*, 80
Lubaantun (Maya-Stadt), 73-74
Lukretius, 12
Lukurmata, Ruinen, *56*

M

Magellan, Ferdinand, 129
Mahabharata, 29
Mahan, Joseph, 113
Mais, 111
Mallery, Arlington, 127
Mantell, Gideon, 133
Maps of the Ancient Sea Kings (Hapgood), 127
Marching Bear Mounds von McGregor, Iowa, *78-79*, 80
Marshack, Alexander, 17
Marx, Robert, 123
Mathematik: Dezimalsystem, 16; negative Zahlen, 16; Null-Begriff, 15; π, 16; Pythagoräischer Lehrsatz, 18
Mauch, Karl, 67-68
Mayas, Wettkämpfe, *97*
McCormick, Cyrus, 32
Medikamente: Aspirin, 40; 38; Exkremente, 42; „Herbstmineral", 38; Honig, 38-39; Jod, 38; Kurare, 41; Tausendfüßler, *42*
Medizin: Ameisen als Nahtmaterial, 43; Blutegel, 42-43; chirurgische Instrumente, 36; Endokrinologie, 38; Gehirnchirurgie, 36-37; Impfung, 35, 38; Organ-Therapie, 38; plastische Chirurgie, 35, 39, *40*; Prothesen, 44; Schädeltrepanation, *36-37*; Star-Operation, 45-46; Zahnbehandlung, 44
Megalith-Monumente. *Siehe* Neusteinzeitliche Monumente; Steinmonumente
Menschen-Fußspuren, *131-132*
Menschenjagd der Etrusker, *104*
Menschenopfer, *57*, 104
Messiha, Khalil, 28
Metallbearbeitung: Aluminium, 24, *26*; Damaststahl, 24-25; Galvanisierung, 20-21; Geheimnisse des Altertums, 22-23; Platin, 23; Schweißtechnik, 23; Sinter-Technik, 23; Vergolden, 23. *Siehe auch* Goldbearbeitung
Meteore, 17
Mikesell, Mike, 129
Milon von Kroton, 100
Minoische Kultur: Diskos von Phaistos, *91-93*; Schrift, 18; Stierspringen, *98*; Atlantis, 130-131
Mitchell-Hedges, Anna, 74
Mitchell-Hedges, Frederick, 74
Moai (Steinköpfe), *82-83*
Moche-Kultur: Metallbearbeitung, 23
Mochicas (Volk): Bewässerungssysteme, 58; Keramik, *7, 13*; Schriftsprache, 13
Mohendscho Daro (Pakistan), *64*, 65
Mond: Umfang, 10; Kalender der Eiszeit, 17; Kaninchen, *121*
Mondstillstand, 88-89
Monolith von Baalbek, 65
Mudras, *112*
Mumbahuru (Haus der Großen Frau), 67
Mumie: Bergmann, *25*; Inka-Kind, *57*
Musikinstrumente: Wasserorgel, *34*
Mystery Hill in New Hampshire, *116-117*

N

Nabatäer (Volk), 51
Nan Madol: Ruinen, *66*, 67
Nan Zapue: Tempel, 66
Nase: Rekonstruktion, *39-40*
Nazca-Scharrbilder von Peru, 77
Negative Zahlen, 16
Neilsen, Richard, 109
Nero, 99
Neto, Ladislau, 118
Neue Welt: Entdeckung, 107; Hebräer-Siedlung, 113; Mais, 111; Phöniker, 118; Römermünzen, 120; St. Brendans Seefahrt, 114-115; Vinland-Karte, 109-110; Wikinger-Reisen, 107-109
Neusteinzeitliche Monumente: Callanish, *88-89*; Newgrange, 76, *86-87*; Stonehenge, 86
Newgrange (Irland), 76, *86-87*
Newton, Sir Isaac, 88
Nicaragua: prähistorische Fußspuren, 132
Null: Begriff, 15

O

O'Kelly, Claire, 86
O'Kelly, Michael, 86
Ohman, Olof, 108
Ohrläppchen, Rekonstruktion, 39
Oinopides von Chios, 89
Olmeken (Indianer): Ballspiel, 105-106
Olympische Spiele: Ursprung, *97*, 98-100
Orata, Gaius Sergius, 31
Osterinsel, *82-83*

P

Pachacútec, 70
Pahnkadira, 66
Papierherstellung, 122-123; Gerät zum Weichklopfen, *122*
Paraiba-Inschrift, 118
Parakramabahu I., *63*
Parsons, James, 133
Patolli (aztekisches Glücksspiel), 101
Pattee, Jonathan, 116
Penicillin: frühe Formen, 42
Pergamon (Kleinasien), Bibliothek, 9
Pernier, Luigi, 91
Peru: Hieroglyphen auf Limabohnen, 13; Nazca-Scharrbilder, 77; präkolumbische Metallbearbeitung, 22-23; präkolumbische Schädeltrepanation, 36-37; *quipus*, 11, 13
Petra: Ruinen, *51*
Petronius, 24
Pferdegeschirre, *31*
Phaistos: Diskos, *91-93*
Pharaonenschatz von Petra, 51
Phöniker in der Neuen Welt, 118
π (Pi), 16
Picasso, Pablo, 72
Piktogramme auf transsylvanischen Tafeln, 18
Piri Re'is: Karte der Antarktis, *126*, 127
Planeten: Ellipsenbahn, 10
Plastische Chirurgie, 35, 39-40
Plato, 130-131
Plinius, 24, 117
Pohnpei: Insel, 66-67
Polarstern, Beobachtung durch Pytheas, 117
Polybius, 117
Polynesier: frühe Seefahrten, *119*
Pomerance, Leon, 91-93
Ponce de León, Juan, 115
Price, Derek de Solla, 93
Prothesen, 44
Ptolemäus I., *8*
Pyramiden: Amenemhet III., 50; Anden, 54; Große Cheopspyramide (Chufu), 47, 48-50
Pyramidenzoll, 48

Pythagoräischer Lehrsatz, 18
Pythagoras, 18, 87; Familie, 100
Pytheas, 117

Q
Quin Shi Huangdi: Mausoleum, *71, 81*-82
quipus (Knotenschnüre), *11*, 13

R
Rad: Erfindung, *33*
Ramayana, 29
Rauwolfia: Heilpflanze, *41*
Ray, Tom P., 87
Religion: Patolli, 101; Fingeramputationen der Cromagnon-Menschen, 73; Menschenopfer, 57, 104; Mudras bei religiösen Bildern und Skulpturen, *112*; Seefahrt des Heiligen Brendan, 114-115; Wasserkult in den Anden, 57
Roboter, erstes Buch, 10
Römerzeit: Artefakte in Brasilien, 123; Münzen in der Neuen Welt, *120*; Spiele, 97, *102-103*, 105; Zählbrett, *14*

S
Samara Autradhara, 29
Samos: antiker griechischer Tunnel, 52
Sanderson, Ivan T., 30
Saudeleurs (Monarchen der Insel Pohnpei), 66
Säule von Delhi, *23*
Schädel: Trepanation, *36, 37*
„Schädel des Unheils", 73-74
Scheiben aus Schädelknochen (Talismane), 36
Schiffswrack: türkische Küste, 115; Antikithera, 93-94; Guanabara-Bucht, 123
Schilddrüsenunterfunktion: Behandlung, 38
Schliemann, Heinrich, 130
Schmandt-Besserat, Denise, 14
Schottland: Steinkugeln, *84*; Tap O'North, 59
Schrift: Cromagnon-Aufzeichnungen, *17*; Limabohnen, 13; Knotenschnüre, 11; Tontafeln, 14, 18; Tonkugeln, *14*; Ursprung, 18
Schubkarren: Erfindung, *32*
Schulen: für Schreiber, 14
Schweißtechniken, 23
Schwerter: Damaststahl, *24-25*
Segelschiffe: früher Völker, 113, *117*, 119; *Curraghs* aus Ochsenhaut, 114, *115*; Kanus der Polynesier, *119*
Seneca, 17
Sequoya, 113
Serapion, 9
Serapis, Tempel, 9
Severin, Timothy, 114, *115*
Shun (chinesischer Kaiser), 29
Sifr'ala von Chaldäa, babylon. Dokument, 28
Silbury Hill (England), *62*

Simbabwe, *67-68*
Smyth, Charles Piazzi, 48
Society for the Investigation of the Unexplained, 30
Sonne: und Grab, 86-87; Größe, 10; Tempel, 55
Sonnendolch, 95
Sonnenflecken, Beobachtung, 94
Sophokles, 8, 9
Spiegel: verstellbare, 34; durchsichtige, *80*
Spiele: aztekisches Ballspiel, 105-106; chinesische Kartenspiele, 106; go, ältestes bekanntes Brettspiel, 101; Patolli, 101. *Siehe auch* Olympische Spiele; Sport
Sport: Ballspiel der Azteken, 105-106; Frauen, *104*; Fußball, 104; Gladiatorenkämpfe, *97, 102-103*, 105; Menschenjagd bei den Etruskern, *104*; Olympische Spiele, 97-100; Stierspringen der Minoer auf Kreta, *98*
Squier, E.G. 36
Sri Lanka, *wewas*, 63
Staïs, Valerios, 93
Star (Augenkrankheit), Operation, 45-46
Stein-Monumente: Anden, *47, 54,* 57; Las Bolas Grandes, *75*; Cuzco, 70; Große Cheopspyramide, *47,* 48-50; Hypogäum von Malta, *52*; der Inkas, *54, 55*; Kensington-Stein, *108,* 109; Monolith von Baalbek, *65*; Mystery Hill, *116-117*; Petra-Ruinen, *51*; präkolumbischer Marmorkopf, *110*; Römerstraßen, *53*; Steinköpfe der Osterinsel, *82-83*; Steinkugeln von Schottland, *84*; Steintafel von Tennessee, *113*; Stonehenge, 60, *61*, 86; Tiahuanaco-Ruinen, *55-56*. *Siehe auch* Erdaufschüttungen
Steinzeit: Höhlenmalereien, 71; Schädeltrepanation, 36-*37*. *Siehe auch* Cromagnon-Rasse
Sterne und Konstellationen: ältestes westliche Karte, 10; chinesischer Gaststern, 96; Kreta, 92-93; Polarstern, 117; Sirius (Hundsstern), 90-91
Stiersprungen der Minoer, 98
Stone, Robert E., 116
Stonehenge (England), 60, *61*, 86
Strabo, 117
Straßen: Anasazi-Indianer, 69; Römer, 53
Streitwagen, fliegende, 29
Suez-Kanal, 51
Sumer: Schrift, 14, 18; Schulen, 14; Sprichwort, 16
Suschruta Samhita, 39-40, 43, 45-46

T
Tap O'North, Schottland, 59
Tartaria: Tontafeln, *18*
Tausendfüßler: Heilzwecke, *42*
The Kensingtone Rune-Stone is Genuine (Hall), 109

The Tartar Relation, 109
The Vinland Map and Tartar Relation, 110
Theodolit: frühe Version, *58*
Theodosius I., 9, 99
Theophilus (Bischof von Alexandria), 9
Thom, Alexander, 89
Thomas, Cyrus, 113
Tiahuanaco, Ruinen, *55-56*
Tiberius, 24
Titicaca-See, 55, 56
Tolstoy, Paul, 122-123
Totenhügel. *Siehe* Erdaufschüttungen
T'ung Shu (Buch der unzähligen Dinge), 15
Turin: Papyrus-Karte, *21*

U
Ulama (Ballspiel), 106
Urin: Heilzwecke, 38

V
Valentine, J. Manson, 131
Vermessungsinstrument der Chimús, *58*
Vinca-Kultur, Schrift, 18
Vinland-Karte, *109*, 110
Volta, Alessandro, 20

W
Waffen: Blasrohr, 120; Dreizack, 102; griechische Feuerwaffe, *30*; Schwerter aus Damaststahl, *24-25*
Wang Dan, 37
Waru waru (Erdterassen), 56
Wasserkult: Anden, 57
Wasserorgel (Hydraulus), *34*
Watt, James, 19
Weide: Heilzwecke, *40*
Weilhaupt, John G., 127
Werlhof, Jay von, 77
Wewas (Sri Lanka), 63
Will, Elizabeth, 123
Witten, Laurence, 109-110
Woodward, David, 129
Wright, Orville und Wilbur, 19

Y
Yanez Pinzon, Vicente, 123
Yao, 15

Z
Zahnbehandlung: Etrusker, 44
Zivilisationen der Vorzeit, 125; Artefakte, 132-133; Coso-Artefakt, 129; Hammer von Texas, 130; Meereskarten der Frühzeit, 126-128; Atlantis, 130-131
Zündhölzer, Erfindung, *27*
Zündkerze: in Gesteinsschicht, 129

Dieser Band gehört zu der Reihe

Bibliothek erstaunlicher Fakten und Phänomene,

die sich mit faszinierenden und wahren Fakten der Geschichte und der Wissenschaft, der Natur und des menschlichen Verhaltens beschäftigt.

Bisher sind erschienen:

Mysteriöses Verschwinden
Geniale und kuriose Erfindungen
Erstaunliche Leistungen des Geistes
Verborgene Schätze
Die Welt des Verbrechens
Irrwege der Wissenschaft
Von Sonderlingen und Exzentrikern
Die Natur zeigt ihre Macht
Wissen und Werke der Ahnen
Rätsel des menschlichen Körpers

Lizenzausgabe für

© Naumann & Göbel Verlagsgesellschaft mbH in der VEMAG
Verlags- und Medien Aktiengesellschaft, Köln

Alle Rechte vorbehalten. Die Verwertung der Texte und Bilder, auch auszugsweise, ist ohne Zustimmung des Verlags urheberrechtswidrig und strafbar.
Dies gilt auch für Vervielfältigungen, Übersetzungen, Mikroverfilmung und für die Verarbeitung mit elektronischen Systemen.

Titelbild: AKG photo, Berlin

Die Ratschläge in diesem Buch sind von Autoren und Verlag sorgfältig erwogen und geprüft, dennoch kann eine Garantie nicht übernommen werden. Eine Haftung der Autoren bzw. des Verlags und seiner Beauftragten für Personen-, Sach- und Vermögensschäden ist ausgeschlossen.

Gesamtherstellung: Naumann & Göbel Verlagsgesellschaft mbH, Köln

ISBN 3-625-10648-5